DICTIONAIRE

ABREGÉ

DE PEINTURE

ET

D'ARCHITECTURE.

TOME SECOND.

DICTIONAIRE ABREGÉ DE PEINTURE ET D'ARCHITECTURE,

OU

L'on trouvera les principaux termes de ces deux Arts avec leur explication, la vie abrégée des grands Peintres & des Architectes célébres, & une Description succincte des plus beaux ouvrages de Peinture, d'Architecture, & de Sculpture, soit antiques, soit modernes.

TOME SECOND.

A PARIS,

Quay des Augustins,

Chez { NYON fils, à l'Occasion.
BARROIS, à la Ville de Nevers.

M. DCC. XLVI.

Avec Approbation & Privilége du Roy.

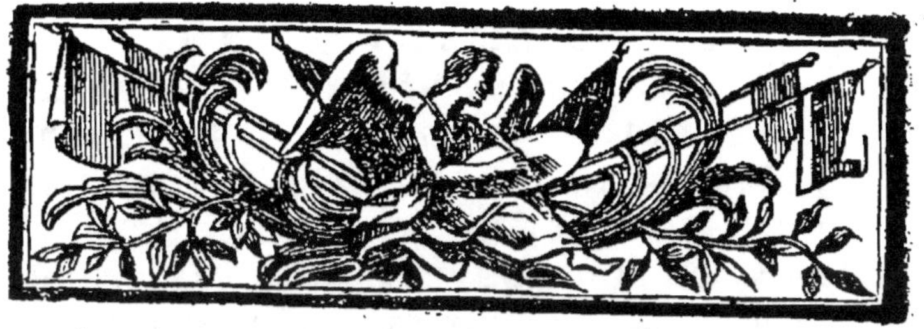

DICTIONAIRE DE PEINTURE ET D'ARCHITECTURE.

N

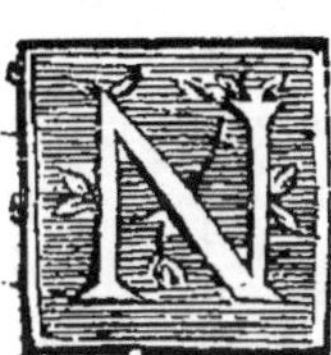

ANQUIN. La Ville de *Nanquin*, étoit autrefois la Capitale de l'Empire de la Chine, & pour lors elle avoit trois enceintes de murailles, à la derniere desquelles on donnoit seize grandes lieuës.

Le nombre de ses habitans étoit immense; depuis que les Empereurs se sont retirés à Pekin, cette Ville est beaucoup diminuée: cependant si l'on compte ses Fauxbourgs, & ceux de ses habitans qui passent leur vie dans des barques, elle est encore plus peuplée que Pekin.

Sa ſituation, ſon Port, la fertilité des terres qui l'environnent, & ſes canaux qui facilitent le commerce, la font toujours regarder comme le centre de l'Empire, où l'on trouve ce qu'il y a de plus curieux & de plus rare dans les autres Provinces. On voit encore les veſtiges de ſon ancienne enceinte, qui ſemblent plutôt les bornes d'une Province, que celles d'une Ville.

On voit hors de la Ville une fameuſe Tour incruſtée de porcelaine, élevée vers l'an 1380. Elle eſt de figure Octogone, large d'environ 40 pieds, ayant neuf étages; ſon mur ſur le rez-de-chauſſée a 18 pieds d'épaiſſeur, & plus de huit par le haut; tout cet ouvrage eſt de brique incruſtée de porcelaine poſée de champ: la hauteur de cette Tour ſur le rez-de-chauſſée, eſt de plus de deux cens pieds. Le comble eſt ſoutenu par un gros mât, qui pend au plancher du huitiéme étage, & qui s'éléve plus de trente pieds au-dehors, ſur la pointe duquel eſt poſé un globe doré d'une groſſeur extraordinaire. Cette Tour peut être regardée comme l'ouvrage le mieux entendu, le plus ſolide, & le plus rare qui ſoit dans l'Orient.

Un Ecrivain moderne qu'il eſt inutile de nommer, a eu l'ignorance d'avancer que cette Tour étoit entierement de porcelaine.

NANTEUIL, (Robert) naquit à Rheims l'an 1630. ſon pere Marchand de cette Ville, quoique très-pauvre, prit un grand ſoin de ſon éducation, & lui fit faire ſes études.

Nanteuil eut dès ſon enfance une ſi forte inclination pour le deſſein, & il s'y appliqua ſi heureuſement, que ſur la fin de ſes deux années de Philoſophie, il deſſina & grava lui-même la Theſe qu'il ſoutint.

Il réuſſit fort bien dans la Peinture, & ſe procura par cet Art les ſecours néceſſaires pour ſe tirer de l'indigence où il ſe trouva d'abord, ſur-tout les premieres années de ſon mariage.

Après avoir vendu le peu de bien qu'il avoit à Rheims, il vint s'établir à Paris, où il s'appliqua à faire des portraits en paſtel, qu'il gravoit enſuite.

Il fit celui de Louis XIV. Il le grava enſuite dans toute ſa grandeur, & le Roi en fut ſi fort ſatisfait, qu'il créa pour lui une charge de Deſſinateur & de Graveur de ſon Cabinet, avec des appointemens de mille livres, & lui en fit expedier des Lettres Patentes très-honorables. Ce portrait eſt peut-être le plus bel ouvrage de cette eſpéce qui ait jamais été fait. *Nanteuil* grava enſuite de la même maniere le Portrait de la Reine Mere, celui du Cardinal Mazarin, celui du Duc d'Orleans, du Maréchal de Turenne, & de quelques autres Seigneurs. Voici de quelle maniere *Carlo Dati* parle des ouvrages de *Nanteuil*, dans la vie de Zeuxis.

« Ces paroles d'Apollonius, dit-il,

» m'appellent à contempler avec étonne-
» ment l'artifice des eſtampes de nos Gra-
» veurs modernes, où toutes choſes sont
» ſi naïvement repréſentées, la qualité
» des étoffes, la couleur de la carnation,
» la barbe, les cheveux, & cette poudre
» légére qui ſe met deſſus, & ce qui eſt
» plus important, l'âge, l'air, & la vive
» reſſemblance de la perſonne, quoique
» l'on n'y employe autre choſe que le
» noir de l'encre, & le blanc du papier,
» qui ne font pas ſeulement le clair &
» l'obſcur, mais l'office de toutes les cou-
» leurs. Tout cela ſe voit & s'admire,
» plus qu'en quelque autre, dans les ex-
» cellens portraits de l'Illuſtre *Nanteuil.* »

Le Grand Duc de Toſcane voulut avoir le Portrait de *Nanteuil* en paſtel, fait par lui-même, pour le mettre dans ſa gallerie, où il prenoit plaiſir d'aſſembler les portraits des Peintres & des Graveurs illuſtres, particulierement lorſqu'ils étoient de leur propre main.

Le Recueil des ouvrages de *Nanteuil* comprend plus de 240 eſtampes, où preſque toutes les perſonnes les plus qualifiées de la France ſont repréſentées.

Le Recueil de Portraits ſurpaſſe de beaucoup les autres, & par le nombre, & par la beauté des Eſtampes.

Nanteuil étoit naturellement éloquent, & vif dans ſes expreſſions : ſa converſation le faiſoit rechercher des honnêtes gens : il faiſoit des vers fort agréables, & les récitoit aſſez bien. Il aimoit le plaisir, & n'aima jamais assez la fortune pour amasser de grands biens, ce qui lui eut été facile.

Il mourut le 18 Décembre 1678, âgé de 48 ans.

NAPLES, dite la *gentille*, est une des plus belles Villes du monde, & peut-être la plus également belle. Elle est toute pavée d'un grand carreau d'échantillon; la plûpart des ruës sont droites & larges, les maisons hautes & uniformes, & presqu'universellement belles. Il y en a plusieurs qui méritent le nom de Palais, nom qu'on prodigue en Italie, & qu'on donne souvent à des maisons fort communes.

Les plus belles de *Naples*, sont celles des Ducs de *Matalone*, de *Gravina*, d'*Airola*, de *la Tour*, des Princes de Ste Agathe, de Montmilet, de Botera, de Cellamare, & le Palais du Prince: ce Palais est du fameux Fontana, & est digne de lui. La façade a près de quatre cens pieds, & elle est ornée de trois ordres d'Architecture.

Les Fontaines, les Eglises, les Tombeaux, sont de la plus grande magnificence, soit pour l'Architecture, soit pour les ornemens de Peinture & de Sculpture. On ne voit par tout que jaspe, que porphyre, que mosaïque, que tableaux des plus grands maîtres.

L'Eglise de la maison professe des Jesuites, celle de Sainte Marie de l'Annonciade, de S. Philippe de Neri, de Santa Maria la Nuova, de S. Severin, de S. Paul, & une infinité d'autres, sont des Edifices admirables.

On ne peut rien ajouter à la richesse & à la beauté de la Chartreuse de S. Martin.

On voit dans cette Eglise une *Nativité* du *Guide*, quatre tableaux de la Cene, l'un d'Annibal Carrache, l'autre de l'Espagnolet, le troisiéme de Paul Veronese, & le quatriéme du Chevalier Massimo. Dans cette maison est ce fameux crucifiement de Michel-Ange, sur lequel on a débité tant de fables : on y voit aussi un S. Laurent du Titien, & quelques desseins d'Albert Dure, & de Rubens.

NATURE, NATUREL. On dit peindre sur le *naturel*, dessiner sur le *naturel*, figures grandes comme le *naturel*, plus grandes que le *naturel*, peindre d'après *nature*.

NAUMACHIES. Les Romains appelloient *Naumachies*, certains Cirques ou Theâtres, où l'on donnoit le spectacle d'un combat naval. On remplissoit l'arene d'eau, & dans l'instant on voyoit voguer un grand nombre de galéres qui s'entrechoquoient : ces spectacles se nommoient *Naumachies*, aussi bien que les Theâtres sur lesquels on les représentoit. Auguste, Neron, Domitien, firent construire de celébres *Naumachies*.

NEALCES, Peintre célébre de l'Antiquité. On rapporte de lui que peignant un cheval, & ne pouvant venir à bout de repréſenter à ſon gré l'écume qui ſort de la bouche de ces animaux , lorſqu'ils ſont échauffés, il jetta de dépit ſon pinceau ſur ſon ouvrage ; alors il vit avec ſurpriſe qu'en un moment le hazard avoit produit, ce que ſon Art n'avoit pû repréſenter en beaucoup de temps.

On aſſure que Protogene reçût de la fortune le même ſecours, en voulant peindre l'écume qui ſortoit de la gueule d'un chien en colere.

Nealces peignit auſſi une Venus, & une Naumachie, ou combat naval entre les Perſes & les Egyptiens. Il repréſenta dans ce tableau un âne qui buvoit au bord du Nil, & un Crocodile qui étoit en ſentinelle pour le ſurprendre.

NEPTUNE (Temple de) Ce Temple, enſeveli dans ſes ruines, fut découvert à Rome, lorſqu'on fouilloit les fondemens de la maiſon d'un particulier. On y trouva une grande quantité de morceaux de marbre excellemment travaillés : on ne ſçait point le nom de celui qui le fit conſtruire, ni de la divinité à laquelle il fut conſacré : mais parce que dans quelque débris de la corniche, ſur la gueule droite, on trouva des Dauphins ſervant d'ornemens, & qu'en certains endroits, entre les Dauphins, il y avoit des Tridents, il y a lieu de conjecturer, & cette conjecture eſt appuyée ſur le ſentiment de *Palladio*, il y a, diſje lieu de conjecturer que ce Temple étoit dédié à *Neptune*. Sa façade eſt periptere,

& sa forme pycnostyle, ou à colonnes pressées. Ses entrecolonnes avoient un diamétre & demi, moins un onziéme, ce qui mérite d'être remarqué, vû qu'il n'y en a peut-être jamais eu de si pressées dans aucun autre édifice. De tout ce Temple il ne reste plus aucune partie sur pied : mais *Palladio*, de qui j'ai tiré cet article, en examinant de près ses ruines, est parvenu à la connoissance de ses dimensions, dont il a donné les desseins à la fin de son quatriéme livre, chap. XXXI.

NEF. La *Nef* est partie d'une Eglise qui se présente en entrant parla principale porte, & qui s'étend jus-qu'à la balustrade du Chœur.

Les plus belles qui se voyent en France, sont celles d'Amiens & de Bourges.

NERF, NERVURE. On appelle *nerfs* ou *nervures* ; 1o. certaines moulures qui traversent diagonalement les voûtes Gothiques, & qui en séparent les pendentifs ; 2o. les tiges ou les côtes élevées des différens feuillages dont on fait des ornemens, lesquelles imitent les tiges des plantes naturelles.

NICHE, c'est un enfoncement pratiqué dans l'épaisseur d'un mur pour y placer une figure, une statuë, un groupe: les Italiens disent *nicchio*.

Niche quarrée ; *niche* ronde ou ceintrée.

Niche angulaire, c'est celle qu'on menage dans une encognure.

Niche à crû, c'eſt celle qui ne portant point ſur un maſſif, prend ſa naiſſance dès le rez-de-chauſſée

Niche ruſtique, c'eſt celle qui eſt en boſſages.

Niche de rocailles, c'eſt celle qui eſt revêtuë de coquillages.

Niche de treillage, c'eſt une *niche* formée par des grillages de fer, & des échalas peints en verd, dont on orne les portiques & les cabinets de treillages.

Les *niches* ont été fort en uſage dans les anciens édifices, comme il en reſte des veſtiges dans les Temples, les Thermes, les Theâtres, les Amphitheâtres, les Cirques, & les Arcs de triomphe. Il y en avoit auſſi dans quelques maiſons de particuliers, comme dans les veſtibules, les cabinets, & les ſales pour conférer; ainſi il eſt fort à propos d'en orner les ſales, les loges, & les eſcaliers. Les *niches* doivent le plus qu'il ſe peut, être vis-à-vis d'un vuide ou croiſée, ſoit qu'il y ait des ſtatuës, ou qu'il n'y en ait point, car alors elles ſervent pour ſe repoſer, s'il y a un ſiége de marbre ou de pierre.

Il y a deux ſortes de *niches*, dont la premiere eſpéce eſt les grandes, qui tombent juſques ſur le pavé, comme celles de la Rotonde ſous ſon portique, & celles des Thermes d'Antonin, où a été trouvé le grand groupe du Taureau Farneſe, qui contient la Fable de Dircé: il y en a encore aux Thermes de Tite, où étoit le groupe de Laocoon. Ces sortes de *niches* conviennent à de grands lieux, mais celles qui sont d'une grandeur ordinaire, ne peuvent avoir qu'une figure ; leur proportion doit être telle que la hauteur soit d'un peu moins que deux fois & demi leur largeur pour les ordres massifs, & d'un peu plus que cette hauteur pour les ordres plus délicats ; leur plan a un peu plus, ou un peu moins que le demi cercle, ou lui est égal.

Les *niches* qui sont entre les colonnes sans piédestaux, doivent avoir de largeur un diamétre & demi de la colonne, & lorsque les colonnes ont des piédestaux, un diamétre & trois quarts ; comme il faut que les statuës soient proportionnées aux *niches*, elles doivent être de telle maniére que le bas du col, ou la hauteur des épaules, ne passe pas le dessus de l'imposte, & l'imposte doit avoir une partie de huit & demie, qui doivent diviser la hauteur, depuis le bas de la *niche*, jusques où le ceintre commence, & cette proportion est pareille à la hauteur d'une frise & corniche mise en un endroit; elle ne doit pas non plus être moindre d'une treiziéme partie & demie de cette hauteur, qui seroit celle d'une corniche seule. Les bandeaux d'arcs, ou archivoltes des *niches*, ne doivent point être plus larges que la sixiéme partie de l'ouverture, ni plus étroits que la huitiéme, si ce n'est aux grandes *niches*, où ils n'auront que la dixiéme. On voit de toutes ces ſortes de *niches* dans le lieu où ſont les ſtatuës publiques à Veniſe, devant le Palais de Saint Marc.

NICIAS, Peintre Grec, étoit Citoyen de la Ville d'Athenes. Il fit un fameux tableau, où il repréſenta les enfers, ſuivant la deſcription d'Homere. Il refuſa ſoixante talens de cet ouvrage, & il le donna gratuitement à ſes compatriotes: Il peignoit d'une grande délicateſſe, ſurtout les femmes: c'étoit l'Albane des Grecs.

NICOLO naquit à Modene l'an 1512. Primatice qui reconnut ſon mérite, l'engagea à venir en France avec lui, & le fit travailler aux grands ouvrages qui ſe firent ſous ſa direction à Fontainebleau, comme la gallerie, la ſale du bal, la chambre de S. Louis, & la ſale des gardes. *Nicolo* mourut à Paris, fort âgé: l'année de ſa mort eſt incertaine.

NINIVE, Ville fameuſe, & très-ancienne, Capitale de l'Empire des Aſſyriens, eut *Ninus* pour fondateur.

Ce Prince qui vouloit immortaliſer ſon nom, par une Ville qui répondit à ſa puiſſance, réſolut d'en bâtir une, non-ſeulement qui effaçât tout ce qu'il y avoit alors de Villes dans le monde, mais même qui otât aux hommes qui viendroient après lui l'eſpérance d'en faire jamais une pareille.

Il l'appella *Ninive* de ſon nom, & la fit conſtruire ſur le bord Oriental du Tygre.

Jamais Ville n'a eu plus d'étenduë que *Nivive* : elle avoit ſept lieuës & demie de longueur, quatre & demie de largeur, & vingt-quatre de circuit. Les murs avoient cent pieds de hauteur, & une telle épaiſſeur qu'on auroit pû y conduire à l'aiſe trois chariots de front. Ils étoient flanqués de quinze cens tours, hautes de deux cens pieds.

Je ne ſuis point, & je ne puis être en aucune maniere garant de la vérité de toutes ces choſes que je rapporte ſur la foi d'Herodote, de Diodore de Sicile, & des autres Hiſtoriens qui les ont ſuivis. Nul d'eux n'a pû voir *Ninive*, & dans l'éloignement où ils étoient de la plûpart des événemens qu'ils racontent; ils ont pû en impoſer aux hommes avec la même impunité, que les voyageurs qui arrivent de certains climats éloignés que perſonne n'a vûs.

NISMES, Ville de France dans le bas-Languedoc, nommée par les Latins *Nemauſus*, eſt célébre par ſon antiquité, dont on voit encore de beaux monumens.

Quelques Auteurs ont avancé que cette Ville fut bâtie par un fils d'Hercule; mais ce ſentiment eſt bien difficile à établir. Il eſt sûr qu'elle fut une colonie des Romains, & qu'elle fut très-féconde en grands hommes. Sa ſituation eſt des plus charmantes de la Province; car elle a d'un côté des collines couvertes de vignes, & de toutes ſortes d'arbres fruitiers, &

de l'autre une Campagne vaste & fertile.

Les voyageurs se font un plaisir d'admirer les monumens antiques que *Nismes* a conservés ; le plus considérable est l'Amphithéâtre, que ceux du païs appellent les *Arênes*. Sa forme est ronde, & il est bâti de pierres de taille d'une grandeur extraordinaire, avec plusieurs sieges pour la commodité des spectateurs. Le dehors est environné de colonnes, avec leurs corniches, où l'on voit des Aigles Romaines, & la figure de Remus & de Romulus, allaités par une Louve.

La maison qu'on nomme *quarrée*, est un ancien Mausolée : c'est un édifice qui forme un quarré long, ayant 74 pieds de longueur, & 41 pieds 6 pouces de largeur, selon les dimensions qu'en a données Jean Poldo d'Albenas. Quelques-uns ont crû que c'étoit la Basilique qu'Adrien fit bâtir à *Nismes*, en l'honneur de Plotine, femme de l'Empereur Trajan ; mais cette maison n'est pas un ouvrage aussi magnifique que les Basiliques décrites par Spartien.

De plus les Basiliques, comme le remarque Monsieur Perault, dans Vitruve, avoient les colonnes en dedans, au lieu que les Temples les avoient en dehors, comme celles de la maison *quarrée*.

D'autres ont crû que c'étoit un *Capitole*, c'est-à-dire, une Maison Consulaire, où s'assembloient les Magistrats de la

Ville, parce que le peuple lui donne encore le nom de *Capdueil*, qui dans le langage du païs, signifie *Capitole*, & que dans des titres de quatre ou cinq cens ans, cette maison est appellée *Capitole*, & l'Eglise voisine, saint Etienne du *Capitole*.

Palladio est porté à croire que c'étoit un Temple, & il nous en donne une sçavante description, que je vais rapporter.

L'aire du Temple est à dix pieds cinq pouces du rez-de-chaussée, & a pour embasement tout au tour un piédestal, sur la cimaise duquel sont deux marches, sur quoi les bases des colonnes sont assises. La base de ce piédestal a moins de moulures, & est plus massive que sa cimaise, comme cela doit être. La base des colonnes est attique, mais parce qu'elle est augmentée de quelques astragales un peu extraordinaires, elle peut passer pour composite, quoiqu'elle ne convienne pas mal aux colonnes Corinthiennes. Les chapiteaux sont taillés à feuilles d'olive, & ont l'abaque fort enrichi d'ornemens. La rose, qui est au milieu de chaque face du chapiteau, occupe toute la hauteur de l'abaque, & de l'orlet de la campane, ce qu'on remarque avoir toujours été observé dans les chapiteaux antiques de cette espéce. L'architrave, la frise & la corniche, ont une quatriéme partie de la hauteur des colonnes, & tous leurs membres sont chargés d'ornemens d'une très-belle invention. Les modillons ſont fort différens de ceux qu'on voit ordinairement, & néanmoins ce qu'ils ont d'extraordinaire eſt fort agréable. Une autre remarque qu'on a faite, c'eſt que ces modillons ſont ornés de feuilles de chêne, quoique les chapiteaux ayent des feuilles d'olive. Sur la gueule droite, au lieu d'un orlet, il y a un ovicule en Sculpture, ce qui eſt aſſez rare. Le frontiſpice eſt préciſément ſelon les régles de Vitruve, car des neuf parties, faiſant la longueur de la corniche, il s'en trouve une dans la hauteur du fronton ſous la corniche. Les piédroits ou jambages de la porte, ont de front une ſixiéme partie de la largeur de ſon ouverture. Cette porte eſt enrichie de pluſieurs beaux ornemens bien travaillés; ſur la corniche, au-deſſus des pilaſtres, il y a deux quartiers de pierre taillés en maniere d'architrave, qui ſaillent hors de la corniche, & dans chacun il y a un trou quarré large de dix pouces & demi en tout ſens, dans lequel *Palladio* imagine que l'on ajuſtoit de longues piéces de bois, qui deſcendant juſques ſur le pavé, ſervoient à attacher une porte faite exprès pour pouvoir s'ôter & ſe remettre ſelon le beſoin; cette porte étoit en forme de jalouſie, afin que le peuple pût voir de dehors ce qui ſe faiſoit dans le Temple, ſans embarraſſer les Prêtres dans leurs fonctions.

On voit encore à *Niſmes* un autre Temple que les habitans croyent avoir été bâti en l'honneur de *Vesta*. *Palladio* croit que c'étoit le Temple de quelque divinité infernale : quoiqu'il en soit, ce monument est très-précieux, & mérite une description détaillée.

La façade du dedans du Temple, vis-à-vis de l'entrée, se divise en trois parties. Le pavé de la partie du milieu est au même niveau que tout le reste du Temple : les deux autres sont pavées à la hauteur des piédestaux, & l'on y monte par des marches qui commencent aux deux entrées, que j'ai dit être aux aîles du Temple. Les piédestaux ont un peu plus de hauteur que le tiers de leur colonnes. Les colonnes ont leurs bases composées de l'Attique & de l'Ionique, & ont un très-beau profil. Les chapiteaux sont aussi Composites, & fort proprement taillés, L'architrave, la frize & la corniche, sont toutes simples, aussi bien que les moulures des Tabernacles, qui regnent autour de la Nef. Derriere les deux colonnes qui font face à l'entrée, & qui formeroient dans nos Eglises ce que nous appellons le grand Autel, il y a des pilastres dont les chapiteaux sont aussi Composites, quoique différens de ceux des colonnes, & même différens entr'eux, en ce qu'aux pilastres voisins des colonnes les chapiteaux ont leurs ornemens disposés d'une certaine maniere, & ceux qui sont plus en arriere les ont d'une autre ; & tous font un bel effet ; l'inven-

tion

tion en eſt ſi élégante & a tant de grace, qu'il n'en eſt point de cette eſpéce qui plaiſe davantage. Ces pilaſtres portent l'architrave des Chapelles qui ſont aux côtés, auſquelles on monte comme j'ai déja dit par les dégrés des entrées des aîles, de ſorte qu'en cet endroit ils ſont plus larges que les colonnes, ce qui eſt à remarquer. Les colonnes d'autour de la Nef portent quelques arcs de pierre, & d'un de ces arcs à l'autre commence le ceintre de la grande voûte du Temple.

Tout ce bâtiment eſt fait de pierre quarrée, & eſt couvert de tuiles, couchées & enclavées l'une dans l'autre, de telle ſorte que la pluye ne peut pénétrer dans la couverture. Il eſt aiſé de s'appercevoir que ce Temple, ainſi que le premier, a été bâti dans un tems où la bonne Architecture fleuriſſoit.

NIVEAU. Tout inſtrument dont ſe ſervent les Architectes pour tracer une ligne parallèle à l'Horiſon, & pour dreſſer un terrain, s'appelle *niveau :* il y en a de pluſieurs eſpéces.

Le plus commun & le plus uſité dans l'Art de bâtir, eſt celui qu'on appelle *niveau de poſeur :* c'eſt un inſtrument compoſé de trois régles aſſemblées qui forment un triangle iſocele & rectangle, dont la figure eſt ſemblable à un A romain. De l'angle du ſommet, ou de l'angle ſuperieur, pend un cordeau avec un plomb, qui étant poſé d'équerre, marque exactement le *niveau.*

Niveau d'Ingénieur, c'est un tuyau de cuivre emboité dans deux ais creusés, qu'on joint avec de la colle forte, à chaque bout duquel il y a un trou en écrou, où entrent des entonnoirs de verre, dont les bouts sont garnis d'estain, & s'unissent: l'eau d'un entonnoir va en même tems dans l'autre, de sorte qu'étant arrêté par un bâton ferré, à la hauteur de quatre ou cinq pieds, en regardant par les deux surfaces de l'eau contenuë dans les deux entonnoirs de verre, on trouve dans l'instant les deux points de *niveau* dans une campagne.

On appelle encore *niveau* la ligne paralléle à l'Horison.

On dit mettre de *niveau*, chercher le *niveau.*

NIVELER, c'est chercher une ligne paralléle à l'Horison; prendre le *niveau* d'un terrain, d'une riviere, &c. on appelle *niveleur* celui qui *nivele*, & *nivelement* l'action de *niveler.*

NOIR, couleur pésante, terrestre & fort sensible. Les *noirs* dispensés à propos, font un bel effet sur le devant du tableau, & donnent beaucoup de relief aux figures.

Le *noir* de fumée est le plus beau *noir* que les Peintres puissent employer.

On en fait avec de la térebentine, de la poix résine, du charbon de terre & d'autres matieres semblables, que l'on brûle sur un fourneau, au-dessus duquel il y a un vaisseau en forme d'entonnoir renversé & sans tuyau, dont les parois, qui sont tapissés d'une peau de mouton, reçoivent la fumée.

Le *noir* est une couleur artificielle. Les Peintres & les Teinturiers n'en ont point encore trouvé de naturel.

NOYAU, c'est dans un escalier à vis le cilindre de pierre ou de bois posé à plomb qui retient les degrés de l'escalier encastrés dans ses flancs.

Noyau de *fonds*, c'est celui qui porte depuis le rez de chaussée jusqu'au dernier étage.

Noyau suspendu, c'est celui qui est coupé à chaque étage.

Noyau à *corde*, c'est celui qui est taillé d'une grosse moulure en maniere de corde pour conduire la main.

Dans un escalier ordinaire on appelle *Noyau* la piece de bois qui porte les marches par un des bouts, par le moyen d'une entaille, qui regne tout autour, qu'on appelle le chiffre.

NUANCE, NUANCER, NUER. On appelle *nuances* ces dégrés presqu'imperceptibles d'augmentation ou de diminution qu'a une couleur, ces passages du clair à l'obscur, & de l'obsur au clair.

Nuancer ou *nuer*, c'est imiter avec la laine ou avec la soie ces degrés & ces passages.

Nuance signifie encore mêlange & assortiment de couleurs.

Nuancer & *nuer* signifient aussi quelquefois mêler & assortir. Ils ne se disent que des tapisseries & des autres ouvrages de laine ou de soie. Le mot de *nuance* est même assez peu usité chez les Peintres. On ne dit guéres les *nuances* d'un tableau, les *nuances* des couleurs. Il est beaucoup plus pittoresque de dire, le ton des couleurs.

NUD. NUDITE', le premier est substantif comme le second, dessiner sur le *nud*.

Le *nud* des figures : les draperies doivent suivre le *nud* ; on entend par ce mot les parties *nuës* qui representent la forme & les contours du corps humain.

On appelle *nudités* la representation de certaines parties que la modestie doit tenir cachées.

Les *nudités* de l'Albane.

NYMPHE'E ; les Grecs & les Romain appelloient ainsi certains bâtimens rustiques, qui renfermoient des grottes, des bains, des fontaines, & d'autres édifices de cette nature, tels qu'on imaginoit qu'étoient les demeures des *Nymphes*.

On voit un Edifice de ce genre entre Naples & le mont Vesuve : il est construit de marbre, & sa forme est quarrée ; on y entre par une seule porte, d'où l'on descend dans une grande grotte. Le pavé est de marbre de diverses couleurs, & les murailles revêtues d'un coquillage admirable, qui represente les douze mois de l'année. L'eau d'une belle fontaine qui est à l'entrée remplit un canal, qui coule autour de la grotte, & l'on y voit des ſtatues de Nymphes, & quantité de figures groteſques.

Il y avoit à Rome & à Conſtantinople de magnifiques *Nymphées*, dont il ne reſte aucuns veſtiges.

On appelloit encore *Nymphées* certaines maiſons publiques, où ceux qui n'avoient point de logemens commodes, venoient faire des feſtins de famille, ſur-tout des feſtins de nôces.

O

OBELISQUE ; eſpece de pyramide de pierre ou de marbre, ordinairement de forme quadrangulaire, qui va en s'étréciſſant par le haut, & ſur l'aiguille ou extrêmité de laquelle on poſe communément une boule.

Les *Obeliſques* qui ſont à Rome ont été anciennement apportés d'Egypte.

L'*Obeliſque* qui eſt au milieu de la place qui fait face à S. Pierre de Rome a 80. pieds de hauteur, ſans compter ſon piédeſtal qui en porte 37. Cet *Obeliſque* a été long-tems couché à terre, perſonne avant Sixte V. n'ayant entrepris de le relever. Ce fut le Chevalier Fontana que ce Pape chargea de cette grande entrepriſe, dont il vint heureuſement à bout.

Vis-à-vis de S. Jean de Latran on voit un autre *Obeliſque*; c'eſt le plus élevé qu'il y ait à Rome : Sa hauteur eſt de cent huit pieds, outre la croix & le piedeſtal :

il étoit autrefois dans le grand Cirque, d'où Sixte V. l'a fait enlever, pour le placer dans le lieu où on le voit aujourd'hui.

L'*Obelisque* qu'on voit à Arles, & qui fut trouvé dans le jardin d'un particulier, est d'une seule pierre de granit, & a 52. pieds de haut sur sept de base. En général les *Obelisques* ont une base médiocre, & c'est en partie ce qui les distingue des pyramides.

OBSERVATOIRE, Edifice isolé, bâti ordinairement sur une éminence, & particulierement destiné aux observations Astronomiques.

L'*Observatoire* de Paris bâti par Louis XIV. est un polygone élevé de 80. pieds, & surmonté d'une terrasse : il a été construit sur les desseins du célebre M. Perrault.

Les fondemens en furent jettés en 1667. & ce bâtiment fut achevé en 1672.

Cette maison est voûtée par-tout, & l'on n'a employé ni fer ni bois dans la structure de ce bâtiment. L'escalier est fort hardi, & la rampe de fer qui regne tout autour est bien travaillée.

La salle des Machines est une fort grande piece, où l'on voit toutes sortes d'instrumens d'une belle invention, & d'un beau travail.

On y voit entr'autres choses curieuses deux miroirs ardens, dont l'un a trente-quatre pouces de diametre, & a une activité incroyable.

Une grande esplanade relevée en terrasse regne au pourtour de ce bâtiment. On y voit un mât qui porte une lunette de soixante & dix pieds de longueur.

La terrasse qui surmonte le bâtiment & qui en fait le comble est pavée de pierres à fusil, si étroitement liées, & si bien cimentées, que l'eau n'a pû encore la pénétrer.

Les caves sont très-profondes, & si spacieuses, qu'elles forment sous terre un labyrinthe où il seroit très-dangereux de s'égarer.

L'escalier par lequel on y descend est à vis. Le milieú, qui est ouvert, répond à une pareille ouverture d'environ trois pieds de diamétre, pratiquée dans toutes les voûtes du bâtiment, & tout cela ensemble forme un puits de vingt-huit toises de profondeur, du fond duquel on peut voir le ciel par ces ouvertures. *Description de Paris.*

Les Anglois ont aussi un *Observatoire* à Greenvich.

Les Perses qui faisoient une étude particuliere de l'Astronomie, en avoient anciennement deux fort célebres, l'un à Babylone sur l'Euphrate, & l'autre sur le Tygre, dans l'endroit où Bagdad a été bâti depuis.

On en voit un à la Chine, moins considérable par sa structure que par le nombre & par la bonté des instrumens.

OCRE. Terre jaune qu'on tire des mines de cuivre & de plomb.

L'*ocre* jaune calcinée au feu devient rouge. On trouve aussi dans certaines mines une *ocre* rouge naturelle : on en apporte d'Angleterre, & on l'appelle *rouge brun* ou *rouge d'Angleterre*.

L'*ocre* de rut est d'un jaune plus foncé que l'*ocre* ordinaire : on la tire des mines de fer. C'est une couleur fort terrestre & fort pesante ; elle rougit aussi au feu.

OCTOGONE, figure qui a huit angles ou huit côtés.

Bassin *octogone*. Temple octogone. Fortification *octogone*. *Octogone* régulier, c'est celui dont les angles ou côtés sont égaux.

Octogone irrégulier, c'est celui dont les côtés sont inégaux.

OCTOSTYLE ; c'est une ordonnance de huit colonnes, disposées en ligne droite, ou circulairement, comme dans les peripteres antiques.

OEIL se dit en terme d'Architecture de toute fenêtre ronde prise dans un fronton, dans une attique, dans les reins ou côtés d'une voûte.

Oeil de bœuf ; c'est une fenêtre ronde pratiquée dans un mur, ou dans une couverture.

Oeil de Dôme : c'est une ouverture qu'on ménage au haut de la coupe d'un Dôme, & qu'on couvre ordinairement d'une lanterne.

ODAZZI [Jean] naquit à Rome l'an 1663. il s'appliqua d'abord à la gravûre, qu'il apprit de Corneille Bloëmart, ensuite il se tourna du côté de la Peinture,

ture, & se mit dans l'Ecole de Ciro Ferri, après la mort duquel il entra chez le Bacici. Il acquit une grande réputation, principalement pour les ouvrages de fresque, & il fut choisi parmi les douze plus fameux Peintres d'Italie, pour peindre un des douze Prophétes de S. Jean de Latran : il fut fait Chevalier du Christ, & on l'admit dans l'Académie de S. Luc. Un des ouvrages le plus estimé de ce Peintre, est la coupole du Dôme de Velletri. Il mourut à Rome d'une hydropisie l'an 1731, âgé de soixante & huit ans.

OEUVRE, terme d'Architecture. Ce mot se prend en plusieurs significations, & se joint à différentes prépositions, qui déterminent sa signification : on dit, dans *œuvre*, hors d'*œuvre*, sous *œuvre*. Ce bâtiment a trente toises de long dans *œuvre*, c'est-à-dire, en-dedans. Un escalier hors d'*œuvre*, c'est un escalier en-dehors; reprendre un mur sous *œuvre*, c'est le rebâtir par le pied : il faut étayer puissamment une maison qu'on reprend sous *œuvre*.

Dans une Eglise, le banc des Marguilliers s'appelle *œuvre*. L'*Oeuvre* de S. Germain l'Auxerrois est la plus belle de Paris : elle est du dessein de le Brun.

OFFICES, terme d'Architecture. On entend par *offices*, non-seulement les lieux où l'on serre les fruits, & la vaisselle d'argent; mais les autres endroits qui servent aux besoins de la bouche, comme les cuiſines, les garde-mangers, les ſales du commun : les *offices* ſous terre ſont les plus commodes.

OGIVE. Dans les voûtes Gothiques on appelle *ogives*, les arcs qui ſe croiſent diagonalement : c'eſt ce qu'on nomme auſſi croiſées *d'ogives*.

OMBRES, parties obſcures d'un tableau ; de grandes *ombres*, des *ombres* fortes, des maſſes d'*ombres*, une belle entente d'*ombres* ; il ne ſe dit gueres qu'au plurier : on dit auſſi *ombrer*.

OMBRE, (Terre d') c'eſt le nom d'une couleur fort brune dont les Peintres ſe ſervent principalement pour faire les *ombres*.

ONDECAGONE, Poligone qui a onze côtés.

ONGLET, inſtrument de Graveur. C'eſt une eſpéce de poinçon qui n'a qu'une pointe tranchante, taillée en angle, en quoi il differe du burin, qui eſt taillé en lozange.

ORANGERIE, c'eſt une gallerie au rez-de-chauſſée d'un jardin, où l'on ſerre les orangers pendant l'hyver.

Une *orangerie* doit être expoſée au Midi, & bien cloſe.

L'*orangerie* de Verſailles eſt la plus magnifique qui ait jamais exiſté.

OR-COULEUR, c'eſt de l'*or* réduit en feuilles, qu'on applique ſur pluſieurs couches de couleur, & dont on enrichit les dedans & les dehors d'un tableau, d'un bâtiment.

On broye les feuilles d'*or* sur le marbre, & on les détrempe avec du miel. Quand on les employe, il faut les détremper encore une fois dans de l'eau gommée, ou dans de l'eau de savon.

Or-mat, c'est celui qui étant mis en œuvre n'est pas poli.

Or bruni, c'est celui qui est poli avec la dent de chien, après l'avoir appliqué sur une surface unie, soit sur une bordure de tableau, soit sur les moulures d'un lambris. Pour unir davantage le bois, on jette dessus deux ou trois couches de colle de gands, ensuite on y met neuf ou dix couches de blanc. Quand la Peinture est séche, on passe la presse dessus pour la rendre encore plus douce, après quoi on applique sur cet enduit deux ou trois couches *d'or-couleur*. Lorsque l'*or* est bien sec, on passe dessus un linge pour l'unir & le polir, ensuite on le frotte avec un pinceau trempé d'eau-de-vie, & aussi-tôt on applique l'*or* en feuilles, & lorsqu'il est sec, on le polit avec la dent de chien.

Or moulu, c'est de l'*or* réduit en chaux liquide qu'on applique sur le cuivre, sur le bronze, & sur d'autres métaux,

Or de Mosaïque, c'est celui qui dans les panneaux d'un lambris, ou d'une voûte, est partagé par petits carreaux ou lozanges, ombrées en partie de brun, pour donner du relief à l'ouvrage.

Or à l'huile, c'est de l'*or* en feuilles appliqué sur de l'*or* couleur : on l'employe principalement dans les ouvrages exposés aux injures de l'air.

Or en coquille, c'est un *or* liquide qui sert principalement pour les desseins, & dans les ouvrages de mignature.

Voici une des meilleures recettes pour faire l'*or* en coquille. Jettés des feuilles d'*or* sur un marbre bien net, & broyez-le avec du miel sortant de la ruche, jusqu'à ce qu'il soit extrêmement doux sous la molette. Ensuite mettez-le dans un verre d'eau claire, remuez-le, & le changez d'eau jusqu'à ce qu'elle demeure claire : il faut avoir un peu d'eau forte dans un vase, verser votre *or* dedans, & le laisser tremper deux jours ; ensuite on le retire.

ORDONNANCE, se dit en Architecture comme en Peinture, de la disposition des parties. Une belle *ordonnance* ; une mauvaise *ordonnance*.

La façade de la grande gallerie du Louvre est d'une magnifique *ordonnance*. *L'ordonnance* du Portail des Jesuites de la ruë S. Antoine, est mauvaise.

Raphaël & le Poussin, avoient dans leurs tableaux la plus belle *ordonnance*.

ORDRE. Mr Perrault dans ses remarques sur Vitruve, définit ainsi ce mot. « *L'ordre*, dit-il, est une régle pour la » proportion des colonnes, & pour la » figure de certaines parties qui leur con- » viennent selon les proportions différen- » tes qu'elles ont. »

Il y a cinq *ordres* principaux d'Architecture. Le Toscan ; le Dorique ; l'Ionique ; le Corinthien & le Composite : *voyez* ces mots à leur lettre.

Nous remarquerons seulement ici que l'*Ordre Toscan* est le plus solide & le plus simple : que l'*Ordre Dorique* est le plus proportionné selon la nature : que l'*Ordre Ionique* tient le milieu entre la maniere solide, & la maniere délicate : que l'*Ordre Corinthien* est le plus superbe : que l'*Ordre Composite*, ou l'*Ordre Romain*, participe du *Corinthien* & de l'*Ionique*.

On distingue plusieurs autres ordres d'Architecture.

L'*Ordre Composé*. Voyez *Composé*.

L'*Ordre Rustique*, c'est celui qui est avec des refends, ou des bossages, comme les colonnes du Palais du Luxembourg.

Ordre Attique, c'est un petit *ordre* de pilastres de la plus courte proportion, avec une corniche architravée pour entablement.

Ordre Persique, *Caryatique*, *Gothique* : voyez ces mots.

Ordre François, c'est un *ordre* que les Architectes François ont inventé. Dans l'*Ordre* François, le chapiteau est composé d'attributs convenables à la Nation, comme des têtes de coq, des fleurs de lys, des cordons, & des croix d'*Ordres* Militaires, &c. dans tout le reste cet *ordre* a les proportions de l'*Ordre* Corinthien. Mr le Brun s'est heureusement servi de cet *ordre* dans les ornemens de la grande Gallerie de Versailles.

ORGAGNA, [André] Peintre célébre de Florence, vivoit dans le XIV. siécle. Il travailla dans la Ville de Pise, à de grandes compositions d'histoire. Entr'autres il peignit le Jugement universel d'une maniere fort extraordinaire & fort libre; car d'un côté il représenta tous les Grands de la terre comme envelopés au milieu des plaisirs du siécle; d'un autre côté il peignit une Solitude, où S. Macaire fait voir à trois Rois qui sont à la chasse avec leurs maîtresses, l'état misérable de la vie humaine, en leur montrant les corps morts de trois autres Princes. Au milieu de ce tableau, *Orgagna* peignit la Mort avec sa faux, qui venoit d'ôter la vie à un grand nombre de personnes; au haut il représenta Jesus-Christ assis sur les nuages au milieu des douze Apôtres.

Ce Peintre se plaisoit à ces sortes d'ouvrages, & gratifioit ses amis en les mettant dans le Paradis, comme il se vangeoit de ceux qu'il n'aimoit pas, en les mettant en enfer.

Orgagna étoit aussi Architecte & Poëte. Il mourut l'an 1398. âgé de soixante ans.

ORIGINAL, son opposé est copie. Tableau *original*; un *original*: il peut y avoir deux ou trois *originaux* sur un même sujet. Les Peintres ont souvent répété leurs ouvrages: le Titien a répété jusqu'à huit fois le même tableau.

Mr de Piles s'est servi du mot d'*origi-*

nalité dans cette phraſe : il y a des choſes qui ſemblent favoriſer l'*originalité* d'un ouvrage.

ORNEMENT. En Peinture on appelle *ornemens*, tout ce qui ſert à donner du relief à un tableau, à l'embellir, à le faire valoir.

Les *ornemens* doivent être ſemés avec diſcrétion, & avec une ſorte d'économie ; ſans cela un Peintre mériteroit le reproche qu'Apelle fit un jour à un de ſes diſciples, qui ayant fait un tableau d'Helene, l'avoit chargée d'or & de pierreries ; *n'ayant pû la faire belle*, lui dit Apelle, *vous l'avez fait riche*.

En Architecture on appelle auſſi *ornemens*, tous les morceaux de Sculpture qui décorent un bâtiment.

Ornemens de *relief*, ce ſont ceux qui étant taillés ſur le contour des moulures, ont de la ſaillie, comme les feuilles d'eau, les coquilles, &c.

Ornemens en *creux*, ce ſont ceux qui ſont creuſés dans les moulures comme les oves, canneaux, &c.

Ornemens de *Marine*, ce ſont ceux qui imitent les glaçons, les poiſſons, les coquillages, &c. on les employe pour la décoration des grottes, des fontaines, des caſcades, & des bains.

Il y a des parties en Architecture qui portent avec elles leur *ornement*, comme les chapiteaux & les modillons, & d'autres qui n'en peuvent recevoir à propos, comme les filets, les larmiers, & les plinthes, quoiqu'il s'en trouve d'ornés parmi les ouvrages antiques. Les *ornemens* doivent être proportionnés au genre de l'édifice, & à la dépense qu'on veut faire, & en cela il faut imiter le plus qu'il se peut la nature, sans en inventer par caprice, parce que les fruits, les fleurs, & les animaux, paroissent plus vrai-semblables que ces figures qui ne sont que des imitations défectueuses des choses parfaites. Pour éviter la confusion, il faut que les *ornemens* soient interrompus, de sorte qu'entre deux moulures ornées, il y en ait une sans *ornement*, & pour donner de la variété lorsqu'il se rencontre deux moulures de même profil, il faut les orner différemment, imitant en cela l'antique, dont nous avons tiré les plus beaux *ornemens*. Quant au relief, il dépend de la grandeur des moulures, ou de l'éloignement dont elles doivent être vûes; mais sur-tout les *ornemens* doivent être travaillés, ensorte qu'il n'y ait rien de négligé, que les fonds soient bien nétoyés, les parties bien terminées, sans tomber dans la maniere séche, qui fait connoître la différence qu'il y a d'un ouvrier ignorant, d'avec celui qui est artiste, & bon dessinateur.

ORPIMENT ou ORPIN, en latin *auripigmentum*, est un minéral qui donne un très-beau jaune; il se trouve dans les mines d'or ou d'argent: c'est un poison très-subtil.

L'*orpiment* rougit au feu, & se change en sandaraque.

Le plus bel *orpiment* eſt celui dont la couleur tire ſur l'or, & qui ſe léve par écailles comme le talc.

L'*orpiment rouge* ou ſandaraque eſt onctueux, & eſt de la moindre eſpéce : on croit qu'il y a des parties d'or dans l'*orpin*, & qu'il y a des mines d'or dans les lieux où il ſe trouve : il y a auſſi de l'*orpin* blanc, qu'on appelle autrement arſenic.

On fait de l'*orpin* blanc artificiel, en mêlant du ſel dans l'*orpin* naturel, & en le cuiſant & le ſublimant.

ORTOGRAPHIE, c'eſt l'élévation geométrale d'un bâtiment qui en fait paroître les parties ſelon leur véritable proportion.

On entend auſſi par *ortographie*, la ſcience même qui apprend à tracer ces ſortes de plans, c'eſt ce qu'on appelle encore la perſpective cavaliere : elle eſt d'un grand uſage dans l'Architecture civile & militaire, lorſqu'on a à repréſenter des morceaux élevés, des tours, des façades, &c.

OVALE, figure curviligne, dont les diamérres ſont inégaux : on la nomme *ovale* du latin *ovum* œuf, parce qu'elle en a la forme.

Colonne *ovale*, c'eſt une colonne dont le fût eſt un peu applati, & dont le plan eſt *ovale*.

OVE, ornement d'Architecture, moulure ronde qui a la forme de l'œuf.

Oves fleuronnés, ce ſont ceux qui ſont

environnés de feuilles ou de fleurons.

On dit auſſi *ovicule*, c'eſt un petit *ove*.

OUTREMER, bleu d'azur, qu'on fait avec le lapis-lazuli, infuſé dans du vinaigre blanc, & mêlé avec de l'huile de lin, de la cire blanche vierge, de la poix grecque, du maſtic pulveriſé, & de la térébentine : on fait bouillir le tout.

Il y a pluſieurs autres façons de faire l'*outremer*.

L'*outremer* eſt une couleur très-douce & très fuyante, & par cette raiſon très-propre pour la mignature. Elle eſt très-néceſſaire pour toute ſorte de Peinture: l'*outremer* eſt for cher. Dans le Salon d'Hercule, peint à Verſailles par le Moine, il eſt entré pour le plafond ſeul, pour dix mille livres d'*outremer*.

Entre pluſieurs manieres de faire l'*outremer*, voici une des meilleures recettes.

Prenez quatre onces d'huile de lin, quatre onces de cire neuve, quatre onces d'arganſon, une once de raiſine, une once de maſtic en larmes, quatre onces de poix de Bourgogne, deux gros d'encens & un gros de ſang de dragon; concaſſez chaque drogue à part dans un mortier, puis faites chauffer l'huile de lin dans une terrine ſur le feu juſqu'à ce qu'elle fremiſſe; alors mettez-y vos drogues l'une après l'autre, enſorte que le ſang de dragon ſoit le dernier infuſé, en remuant toujours le tout avec un bâton ; enfin vous connoîtrez que votre pâte est faite quand elle sera gluante comme de la colle ; alors vous y mettrez du lapis-azuli, que vous aurez fait rougir dans le feu de charbon éteint tout ardent dans du vinaigre blanc, & broyé sur le marbre, après l'avoir laissé sécher, & l'avoir passé dans un tamis des plus fins : cela étant bien incorporé, & ayant été 24 heures sans y toucher, pour en faire sortir l'*outremer*, prenez de l'eau de fontaine, & non d'autre, & pétrissez bien avec cette eau votre pâte, vous verrez sortir la premiere teinture de bleu, qui est la plus fine, & la plus belle : vous ferez de même jusqu'à trois fois, en pétrissant toujours avec ladite eau ; enfin pour la derniere opération, faites chauffer ladite eau jusqu'à ce qu'elle soit tiede, & d'icelle vous pétrirez le reste de la matiere dont vous tirerez les cendres, & si vous voulez jetter le tout dans un alambic, & le distiller, vous trouverez au fond l'or qui étoit au lapis.

Il y en a qui pétrissent leur pâte tout d'un coup dans un vaisseau plein d'eau tiéde, dans lequel se jette l'*outremer* qu'ils laissent reposer vingt-quatre heures & plus : ensuite ils vuident doucement l'eau, & l'*outremer* se trouve au fond, qu'ils font sécher au Soleil : ils laissent aussi l'espace d'un mois le lapis incorporé dans la pâte, avant que d'en tirer l'*outremer*, & mettent dans ladite pâte, au lieu de l'hui le de lin & de térébentine ; ſeulement de l'huile de térébentine, & de la poix noire, au lieu de la poix de Bourgogne: pour le lapis, ils le font cuire, éteindre, & broyer de la même façon que je l'ai dit.

OUVRAGE, travail.

Ouvrage de moſaïque ; *ouvrage* de marqueterie ; *ouvrage* de ſculpture ; *ouvrage* de maçonnerie.

En fait de maçonnerie on diſtingue deux ſortes d'*ouvrages* : les gros *ouvrages*, & les menus *ouvrages*.

Les gros *ouvrages* ſont les murs de fondations, les murs de face & de refend, les voûtes, les contremurs.

Les menus *ouvrages* ſont les cheminées, les plafonds, les eſcaliers, les carelages, &c.

On dit toiſer les *ouvrages*, viſiter les *ouvrages*, eſtimer les *ouvrages*.

P

PAGODE. Les Temples des Indiens s'appellent *Pagodes*, comme ceux des Turcs s'appellent Moſquées. Chez les Chinois, & chez les Siamois, on voit de ces *Pagodes* magnifiquement conſtruits, incruſtés de marbre, de jaſpe, de porcelaine, de lames d'or, & comparables pour leur richeſſe aux édifices les plus magnifiques. *Voyez* SIAM.

Les *Pagodes* ſont ordinairement accompagnés de plusieurs pyramides de chaux & de briques ; les plus hautes s'élévent autant que nos clochers ordinaires, & les plus basses n'ont pas deux toises de haut. Elles sont rondes, & elles diminuent peu à peu en grosseur à mesure qu'elles s'élévent, de sorte qu'elles se terminent en Dôme. Il est vrai que lorsqu'elles sont fort basses, il part de cette extrêmité, faite en Dôme, une éguille fort menuë, & fort pointuë, & assez haute par rapport au reste de la pyramide : il y en a qui diminuent ou grossissent quatre ou cinq fois dans leur hauteur, de sorte que leur profil est ondé ; mais ces diverses grosseurs sont moindres à mesure qu'elles sont en une partie plus haute de la pyramide. Elles sont ornées en trois ou quatre endroits de leur contour, de plusieurs cannelures à angles droits, soit dans leurs parties creuses, soit dans leurs parties de relief. Ces cannelures diminuant peu à peu, à proportion de la diminution de la pyramide, vont se terminer en pointe au commencement du renflement de la même pyramide, d'où s'élévent de nouvelles cannelures.

On appelle aussi *Pagodes*, les Idoles qui sont adorées dans ces Temples : seulement ce mot est feminin dans cette acception, au lieu qu'il est masculin dans l'autre.

PAISAGE, PAISAGISTE. Le *païsage* est un des principaux genres de Peinture, & renferme en racourci tous les autres.

On appelle *païſages*, le tableau qui repréſente un *païſage*.

L'art de faire ces repréſentations s'appelle encore *païſage*, & celui qui les fait ſe nomme *Païſagiſte*.

Dans le *païſage* on diſtingue deux ſortes de genres : le genre heroïque, & le genre paſtoral.

Le *païſage* du genre heroïque eſt une compoſition formée ſur ce que l'art & la nature offrent de plus majeſtueux, de plus rare & de plus frappant. Les ſites en ſont recherchés & ſurprenans, les fabriques grandes & magnifiques : ce ne ſont que Temples, que Pyramides, & Obéliſques, &c.

Le beau *païſage* du *Pouſſin*, connu ſous le nom d'*Arcadie*, eſt un modéle en ce genre.

Le *païſage* du genre paſtoral, eſt une repréſentation de la ſimple nature, telle qu'elle ſe montre ſans fard, ſans artifice, abandonnée pour ainſi dire à elle-même ; on n'y voit que des objets communs, des troupeaux, des bergers, des arbres, des rochers, &c.

Pingit oves alius ſata læta, virentia muſco,
Gramina, pendentes ſummâ de rupe capellas,
Saltantes Dryadas, redeuntem ex urbe Neæram

Et vacuam Læto referentem vertice testam.

Pictura.

Les *païsages* ordinaires sont dans le genre pastoral.

PAIX. [Temple de la] On voit à Rome des vestiges curieux de ce Temple, proche Ste *Marie la Neuve*, sur le chemin qu'on appelle *La via Sacra*; on prétend qu'il est bâti dans le même lieu où étoit plus anciennement le Palais de Romulus : ce Temple fut commencé par Claudius, & conduit à sa perfection par Vespasien, après la conquête de la Judée. Ce Prince y fit mettre en dépôt tous les vases, & toutes les riches dépouilles qu'il avoit tirées du Temple de Jerusalem. Le Temple de la *Paix* étoit le plus grand, le plus superbe, & le plus riche de Rome : tout ruiné qu'il est, les précieux vestiges qui nous en restent, suffisent pour juger de son ancienne grandeur, & de sa magnificence. A la face d'entrée, il y avoit une loge à trois ouvertures, bâtie de briques, & le reste de la largeur de la façade étoit un mur continu. Les pilastres des arcades de la loge avoient des colonnes par dehors, qui leur servoient d'ornement, & qui régnoient le long du mur continu. Sur cette premiere loge, il y en avoit une autre découverte avec une balustrade, & au-dessus de chaque colonne étoit une statuë. Au-dedans du Temple il y avoit huit grandes colonnes de marbre d'ordre Corinthien de cinq pieds quatre poûces de diamétre, dont la hauteur, y compris la base & le chapiteau, faisoit cinquante trois pieds. L'entablement avoit dix pieds & demi, & portoit la voûte de la Nef du milieu. Les bases de ces colonnes étoient plus hautes que la moitié de leurs diamétres, & le plinthe en emportoit près du tiers; ce qu'on fit apparemment pour leur donnner plus de force : leur saillie étoit d'une sixiéme partie de leur diamétre. La modenature étoit d'une fort belle invention, & la cimaise de l'architrave étoit d'un dessein peu commun, & très-riche. La corniche avoit des modillons au lieu de larmier. L'histoire rapporte que ce Temple fut brûlé sous l'Empire de Commode. *Palladio* a beaucoup de peine à s'en rapporter au témoignage des Historiens sur ce fait : sa raison est qu'il n'y avoit point de charpente dans ce Temple. Il conjecture qu'il a été ruiné par un tremblement de terre, ou par quelqu'autre accident de cette nature. Les murs de ce Temple étoient enrichis de Statuës & de Peintures : toutes les voûtes avoient des compartimens de stuc, & généralement tout y étoit fort riche. *Voyez* les desseins de ce Temple dans *Palladio, liv. 4. chap. 6. de la premiere partie.*

PALAIS, Maison des Rois & des Princes.

Le

Le *Palais* Royal. *Voyez* ROIAL. Le *Palais* du Luxembourg.

Le mot de Palais vient du mont *Palatin*, où les Rois & les Empereurs Romains faisoient leur demeure. Leur maison s'appelloit *Palatium*, à *monte Palatino*.

En Italie on appelle *Palais*, ce qu'en France nous nommons Hôtel, c'est-à-dire, toutes les maisons qui appartiennent à des gens titrés.

Le *Palais Borghese* : Le *Palais Salviati* : Le Palais Farnese, &c. Comme nous disions l'Hôtel Borghese.

Les Italiens, appellent *Palais* d'Eole; certains lieux souterrains, & fort frais, d'où par le moyen de certains aqueducs, on fait passer la fraicheur dans les appartemens d'été, à peu près comme on conduit & on distribue la chaleur d'un poële par des tuyaux.

PALE'E. C'est un rang de pieux employés de leur grosseur, placés assez près les uns des autres, attachés, & boulonnés de chevilles de fer; lesquels plantés suivant le fil de l'eau, servent de piles, pour porter les travées d'un pont de bois. *Voyez* PIEU.

PALETTE. Instrument de bois, de forme ovale avec une ouverture par le haut, pour y passer le pouce. Les Peintres mettent sur cet instrument les couleurs toutes préparées.

On dit de certains tableaux, qu'ils sentent la *palette*, c'est-à-dire, que les couleurs n'en sont point assez vraies, que la nature y eſt mal caracteriſée, & que l'on n'y trouve point cette parfaite imitation, ſeule capable de ſéduire & de tromper les yeux, Ce qui doit être le premier but des Peintres.

Mr. de Piles a dit en parlant de le Brun, « ſes couleurs locales ſont mau« vaiſes, & il n'a point fait aſſez d'at« tention à donner par cette partie le vé« ritable caractère à chaque objet : ce « qui eſt la ſeule cauſe pour laquelle ſes « tableaux *ſentent toujours comme on dit la* « *palette*, & ne font point cette fidele ſen« ſation de la nature.

PALIER. On appelle *Palier*, le repos ou l'eſpace uni qu'on menage aux tournants d'un eſcalier. *Palier* de communication, c'eſt celui qui communique à deux appartemens de plein-pied.

PALISSADE, cloture faite avec des pieux fichés en terre pour fortifier un camp, pour defendre un foſſé ; ou de jeunes arbres.

Paliſſade de Jardin, c'eſt un rang d'arbres qui portent des branches dès le bas, & qu'on étend encore en les taillant, pour tapiſſer une allée, ou pour couvrir un mur de jardin.

Paliſſade de charmille ; *Paliſſade* d'Ifs ; *Paliſſade* de buis : ce ſont les grandes *paliſſades*.

Les petites *paliſſades*, ou les *paliſſades* d'appui ſe font de jaſmin, de Filaria, &c.

PALLADIO, [André] ſçavant Architecte, naquit à Vicenze Ville de Lombardie dans le XVIe siécle, & fut un de ceux qui travaillerent le plus à faire revivre les anciennes beautés de l'Architecture. Il apprit les principes de cet Art de Jean George Triffin, patrice de Vicenze, homme consommé dans l'Architecture : dans la suite *Palladio* se rendit à Rome, & par son application à étudier les monumens antiques, il se remplit l'esprit des belles idées des anciens Architectes, & rétablit les regles qui avoient été corrompues par la barbarie des Goths.

Il y dessina les principaux ouvrages de l'antiquité qu'il y trouva, & y joignit des réflexions, qui furent plusieurs fois imprimées avec les figures : mais cet ouvrage quoique très-utile est peu de chose en comparaison du traité d'Architecture que *Palladio* mit au jour en 1570. Cet ouvrage est divisé en quatres livres.

Le dernier qui traite des Temples des Romains fait voir que son Auteur a surpassé tous ceux qui avoient parlé avant lui de cette matiere. Il a été traduit en françois par Friart.

C'est dommage que les Auteurs qui ont parlé de *Palladio*, ne nous disent rien des particularités de sa vie ; ils se sont contentés de faire le dénombrement des beaux ouvrages dont il a orné la ville & les environs de Vicence, & des édifices qu'il a bâtis à Venise & dans d'autres Villes d'Italie ; mais en cela ils ne nous disent rien qui ne se voye expliqué & dessiné par lui-même, dans les deux & troisiéme livre de son Architecture. *Palladio* mourut en 1580.

PALME. Mesure romaine, prise de la longueur de la main, en latin *palma*, lorsqu'elle est étendue autant qu'elle peut l'être.

Le palme est une mesure assez ordinaire en Italie : il varie suivant les differens cantons.

Le *palme* romain moderne a 8 pouces trois lignes & demie. Le *palme* de Naples a huit pouces sept lignes. Le *palme* de Gênes est de neuf pouces deux lignes. Le *palme* de Languedoc & de Provence est de même dimension que celui de Gênes.

PALME [Jâques] on l'apelle *le vieux Palme*, pour le distinguer de son neveu, connu sous le nom de *palme* le Jeune, qui fut disciple du Tentoret, & qui mourut à Venise en 1623.

Jâques naquit aux environs de Bergame l'an 1548. il fut disciple du Titien, & on le chargea de finir une descente de Croix que ce Peintre avoit laissée imparfaite : le *Palme* l'acheva & mit au bas du tableau ces paroles modestes.

Quod Titianus inchoatum reliquit, Palma reverenter perficit, Deòque dicavit, Opus.

On voit la plûpart de ses ouvrages à Venise : sa sainte Barbe qui est dans l'E glise de sainte Marie Formose est le plus estimé de tous. Il mourut en 1596.

PAMPHILE, Peintre Grec, naquit en Macedoine, sous le regne de Philippe. C'étoit un homme fort sçavant, & un profond Mathématicien : il donna tant de vogue à la Peinture, que tous les gens de qualité voulurent s'en instruire ; & il enflamma tellement l'émulation des Grecs qu'on publia un édit, premierement à Sicyone, ensuite dans toute la Grece, par lequel il ne fut permis qu'aux personnes nobles de professer cet Art.

La Peinture est bien déchue de sa noblesse depuis *Pamphile*.

PAN. Signifie en Architecture face, côté.

Pan de muraille. C'est une partie de la continuité d'une muraille ; *pan* de comble, c'est l'un des côtés de la couverture d'un comble ; *pan* coupé : c'est une angle rabatu.

Dans une maison de bois, on appelle *pan* de charpente, l'assemblage des bois qui forment les murs de face. Dans les uns les potelets ou petits pôteaux s'enclavent diagonalement dans les intervalles de plusieurs grands pôteaux posés à plomb, c'est ce qu'on appelle *pan* à brin de fougere : dans les autres ils se disposent en losanges : c'est ce qu'on appelle *pan* à losanges. Ces intervalles se remplissent de maçonnerie, & l'on recouvre & lambrisse le tout d'un enduit après y avoir mis des lattes comme on le pratique dans les plafonds, & dans les cloisons ordinaires. *Daviler.*

PANACHE. Terme d'Architecture, c'est une portion de voûte en triangle, qui aide à porter la voûte d'un Dôme.

PANEAU. Les Menuisiers appellent *paneaux* des tables d'ais minces jointes ensemble, dont on fait le bâti d'un lambris ou d'une porte; *paneau* de menuiserie.

Quelquefois on applique sur des *panneaux* de menuiserie & sur des lambris des morceaux d'ornemens, taillés en bas relief qui representent des attributs, des trophées, des figures allegoriques.: ces sortes de placages s'appellent *paneaux* de Sculpture.

Paneaux de Maçonnerie. C'est l'enduit de maçonnerie qu'on met entre les pieces de charpente qui forment un *pan* de bois, ou une cloison.

PANIER. *Voyez* CORBEILLE.

PANNE. Les Charpentiers appellent *panne* la piece de bois, qui entre deux fermes ou jambes de force, sert à soutenir les chevrons.

PAPIRIUS [Le] c'est un groupe fameux de Sculpture antique, qu'on voit à la vigne Ludovise: on sçait que le jeune Papirius ayant assisté avec son pere à une déliberation du Sénat, sa mere le questionna à son retour, & lui demanda ce qui s'y étoit dit: on n'ignore pas comment Papirius lui donna le change, en lui disant que le Sénat avoit déliberé si l'on donneroit deux femmes à chaque mari, ou deux maris à chaque femme : la curiosité de la mere & la discretion du fils sont exprimées d'une maniere admirable par le Sculpteur dont on ignore le nom, » l'ame de cette femme, dit » Mr. l'Abbé du Bos, paroît être tout » entiere dans ses yeux qui percent son » fils en le caressant..... d'une main elle » caresse son fils & l'autre main est dans » la contraction ;..... le jeune Papirius » répond à sa mere avec une complai- » sance apparente, mais il est sensible » que cette complaisance est affectée.... » on devine à son sourire malin...... » que le respect contraint un peu, com- » me au mouvement de ses yeux, que cet » enfant veut paroître vrai, mais qu'il » n'est pas sincere. *Réflexions sur la Pein- » ture.*

PARAPET. Petit mur à hauteur d'appui, c'est-à-dire de trois ou quatre pieds de haut pour servir de garde fou à un pont, à une terrasse : les Italiens disent *Parapetti Garde poitrine.*

PARAPET de rampart : c'est cette partie qui couvre le soldat, quand il tire sur l'ennemi.

PARC. Se dit 1°. d'un grand bois clos de murailles, dépendant d'une Maison Royale ou d'un Château où l'on garde les bêtes fauves, 2°. Du Chantier d'un Arsenal de Marine, où sont les Magazins, & où se construisent les Vaisseaux.

PAREMENT en terme d'Architecture, eſt le côté apparent d'une pierre taillée, la face polie qui *paroît* au dehors, tandis que l'autre extrêmité eſt brute, & ne paroît point.

Lorſqu'un mur eſt tout conſtruit de pierres pareilles, qui le traverſent, & qui ont deux paremens oppoſés: on dit que ce mur fait *parpaing*. On dit *parement* de mur, *parement* de menuiſerie, c'eſt la partie apparente & polie d'un mur, d'un lambris.

PARFONDRE. Terme de Peinture en émail, qui ſignifie faire *fondre* également. Les couleurs qu'on applique ſur l'émail & ſur le verre doivent ſe *parfondre*, c'eſt-à-dire ſe cuire également.

PARIS. Capitale de la France eſt une des plus grandes villes du monde, des mieux bâties, & des plus peuplées.

Outre une infinité d'Hôtels particuliers, il y a un grand nombre d'édifices publics d'une grande beauté.

Les plus conſidérables ſont la Maiſon Royale du Louvre, les Places de Vendôme & des Victoires, la Place Royale, le Pont-neuf & le Pont-Royal, les Invalides, le Palais de Luxembourg, le Val-de-Grace, l'Arc triomphal de la Porte de St. Denis, la Fontaine des Innocens qui eſt un des plus beaux monumens de Sculpture qui ſoient dans le monde, &c.

On y compte dix-ſept portes, vingt-cinq Places, onze ou douze grands Faux-bourgs, dix Ponts, plus de ſept cens

rües

cinquante mille maisons, deux cens Eglises, dont il y en a quarante-quatre de Paroissiales; Trente Hôpitaux, un grand nombre de beaux Hôtels, cinq Académies, plusieurs Bibliothéques publiques, soixante Colleges, & quatre Cours Souveraines.

On assure que ses environs sont si peuplés, qu'à dix lieues à la ronde il y a plus de dix mille Bourgs, Villages, ou Châteaux.

On donne à Paris sept lieües de circuit & huit à neuf cens mille habitans.

PARMESAN. FRANÇOIS MAZZOLI, ou *Mazzuoli*, fut appellé le *Parmesan* parce qu'il n'aquit à Parme l'an 1504. Il étoit Peintre, Graveur, Musicien & Chimiste : il se livra tellement à cette derniere science qu'il y consuma tout son bien & sa santé; il mourut à la fleur de son âge n'ayant que 36 ans.

Le Parmesan étoit ingénieux, fecond, gracieux, & varié, mais peu correct.

La collection des desseins du *Parmesan* faisoit le morceau le plus curieux du cabinet de Mr. Crozat.

Voici le jugement qu'en porte un Ecrivain moderne [Mr. Mariette] » Le Parmesan est tout rempli de graces ; il » a allié celles du Correge à celles de Raphael. Il y a dans le maniment de sa » plume un esprit & une touche legere, » & dans les tours de ses figures une » fléxibilité qui font valoir ses desseins, lors même qu'ils péchent par la justesse des proportions..... il n'a presque jamais dessiné qu'en petit, mais c'est là qu'il est admirable.

PARPAING. *Voyez* PAREMENT.

PARQUET, c'est une assemblage de plusieurs carreaux de menuiserie, joints dans differents chassis.

On pose d'abord les chassis & les traverses qui placées quarrément ou diagonalement forment ce qu'on appelle la *carcasse* du *parquet* : après quoi on remplit cette carcasse de carreaux de menuiserie retenus avec languettes dans les rainures des traverses ; chaque feuille de *parquet* forme un quarré d'environ trois pieds : le *parquet* est assis & arrêté sur des lambourdes. *Voyez* LAMBOURDE.

PARRASIUS naquit à Ephese. Il fut disciple d'Evenor, & Rival de Zeuxis, qu'il trompa de la maniere que tout le monde sçait.

Ce fut le plus grand & le plus élégant Dessinateur de l'antiquité, & il composa un livre sur les proportions. Il étoit fort passionné pour son Art, & jamais il ne se mit à l'ouvrage sans entrer dans une espéce d'enthousiasme : on rapporte qu'il chantoit toujours en travaillant.

Si l'on juge des mœurs de Parrasius par ses ouvrages, on peut dire que c'étoit un Peintre fort débauché ; mais cette régle n'est pas toujours sûre ; & bien des Peintres peuvent dire :

Lasciva est nobis dextera, *vita proba est.*

PARTERRE, c'eſt la partie du jardin qui fait face au bâtiment, & qui eſt diviſée par compartimens de buis, de fleurs, de gazon.

Parterre de *broderie*, c'eſt celui dans lequel on ſemble avoir imité un ouvrage de broderie, en taillant le buis en rainceaux, en fleurons, & en d'autres figures : tel eſt le beau *parterre* des Thuilleries.

Parterre à l'Angloiſe, c'eſt celui qui eſt de broderie de gazon avec enroulemens, & de platte bandes : tel eſt le *parterre* de la Dauphine au-deſſus de l'orangerie de Verſailles.

PARVIS ſe diſoit anciennement de toutes les places publiques qui faiſoient face à un grand bâtiment : il ne ſe dit aujourd'hui que de celles qui ſont en face des Egliſes.

Le *Parvis* de S. Pierre de Rome, eſt une place d'une prodigieuſe étenduë, entourée de portiques, qui font un très-bel effet.

PASQUIN, ſtatuë antique, tronquée & mutilée qu'on voit à Rome, proche le Palais des Urſins, beaucoup plus fameuſe par les ſatyres qu'on y attache, que par ſon travail, quoiqu'elle ne ſoit pas mal faite.

On prétend qu'elle fut trouvée vis-à-vis la boutique d'un Cordonnier de Rome, nommé *Pasquin*, homme fort plaisant, & fort satyrique, & que pour cette raison on lui donna le nom de *Pasquin*. Voyez MARFORIO,

PASSAGE. Les dégrés par lesquels on *passe* d'une teinte, d'une couleur à l'autre, s'appellent *passages* en terme de Peinture.

Les *passages* doivent être imperceptibles, & ménagés avec tant d'adresse, que les couleurs se perdent insensiblement l'une dans l'autre, & qu'il y ait entr'elles une espéce de milieu, qui participe également des deux couleurs.

Transitus umbrarum ad lucem, vel lucis ad umbras.

Dissimilandus erit, quiddam connectat utrumque

Participans ab utroque: diem noctem que tabellæ

Commissuræ habiles, & amœna crepuscula jungant.

Pictura Carmen.

Mr du Fresnoy a dit la même chose en des vers fort durs.

Non præcipiti labentur in umbram

Clara gradu: nec adumbrata in clara alta repentè

Prorumpant : sed erit sensim hinc atque
inde meatus
Lucis & umbrarum. . . . .

PASSION. *Passion* en Peinture se dit d'un mouvement du corps, accompagné de certains traits sur le visage qui marquent une agitation de l'ame. Il est des *passions* dont les mouvemens sont tendres, il en est d'autres dont les mouvemens sont violens.

Le Brun qui a excellé dans cette partie, a fait un traité des *passions*, avec des démonstrations des principaux traits qui servent à les caractériser.

Chaque *passion* a ses caracteres : c'est au Peintre à choisir parmi ces divers caracteres, ceux qui sont les plus propres à toucher & à émouvoir les Spectateurs. Dans une même *passion*, il faut observer des différences ; la douleur d'un Roi, ne doit pas être la même que celle d'un homme de la lie du peuple, ni la fierté d'un soldat la même que celle d'un Général : c'est dans ces différences que consiste le vrai discernement des *passions*.

PASTEL, c'est une *pâte* qui se fait avec des couleurs broyées : on en compose des crayons de toute espéce, dont on se sert pour peindre sur de gros papier. Il ne faut pas confondre les crayons de *pastel*, avec les crayons ordinaires. Peindre en *pastel* ; portrait de *pastel*.

On appelle *pastel* l'ouvrage même qui est peint en *pastel*.

Un beau *paſtel* ; un *paſtel* de *la Tour.*

Comme les tableaux de *paſtel* ont plus de ſéchereſſe que les Peintures ordinaires, on les couvre ordinairement d'un verre pour en attendrir les parties.

Il eſt une autre eſpéce de *paſtel* dont les Teinturiers ſe ſervent. *Voyez* GUESDE.

PASTICHE. On appelle *paſtiches* certains tableaux d'imitation dans leſquels l'Auteur a contrefait la maniere de quelque Peintre, ſes touches, ſon goût de deſſein, ſon coloris.

Les Italiens appellent ces ouvrages *paſtici*, d'où nous avons fait *paſtiches* : ces tableaux ne ſont proprement ni originaux ni copies.

Lucas Jordans, & David Teniers, excelloient ſi parfaitement dans ce genre de peinture, que leurs ouvrages en ont impoſé aux plus habiles connoiſſeurs. Charle II. Roi d'Eſpagne, qui avoit attiré Jordans à ſa Cour, lui montrant un jour un tableau de Jâque Baſſan, parut être fâché de n'en avoir pas le pendant : Jordans en fit un, où il imita ſi parfaitement la maniere de ce Peintre, qu'on le prit pour un ouvrage du Baſſan.

PASTEUX, nourri, moëleux; un pinceau ferme & pâteux. *Voyez* EMPASTE'.

PATTE-D'OYE. Dans un jardin on appelle *patte d'oye* trois allées qui ſe joignent à leur extrêmité, & qui aboutiſſent à un même endroit, imitant en quelque ſorte la *patte d'oye*.

En terme de charpenterie, *patte d'oye* ſe dit de l'aſſemblage de charpente qui retient le comble de quelques vieilles Egliſes : comme on voit aux Cordeliers de Paris.

PAVE', PAVER, PAVEUR. *Pavé* ſe dit non-ſeulement des matieres dont on pave les ruës, les chemins, les cours, mais même de ces lieux pavés.

Pavé de grais ; *pavé* de pierre ; *pavé* de marbre ; *pavé* de brique.

Le grais eſt la meilleure pierre pour *paver* les rues & les grands chemins ; on s'en ſert en France depuis Philippe Auguſte.

Les anciens *pavoient* leurs grands chemins de deux différentes manieres ; les uns ſe pavoient de pierre & les autres étoient cimentés de ſable & de terre glaiſe : les premiers avoient trois rangs, à ce que l'on a obſervé dans les veſtiges qui en ſont reſtés : celui du milieu qui ſervoit aux gens de pied, étoit un peu plus élevé que les deux autres, & exhauſſé au milieu, ſi bien, que les eaux ne s'y pouvoient arrêter ; on le pavoit à la ruſtique. Cette maniere de pavé ſe dreſſoit avec une fauſſe équére de plomb, laquelle s'ouvroit & ſe ſerroit ſelon le côté & l'angle de chaque pierre, & par ce moyen ils les joignoient aſſez proprement enſemble, & en peu de tems. Les deux autres rangs reſtoient au niveau du rez-de-chauſſée, couverts ſeulement de ſable avec de la glaiſe, ſur quoi les chevaux marchoient fort à l'aiſe : chacun de ces deux rangs n'avoit de largeur que la moitié du chemin *pavé*, duquel ils étoient ſéparés par des aſſiſes de pierres poſées de champ. D'un intervalle à l'autre, on trouvoit de groſſes pierres dreſſées à une hauteur commode quand on vouloit monter à cheval, parce que les Anciens n'avoient point l'uſage des étriers. Outre les pierres dont je viens de parler, on en rencontroit encore d'autres beaucoup plus grandes & plus élevées, ſur leſquelles on trouvoit écrits tous les lieux & le côté du chemin qui menoit d'un lieu à l'autre. Ce fut une invention de C. Gracchus, lequel prit le ſoin de les faire meſurer & accommoder ainſi. Les chemins de la ſeconde maniere, c'eſt-à-dire, ſeulement de ſable & de terre glaiſe, étoient un peu élevés au milieu, tellement que l'eau ne s'y pouvant arrêter, & le fond étant aride & prompt à ſécher, ils demeuroient toujours nets de fange & ſans pouſſiere. On en voit un dans le Frioul, que les habitans nomment *le Poſthume*, lequel va dans la Hongrie, & un autre ſur le territoire de Padouë, qui partant de la Ville même, aboutit aux Alpes.

Pavé d'échantillon, c'eſt un *pavé* de grais de grandeur ordinaire, c'eſt-à-dire, de 8. à 9. pouces cubiques ; on en *pave* les rues, les grands chemins, &c.

Pavé fendu, c'eſt celui qui n'a que la moitié de l'épaiſſeur du précédent. On en *pave* les cours, les cuiſines, &c. Les chambres qui n'ont point de parquet ſe *pavent* avec des carreaux de terre cuite ou de pierre.

Pavé de moſaïque, c'eſt un *pavé* fait de pluſieurs petits cubes de pierre, ou de marbre, ſoit naturels, ſoit artificiels, qui joints enſemble, repreſentent diverſes figures.

Les *pavés* de *moſaïques* ſont fort anciens; Pline nous aſſure que les Grecs en furent les inventeurs; il parle d'un ouvrage fameux en ce genre qu'on voyoit à Pergame, & qu'on nommoit ἀσαρώτος, mot Grec, qui ſignifie en notre langue *non balayé*, parce que l'on y voyoit des ordures, des miettes de pain & d'autres choſes qui tombent d'une table, repréſentées ſi naturellement, qu'on y étoit trompé, & qu'il ſembloit qu'on eut oublié de balayer la ſalle où étoit cette fameuſe *Moſaïque*. Pline remarque encore que ce *pavé* étoit fait de petits coquillages peints de diverſes couleurs.

On trouve de très-beaux pavés de moſaïque dans pluſieurs Egliſes d'Italie, comme à Veniſe & à Sienne. Le *pavé* du Chœur de l'Egliſe de S. Remi de Rheims eſt le plus bel ouvrage en ce genre qui ſoit en France: il eſt compoſé de petites pieces de marbre, les unes en leurs couleurs naturelles, & les autres teintes & émaillées, ſi bien rangées & ſi bien maſtiquées, qu'elles repréſentent une infinité de figures qui ſemblent faites au pinceau. On y voit ; 1°. David jouant de la harpe ; 2°. Une image de S. Jerôme autour duquel sont les figures & les noms de tous les Prophêtes, Apôtres & Evangelistes. 3°. Les quatre fleuves du Paradis terrestre désignés par ces mots *Tigris*, *Euphrates*, *Geon*, *Fison* ; 4°. Les quatre Saisons de l'année ; 5°. Les sept Arts liberaux ; 6°. Les douze mois de l'année ; 7°. les douze signes du Zodiaque. 8°. La figure de Moïse, assis dans une chaise, & soutenant un Ange sur l'un de ses genoux. 9°. Les quatre vertus Cardinales ; 10. Les quatre points Cardinaux du monde, l'Orient, l'Occident, le Midy & le Septentrion, & quantité d'autres figures faites de mosaïque, & peintes sur un fond jaune ; les plus gros cubes n'excedent pas la largeur de l'ongle, si ce n'est quelques pierres noires & blanches, & quelques pieces rondes de jaspe, les unes pourprées, les autres ondées de diverses couleurs qui y sont appliquées dans certains compartimens, comme des pierres précieuses enchassées dans un anneau. Proche du grand Autel on voit une maniere de *Pavé* de petites pieces de marbre, divisé aussi en compartimens de marqueterie. Sur le dégré de l'Autel est représenté le Sacrifice d'Abraham, l'échelle de Jacob, & d'autres histoires de l'Ancien Testament, qui étoient des figures du saint Sacrement de l'Autel. *Voyez Mosaïque*.

PAVER, c'est asseoir le pavé.

Paver à ſec, c'eſt *paver* ſans chaux & ſans mortier ſur le ſable ſeul, comme dans les ruës & ſur les grands chemins.

Paver à bain de mortier : c'eſt maçonner & maſtiquer le *pavé* avec de la chaux & du ciment, c'eſt ainſi qu'on pave les cours, les cuiſines, les écuries, les aqueducs. *Daviler.*

PAVILLON, gros corps de logis quarré, qu'on place au milieu d'un bâtiment, ou dont on en flanque les côtés, ou qui quelquefois eſt iſolé.

Les Italiens diſent *Padiglione*, qui ſignifie tente, parce que les pavillons en ont la forme.

PAUSIAS, Peintre Grec, naquit à Sicione, & fut éleve de Pamphile : il vivoit dans la cent ſeptiéme Olympiade, c'eſt-à-dire, environ 352. ans avant l'Ere Chrétienne.

Pauſias fut le premier qui entreprit de peindre les lambris & les voûtes des Palais. Il devint éperduement amoureux de la bouquetiere Glycere, & dans un de ſes tableaux il la repreſenta aſſiſe compoſant une guirlande de fleurs. Ce tableau étoit ſi fort eſtimé, que Lucullus en acheta fort cher une copie dans Athenes.

Dans le fameux portique de Pompée on a vû pendant pluſieurs ſiécles un beau tableau de *Pauſias*, repreſentant un ſacrifice : il y avoit peint un bœuf de front qui ne laiſſoit pas de paroître de toute ſa longueur.

PAUSON, Peintre habile, mais fort gueux, donna lieu à ce proverbe latin, *Pausone mendicior, plus gueux que Pauson.* De-là sans doute est venu notre proverbe François, plus gueux qu'un Peintre.

Il eut si peu de bonheur qu'il fut réduit à travailler pour des bâteleurs & à faire des décorations de Théâtre, ouvrage qui dès-lors n'enrichissoit pas.

Ayant eu ordre d'un particulier de lui peindre un cheval qui se veautrât, *Pauson* fit un cheval qui sembloit courir : la personne qui avoit demandé un cheval renversé refusa d'abord le tableau, mais *Pauson* ne fit que le renverser, & alors le cheval parut couché.

PEINDRE, PEINTRE, PEINTURE. *Peindre*, c'est representer une chose avec des couleurs; la *Peinture* est cette représentation; le *Peintre* est celui qui la fait. *Peindre* en huile; *peindre* en détrempe; *peindre* à fraisque; *peindre* en pastel; *peindre* en miniature; *peindre* en émail; *peindre* sur verre, sur bois, sur cuivre, &c. *Peindre* l'Histoire, le Païsage, le Portrait, les Animaux, les Fleurs, les Grotesques, &c.

M. de Piles définit ainsi la peinture. *C'est un Art*, dit-il, *qui par le moyen du dessein & de la couleur, imite sur une superficie plate tous les objets visibles.*

La *Peinture*, suivant la division commune, renferme trois parties, la composition, le dessein & le coloris.

On peut, comme je l'ai remarqué, y

ajouter l'*expression*. Voyez EXPRESSION.

Il est naturel de penser que l'ombre de l'homme a fait naître la premiere idée de la Peinture. On dit que Gigés l'inventa dans l'Egypte, Euchir dans la Grece, & Bularque en Italie. Ce qu'il y a de certain, c'est que cet art est fort ancien. On rapporte au siecle d'Alexandre l'époque de sa perfection. Il déchut beaucoup depuis Auguste, & il fut presqu'éteint pendant plusieurs siécles.

Enfin la peinture se releva au commencement du quatorziéme, & devint très-florissante dans le seiziéme.

Felibien ne nous apprend rien de nouveau lorsqu'il dit dans son *Vocabulaire* [car c'est tout le nom que mérite son Dictionaire imparfait, où il a obmis les trois quarts des termes de l'Art] qu'il faut dire *peindre*, & non pas *peinturer*.

Peinturer est un mot barbare que Menage a essayé en vain de soutenir, & que l'usage, l'arbitre souverain des langues a proscrit. On est surpris de le trouver dans des Dictionaires estimés, & de n'y point trouver d'autres termes qui sont dans la bouche de tous les Peintres.

Les meilleurs Auteurs qui ayent écrit sur la Peinture, sont Leonard de Vinci, M. de Chambrai, Vazari, Felibien, de Piles, & M. Coypel.

Nous avons deux Poëmes latins sur la Peinture, l'un d'Alphonse du Fresnoy, intitulé, *de Arte Graphica* l'autre de Mr l'Abbé de M. qui a pour titre *Pictura*: l'un & l'autre ont été traduits en François, & imprimés plusieurs fois.

Nous avons aussi deux Poëmes François sur le même sujet, l'un de Perrault & l'autre de Moliere. Celui de Perrault n'a pas fait plus de fortune que ses paralleles.

PEKING, c'est la Capitale de l'Empire de la Chine & une des plus grandes Villes du Monde.

Elle est située dans une vaste plaine, à 30. lieuës de la grande muraille.

Cette Ville forme un quarré imparfait : elle est quatre fois plus grande que Paris, & elle contient une fois plus de monde. Il est vrai que ses maisons n'ont qu'un étage, mais vingt Chinois se logent où on placeroit à peine dix Européens.

Peking est composée de deux Villes, l'une se nomme la Ville des Tartares, parce qu'il n'y a qu'eux qui puissent s'y établir, l'autre s'appelle la Ville des Chinois, qui est aussi grande & beaucoup plus peuplée que l'autre.

L'origine de cette division vient de ce que les Tartares s'étant emparés de *Peking*, obligerent les Chinois d'en sortir; ceux-ci bâtirent hors des murailles la nouvelle Cité, qui depuis a porté leur nom.

Il n'y a rien de considérable dans *Peking* que le Palais de l'Empereur, qui est fort vaste & fort magnifique, quoique moins régulier que nos Palais d'Europe. Au reste les ruës de *Peking* sont sales, n'étant point pavées, ses maisons sont basses, & cette Ville ressemble à un grand Bourg.

PENDENTIF, c'est une portion de voûte entre les arcs d'un Dôme, considerée comme suspenduë en l'air, faisant abstraction des pilliers ou arcboutans. Les *pendentifs* font le corps même de la voûte : on les taille de sculpture & on les peint.

Les *pendentifs* du Dôme de S. André de Laval ont été peints par le *Dominiquain*.

PENNI. Jean Francesque & Lucas Penni étoient freres : le premier s'attacha à Raphaël, dont il fut, non-seulement le disciple, mais l'homme de confiance & l'homme d'affaire ; c'est ce qui le fit surnommer *il Fattore*, le Facteur.

Felibien s'est trompé, lorsqu'il a dit que ce nom lui fut donné à cause de sa facilité prompte & expéditive. Raphaël l'employa dans plusieurs ouvrages.

Après la mort de Raphaël, Francesque travailla avec Jule Romain. Il mourut en 1528. âgé de 40. ans. Il a assez bien réussi dans tous les genres ; & il possedoit toutes les parties de la peinture, excepté le coloris.

Lucas Penni étoit Peintre & Graveur. Il a beaucoup travaillé à Genes, à Luques & en Angleterre. Ses estampes sont plus estimées que ses tableaux.

PENS [George] Peintre de Nuremberg, étudia beaucoup les ouvrages de Raphaël, & joignit à la Peinture l'art de graver en taille-douce. Marc-Antoine s'eſt ſervi du burin de *Pens* dans les planches qu'il a miſes au jour. Etant de retour en ſon Pays, il peignit & grava pluſieurs excellens ouvrages de ſon invention qui lui firent beaucoup d'honneur.

On reconnoît ſes tableaux & ſes gravûres à ces deux lettres ainſi diſpoſées P/G qui ſont les lettres initiales de ſon nom propre & de ſon nom de baptême.

PENSE'E, terme de Peinture, ſe dit de la premiere idée que le Peintre jette ſur le papier, pour l'exécution de l'ouvrage qu'il ſe propoſe. On dit dans le même ſens *eſquiſſe*, *croquis*. » Ces deſſeins, » *dit un Auteur moderne*, heurtés & faits » avec beaucoup de viteſſe, ne ſont sou- » vent pas extrêmement corrects, & peu- » vent manquer pour la perſpective & » les autres parties de l'art; mais ce ne » ſont point des défauts dans une eſquiſſe, » dont tout le but eſt de repreſenter une » *penſée* executée avec beaucoup d'eſprit, » ou bien des figures détachées & impar- » faites, qui doivent entrer dans quelque » compoſition dont elles font partie. *Abregé de la Vie des plus fameux Peintres.*

PERRAULT (Claude) de l'Académie Royale des Sciences, Médecin de la Faculté de Paris & Architecte, vivoit dans le XVII. ſiecle. Il naquit à Paris & étoit fils

fils de Pierre Perrault Avocat au Parlement, originaire de Tours. Il se distingua par differens ouvrages concernant, non-seulement sa profession de Médecin, tels que sont les quatre volumes d'*Essais de Physique*, & ses *Mémoires pour servir à l'Histoire naturelle des Animaux*, dressés sur les dissections faites dans l'Académie des Sciences, mais encore concernant l'Architecture, en laquelle il excella. Sa traduction de Vitruve, entreprise par ordre du Roi, & enrichie de notes sçavantes, lui a fait beaucoup d'honneur : elle fut imprimée pour la premiere fois en 1673. à Paris, & pour la seconde en 1684. Tous les desseins sur lesquels les planches de son Vitruve furent gravées sortirent de sa main, & ils se trouverent plus exacts & furent plus estimés que les planches mêmes, quoiqu'elles soient d'une beauté singuliere.

Ce fut sur les desseins de M. *Perrault* que fut élevée l'admirable façade du Louvre du côté de S. Germain l'Auxerrois, & c'est de l'aveu de tous les connoisseurs le plus superbe morceau d'Architecture qui soit dans le monde.

Le grand Arc de Triomphe élevé à l'extrêmité du Fauxbourg S. Antoine, & depuis détruit, l'Observatoire Royal, la Chapelle de *Sceaux*, tiennent encore un rang distingué parmi les ouvrages de *Perrault*.

Claude *Perrault* mourut le 9. Octobre 1688. âgé de 75. ans. L'on imprima en

1700. un ouvrage posthume de lui, qui est un Recueil de plusieurs machines curieuses de son invention.

PERCE' se dit de la distribution des portes & des fenêtres d'un bâtiment, un vestibule, un salon bien *percé*.

Pour qu'un bâtiment soit bien *percé*, il faut que les jours soient bien proportionnés aux solides, & que la lumiere y soit répandue également & suffisamment.

PERCHE; en Architecture gothique on appelle *perche* certains piliers fort menus & fors hauts, joints ensemble au nombre de cinq ou six, & qui se courbent par le haut pour former les arcs & les nervures qui retiennent les pendentifs. Ces petites colonnes déliées sont en effet fort semblables à des perches.

PERIGUEUX, voyez MANGANESE.

PERIPTERE. Les *peripteres* étoient des bâtimens antiques, environnés en leur pourtour de colonnes isolées. Il y avoit à Rome deux *peripteres* fameux, à sçavoir, le Portique de *Pompée*, & la Basilique d'Antonin.

Periptere exastyle, periptere octostyle, c'est-à-dire, à six ou à huit colonnes.

PERISTYLE; ce mot pris dans sa définition exacte, signifie un bâtiment environné de colonnes isolées en son pourtour intérieur, en quoi il differe du periptere.

La plûpart des Cloîtres sont des *Peristyles*: cependant ce mot ne se prend pas toujours à la rigueur, & on l'entend en général de toute colonnade, soit au dedans, soit au pourtour d'un édifice.

Peristyle Corinthien : *peristyle* Dorique, &c.

PERRIN del VAGUE, fut celui des éléves de Raphaël, qui approcha le plus de la grace & de l'élégance de ce Prince des Peintres

Il fut un grand dessinateur, & il avoit un genie particulier pour la décoration des lieux. C'est par-là qu'il s'est acquis une réputation universelle. Il naquit en Toscane, il n'avoit que deux mois quand sa mere mourut, & l'on prétend qu'il fut allaité par une Chevre. Il mourut en 1647. âgé de 47 ans.

PERRON. Escalier découvert & peu élevé, pratiqué au devant d'un sallon, d'une Eglise, pour y monter, & pour en descendre.

Perron quarré, *perron* ceintré.

perron double, c'est celui qui a deux rampes égales, qui aboutissent à un palier commun.

PERSAN. C'est le nom générique qu'on donne à toutes les figures d'hommes, qui soutiennent des entablemens. *Voyez* CARYATIDE.

Scamozzi n'approuve point que ces figures soutiennent réellement l'entablement, mais il permet de les mettre au devant des pilastres, qui lui servent d'appui.

» Lorsque nous nous sommes servis,

» dit-il, de Captifs, ou d'autres figures ;
» pour porter quelques membres d'Ar-
» chitecture, ils n'ont été employés que
» comme ornemens, le pilastre, qui ef-
» fectivement portoit le corps solide,
» étant derriere. Plusieurs, *ajoute-t'-il*, ont
» fait aussi porter des entablemens par
» des satyres, des harpies, & d'autres ani-
» maux monstrueux, sans qu'il soit pos-
» sible de rendre raison d'un tel usage :
» & ce qui est plus ridicule, c'est que
» par une indécence sans exemple, ils ont
» porté leurs caprices jusques dans les
» lieux saints, où les ornemens doivent
» convenir au sujet ; cette licence.....
» fait voir que toujours il y a eu des es-
» prits, qui ont pris un autre chemin
» que celui de la raison.

PERSPECTIVE. C'est l'Art de réprésenter les objets selon les diférences qu'y cause l'éloignement, soit par la couleur, soit pour la figure.

Cette science n'a pas des principes fort certains : les anciens Sculpteurs, dit Mr. de Piles, s'en sont écartés avec succès, & ceux qui s'y sont assujettis trop servilement, s'en sont mal trouvé. Les régles de la perspective sont mal observées dans le portail de la Rotonde, puisque les colonnes qui sont aux extrêmités sont plus grosses que celles du milieu. Cependant ces colonnes font un très-bel effet : la corniche du Palais Farnese & les figures de la colonne Trajane n'ont point leurs justes mesures, mais cette irrégularité fait leur beauté.

On appelle encore *perſpective* une Peinture qui répréſente des objets dans l'éloignement, comme des forêts, des bâtimens, des mers.

. . . . AEquora pingit
Luminibus denſas procul oſtendentia rupes,
Sive recendenti fugitiva *palatia ſaxo,*
Inſidias factura oculis.

Pictura Carmen.

La *Perſpective Aërienne* eſt celle qui repreſente les objets ſelon les diférences qu'y cauſe l'interpoſition de l'air plus ou moins épais.

A meſure que les objets s'enfoncent dans l'air, ils s'éloignent de nos yeux, & paroiſſent moins colorés. De même que dans l'eau les poiſſons qui nagent le plus près de la ſuperficie ſe voient plus diſtinctement, ceux qui nagent plus bas paroiſſent moins, & diſparoiſſent enfin à meſure qu'ils s'enfoncent : ainſi quand les images des objets paſſent par le milieu de l'air, ils diminuent, ils s'affoibliſſent, ils ſe perdent, ils ſe confondent avec l'air même. *Félibien.*

Ainſi la *Perſpective Aërienne*, eſt la diminution des teintes & des couleurs, ſelon que l'air eſt plus ou moins chargé.

La *Perſpective* lineale eſt la diminution

des lignes, ſuivant les diſtances.

On diſtingue dans la *perſpective* ordinaire trois lignes principales : la premiere eſt la ligne de terre, la ſeconde eſt la ligne horiſontale, la troiſiéme eſt la ligne de diſtance qui eſt toujours parallele à la ligne horiſontale

La *perſpective Aërienne* eſt d'une grande pratique dans les Payſages.

Le Pouſſin avoit une profonde connoiſſance de cette *perſpective.*

PERUGIN [Piétre] naquit à Perouſe, ce qui lui fit donner le ſurnom de *Perugin.* C'étoit un homme fort avare, & jamais il n'alloit en voyage ſans faire porter avec lui ſa caſſette ; elle lui fut enfin enlevée, & le chagrin qu'il en eût le conduiſit en peu de tems au tombeau. Il mourut en 1524. âgé de ſoixante & dix-huit ans.

Quoique la maniere du *Perugin* ſoit fort ſéche, ſes tableaux n'ont pas laiſſé d'être eſtimés. Il eût la gloire d'être le maître de Raphaël, ſi ç'en eſt une d'élever un diſciple qui nous ſurpaſſe.

PERUZZI [Balthaſar] étoit de la ville de Sienne. Il paſſa pour un grand deſſinateur, & il entendoit parfaitement l'Architecture civile & militaire ; il fit par ordre de Jule II. un plan fort magnifique pour l'Egliſe de S. Pierre de Rome, & ceux qui ont achevé ce grand ouvrage en ont beaucoup profité, quoiqu'ils ne l'ayent pas ſuivi.

On voit dans le Palais Ghiſi d'excellens morceaux de clair obſcur éxécuté par le *Peruzzi*. Il a parfaitement réuſſi dans les décorations de théâtre : il mourut à Rome en 1536. âgé de 36 ans ; il fut enterré dans la Rotonde, auprès de Raphaël.

PHARE. C'eſt une tour haute & menue, au bout d'un mole, ou avancée en mer ſur quelque écueil, d'où lon découvre les vaiſſeaux du dehors, & qui par le moyen de la lumiere qu'on y expoſe ſert à les guider pour les conduire à la rade & dans le port.

Le *phare* de Meſſine, le *phare* de Gênes. Le fameux *phare*, que Ptolomée Philadelphe fit elever à l'embouchure du Nil, étoit une des ſept merveilles du monde. Il y employa huit cens mille écus, & il chargea *Soſtrate* célebre Architecte, de conduire l'ouvrage.

Lucien nous apprend que *Soſtrate*, pour avoir ſeul chez la poſtérité tout l'honneur de cet ouvrage, après avoir fait graver ſur le marbre même une inſcription pour lui en mit une pour le Roi ſur de la chaux dont il enduiſit le marbre. La chaux tomba avec le tems, & fit place à l'inſcription ſuivante qui parut & qui reſta fort long-tems.

Soſtratus Cnidius Dexiphanis f. Diis Servatoribus, pro navigantibus.

Soſtrate de Cnide fils de Dexiphanes, aux Dieux Sauveurs pour l'utilité des Navigateurs.

PHIDIAS, fameux Sculpteur grec, fleuriſſoit environ 448 ans avant J. C. Parmi un grand nombre de ſtatuës qui l'ont immortaliſé, il en fit deux plus célebres, dont les Hiſtoriens nous ont conſervé la deſcription. L'une étoit une *Minerve* d'yvoire haute de trente-ſix coudées, qui fut placée dans le Temple que cette Déeſſe avoit à Athènes, dans la Citadelle : l'autre étoit un *Jupiter Olympien* qu'on plaça dans le magnifique Temple que ce Dieu avoit à Olympe Ville d'Elide. Cette ſtatuë fut miſe au nombre des merveilles du monde.

Pauſanias en fait la deſcription ſuivante : on voit, dit-il, ce Dieu aſſis » ſur un Trône qui eſt d'or & d'yvoi» re, de même que la ſtatuë : il a ſur » la tête une couronne qui ſemble être » de branches d'olivier, dans la main droi» te, il porte une victoire d'yvoire, la » quelle a une couronne ſur ſa coëffu» re, qui eſt toute d'or, & il tient à la » main gauche un ſceptre fait d'un al» liage de pluſieurs métaux, & ſurmon» té d'un Aigle. La chauſſure de Jupi» ter eſt toute d'or, & ſur ſa draperie, » qui eſt de même métal, il y a des ani» maux & des fleurs, ſur tout des lys » en grand nombre. Le trône eſt enrichi » d'yvoire, d'ébene, d'or, de pierreries, » & de pluſieurs figures en bas relief : » & l'on voit au quatre pieds de ce trône » quatre victoires, & deux aux pieds de » la ſtatuë au devant du trône. On a mis encore

» encore d'un côté des sphinx qui enlé- » vent de jeunes Thébains, & de l'au- » tre des enfans de Niobé qu'Apollon & » Diane tuent à coups de fléches : au bas » du trône on a représenté Thésée & les » autres Heros qui accompagnerent Her- » cule pour aller faire la guerre aux Ama- » zones, & plusieurs Athlétes. Tout le » lieu qui environne le trône est enrichi » de tableaux qui représentent les prin- » cipaux combats d'Hercule & plusieurs » autres sujets illustres de l'Histoire : au » plus haut du trône, *Phidias* a mis d'un » côté les Graces & de l'autre les heu- » res : parce que les unes & les autres » sont filles de Jupiter, selon les Poë- » tes. Sur le marche-pied où l'on voit » des Lions d'or, est representé le combat » des Amazones & de Thésée ; sur la » baze il y a plusieurs figures d'or ; à » sçavoir le soleil montant sur son char, » Jupiter & Junon, les Graces, Mercu- » re, Vesta, & Venus, qui reçoit l'A- » mour dans ses bras. Outre ces figures » on y trouve celles d'Apollon, de Dia- » ne, de Minerve, d'Hercule, d'Amphi- » trite, de Neptune & de la Lune, » &c.

Voilà ce qu'en dit Pausanias. Quoique cet ouvrage ait été l'admiration de tous les anciens, Strabon y a remarqué un grand défaut de jugement : c'est que la statuë de Jupiter étoit d'une grandeur si prodigieuse qu'elle n'auroit pû être debout, sans percer la voûte.

Dion, Suetone, Joseph ont écrit que l'Empereur Caligula voulut faire enlever cette statuë, mais ils ajoutent que divers prodiges le détournerent de cette entreprise.

PHILON, celebre Architecte, vivoit environ 300 ans avant J. C. Il travailla à la construction de plusieurs temples, & au fameux port de Pirée, pendant que Démétrius de Phalere gouvernoit à Athénes. Cet Architecte publia des descriptions de ses differens ouvrages, & tint un rang considérable parmi les Auteurs Grecs qui avoient écrit sur l'Architecture, mais ses ouvrages ne sont point arrivés jusquà nous. Quelques-uns prétendent qu'il est le même que *Philon* de Byzance, Auteur d'un traité des machines de guerre qu'on a imprimé en 1687. au Louvre, sur un manuscrit de la Bibliothéque du Roi.

PIC, espéce de bêche, dont le fer est en pointe : on s'en sert pour abattre des murailles, pour remuer les terres dures, pour travailler dans les marnes, & terres de glaise.

PICART [Etienne] dit le Romain, fut reçû en mil six cent soixante-quatre à l'Académie de Peinture & de Sculpture, dont il étoit Doyen en 1705.

Il quitta Paris en 1710 pour aller s'établir à Amsterdam, où il mourut le douze Novembre 1721 âgé de 90 ans.

Il seroit mort en réputation d'un des plus habiles Graveurs de son tems s'il n'eût laissé un fils dont le mérite surpassa de beaucoup le sien. Ce fils se nommoit Bernard.

Bernard Picart naquit à Paris le 11. Juin de l'année 1673. en 1710. Il quitta la France & se retira en Hollande, où il passa toute sa vie, & où il mourut le 8 de May 1733.

Bernard étoit un homme fort laborieux & qui terminoit ses ouvrages avec un soin & une patience dont peu de Graveurs sont capables. Son burin est doux, moëleux & leger, mais ses compositions sont un peu froides, sur-tout en comparaison de celles de Callot & de le Clerc.

Il s'est fait une maniere léchée & extrêmement finie, pour plaire à la nation, au milieu de laquelle il vivoit, nation laborieuse & pleine d'industrie, qui aime les ouvrages terminés & faits avec patience.

Nous avons quelques piéces de *Picart* antérieures à son voyage de Hollande, & qui sont d'un ton plus ferme & plus mâle : ce qui prouve qu'il étoit capable d'un genre plus élevé que celui qu'il a choisi pour plaire à ses nouveaux compatriotes.

On compte parmi ses plus beaux ouvrages, le portrait du Prince Eugène ; le massacre des Innocens, le voyage d'Alexandre aux Indes, les Epithalames, la Minerve, les cérémonies religieuses, quelques métamorphoses d'Ovide, le triomphe de la Peinture, les impoſtures innocentes.

PIED. Meſure priſe de la longueur du pied humain. Comme cette meſure eſt fort différente ſelon les lieux, & qu'on s'en eſt ſervi indiſtinctement dans ce Dictionnaire, ce qui étoit preſque indiſpenſable, on tâchera d'y ſuppléer ici en donnant une table de ces différentes meſures, au moins des plus communes.

Pied de Paris ou		
Pied de Roi,	12 pouces	144 lignes.
Pied Grec,	11 pouces	5 lignes & demie.
Pied Romain,	11 pouces environ.	
Pied d'Amſterdam,	10 pouces	5 lignes.
Pied d'Anvers,	10 pouces	6 lignes.
Pied de Boulogne,	14 pouces	1 ligne.
Pied d'Egypte,	20 pouces	6 lignes.
Pied de Franche-Comté,	13 pouces	9 lignes.
Pied de Conſtantinople,	24 pouces	5 lignes.
Pied de Dannemark,	10 pouces	9 lignes.
Pied de Geneve,	18 pouces	
Pied de Grenoble,	12 pouces	7 lignes.
Pied de Lyon,	12 pouces	7 lignes.
Pied de Portugal,	11 pouces	6 lignes.
Pied d'Angleterre,	11 pouces	2 lignes.
Pied de Lorraine,	10 pouces	9 lignes.
Pied de Padouë,	13 pouces	1 ligne.
Pied Rhenan, ou *pied* du Rhin,	11 pouces	5 lignes.

Le *pied* Rhenan ſert de meſure à preſque tout le Septentrion.

Pied de Savoye,	10 pouces.	
Pied de Straſbourg,	10 pouces	3 lignes.
Pied de Tolede,	11 pouces	2 lignes.
Pied de Turin,	16 pouces.	
Pied de Veniſe,	12 pouces	8 lignes.
Pied de Vienne, en Autriche,	11 pouces	10 lignes.

Tout *pied* ſe diviſe en 12 parties, qui s'appellent pouces, & chaque pouce en 12 autres parties, qui s'appellent lignes.

Pied courant, c'eſt celui qui eſt meſuré ſuivant ſa longueur.

Pied quarré, ou *pied* cube, c'eſt la même meſure en longueur & en largeur, qui fait 144 pouces de ſuperficie : le *pied* cube contient 1728 pouces *cubes* ou ſolides.

Pied de muraille, c'eſt la partie inférieure d'un mur, qu'on appelle autrement *eſcarpe* : voyez MUR. Cette muraille n'a pas aſſez de *pied*, c'eſt-à-dire, de pente & de talus.

PIE'DROIT. En terme d'Architecture on appelle *piédroits*, les piéces de bois qui forment les deux côtés des portes, des croiſées : par un bout ils ſont ſur le ſeuil, & par l'autre ils ſoutiennent le linteau.

PIE'DESTAL, c'eſt un corps quarré avec baſe & corniche qui ſoutient une ou pluſieurs colonnes, une ſtatuë, un vaſe, un obéliſque, &c.

Piédeſtal Toſcan, c'eſt le plus ſimple, & de la plus baſſe proportion ; il n'a qu'un plinthe pour baſe, & un talon couronné pour corniche.

Piédeſtal Dorique, il eſt plus haut que le Toſcan, & il a un larmier à ſa corniche.

Piédeſtal Ionique. Il eſt aſſez ſemblable au Dorique, excepté qu'il eſt plus haut.

Piédeſtal Corinthien, c'eſt le plus riche,

ſoit dans ſa baſe, ſoit dans ſa corniche, au-deſſous de laquelle eſt une friſe.

Piédeſtal Compoſite, il a les mêmes proportions que le Corinthien, mais les profils de ſa baſe & de ſa corniche ſont différens.

Piédeſtal Compoſé, c'eſt celui dont la forme & les ornemens ſont arbitraires, & ont quelque choſe de ſingulier : tels ſont les *piédeſtaux* de pluſieurs ſtatuës.

Piédeſtal double, c'eſt celui qui porte deux colonnes, & qui ordinairement eſt plus large que haut.

Piédeſtal continu, c'eſt celui qui porte un rang de colonnes ſans interruption, comme on voit aux colonnes Ioniques cannelées du Palais des Thuilleries, du côté du jardin.

Dans un *piedeſtal* on diſtingue la corniche, qui eſt la partie ſupérieure, le dé, qui en eſt le tronc ou le corps, & la baſe, qui eſt la partie inférieure. *Daviler.*

Il eſt une autre eſpéce de *piédeſtaux* que les Architectes appellent *Acroteres* : ils ſont fort petits, & ordinairement ſans baſes. Ils ſervent à porter des figures au bas des corniches rampantes, & au haut des frontons.

PIE'DOUCHE, petit piédeſtal, c'eſt une petite baſe longue ou quarrée en adouciſſement, ou en gorge qu'on met ſous un buſte, ou ſous quelque petite ſtatuë.

On en voit un grand nombre dans la gallerie de Verſailles, qui ſoutiennent les beaux bustes antiques qui en font le principal ornement.

PIERRE [Saint] de Rome. L'Eglise de Saint *Pierre* de Rome est le plus vaste & le plus superbe Temple du monde. Ce qu'il y a de singulier, c'est qu'en y entrant, on n'y trouve rien d'abord qui surprenne à un certain point. La symétrie & les proportions y sont si bien observées, toutes les parties y sont placées avec tant de justesse, que cet arrangement laisse l'esprit dans sa tranquillité : mais quand on vient à détailler les beautés de cet admirable édifice, il paroît alors dans toute sa magnificence : en voici les principales dimensions.

Sa longueur est de 594 pieds, sans compter le portique ni l'épaisseur des murs. La longueur de la croix est de 438 pieds. Le Dôme a 143 pieds de diamétre en-dedans. La Nef a 86 pieds 8 pouces de largeur, & 144 de hauteur perpendiculaire. La façade a 400 pieds de profil. Du pavé de l'Eglise au haut de la croix qui surmonte la boule du Dôme, on compte 432 pieds d'Angleterre : le Portail est digne de la majesté du Temple.

Ce sont d'abord plusieurs gros piliers qui soutiennent une vaste tribune. Ces piliers forment sept arcades, qui sont appuyées de chaque côté sur des colonnes de marbre violet d'ordre Ionique : le devant de la tribune est aussi orné de colonnes, & d'une balustrade de marbre : au-dessus sont des fenêtres quarrées qui font un fort bel effet, & le tout est terminé par une balustrade sur laquelle on a placé la Statuë de Notre-Seigneur, & celles des douze Apôtres, qui ont dix-huit pieds de haut.

Toute la voûte du Dôme est peinte en mosaïque par les plus grands Maîtres. Ce Dôme est soutenu par 4 gros piliers, au bas desquels on a placé quatre statuës de marbre blanc, plus grandes que nature; dont il y en a une (*S. Longin*) du Cavalier Bernin.

Le grand Autel est directement sous le Dôme: il est de marbre, & 4 colonnes de bronze torses ornées de festons soutiennent un baldaquin de même métal: quatre Anges de même matiere, plus grands que nature, posés sur chaque colonne; & plusieurs petits Anges distribués sur la corniche, donnent une majesté singuliere à cet Autel, dont le dessein est du Cavalier Bernin.

La confession *de S. Pierre* (on croit que c'est l'endroit où cet Apôtre a été enterré) est directement sous cet Autel: ce lieu qui est interdit aux femmes, est tout revêtu de marbre, & est magnifiquement décoré.

Tout reluit d'or & d'azur dans *S. Pierre* de Rome. Tous les piliers sont revêtus du marbre le plus poli: toutes les voûtes sont de stuc à compartimens dorés.

On trouve dans ce lieu des morceaux

de Peinture des plus grands Maîtres. Le Cavalier *Lanfranc* a peint la voûte de la premiere Chapelle. On voit dans la seconde un Saint Sébastien du *Dominiquain*. Dans la Chapelle du S. Sacrement, est un tableau de la Trinité de Pierre *Cortone*, &c.

Les morceaux de Sculpture surpassent peut-être tout le reste : le plus considérable est la Chaire de *Saint Pierre*. Cette Chaire qui n'est que de bois est enchassée dans une autre Chaire de bronze doré, environnée de rayons, & soutenuë par les 4 Docteurs de l'Eglise, S. Ambroise, S. Jerôme, S. Augustin, & S. Gregoire, dont les statuës, plus grandes que nature, sont posées sur des piédestaux de marbre : le dessein de ce bel ouvrage est du Cavalier Bernin. Aux deux côtés de la Chaire de *Saint Pierre* sont deux superbes Mausolées, l'un d'Urbain VIII. & l'autre de Paul III.

Un plus grand détail me méneroit trop loin, & je m'apperçois que j'ai passé dans cet article les bornes étroites que je me suis prescrites ; je dirai avant que de finir que le Bramante sous Jule II. & Michel-Ange sous Paul III. ont été les principaux Architectes de cette Eglise. Le Cavalier Bernin ayant entrepris de creuser de petits escaliers dans l'épaisseur des piliers qui soutiennent le Dôme, les a tellement affoiblis, que le Dôme s'est entr'ouvert, suivant la prédiction de Michel-Ange qui avoit défendu d'y toucher.

PIERRE, matiere dure & ſolide qu'on tire des carrieres, & qui eſt de la plus grande utilité pour bâtir. On en diſtingue une infinité d'eſpéces, les meilleures ſont: la *pierre* d'Arcueil, la *pierre* de S. Leu, la *pierre* de Liais, la *pierre* de Tonnerre, la *pierre* de Caën, &c.

Pierre de taille, c'eſt toute *pierre* qui peut être équarrie, ou taillée en quarré avec paremens.

Pierre franche, c'eſt une *pierre* ſans défauts, ni trop tendre, ni trop dure: on l'appelle auſſi *pierre* ſaine.

Pierre veluë ou verte, c'eſt celle qui ſort de la carriere.

Pierre trouée, c'eſt une *pierre* poreuſe, & qui a des trous comme toutes les *pierres* de meuliere: les ouvriers l'appellent auſſi *pierre choqueuſe*.

Pierre fière, c'eſt une *pierre* difficile à tailler, & prompte à éclater: c'eſt un défaut ordinaire aux *pierres* dures.

Pierre fuſilliere, c'eſt une *pierre* toute ſemblable à la *pierre* à *fuſil*, excepté qu'il y en a de griſe. On en pave des baſſins, & on en fait d'autres conſtructions.

Pierre à chaux; *pierre* à plâtre. *Voyez* CHAUX. PLASTRE.

Pierre d'échantillon, c'eſt un bloc d'une certaine meſure dont on a beſoin.

Pierre de bas appareil, c'eſt une *pierre*, qui porte peu de hauteur.

Pierre débitée, c'eſt une *pierre* ſciée; *pierre louvée*. Voyez LOUVE.

Premiere *pierre*, c'eſt un bloc de *pierre*

que l'on jette dans les fondemens d'un édifice considérable, & dans lequel on fait une entaille profonde, pour y jetter des médailles, ou des inscriptions gravées sur une plaque de métal.

Pierre d'attente, c'est 1o. toute *pierre* en bossage pour recevoir quelque ornement ou quelque inscription ; 2o. toute *pierre* qu'on laisse à l'extrêmité d'une aîle sans liaison & sans parement, pour la continuation du même bâtiment. *Daviler.*

Pierre à broyer, c'est une *pierre* de marbre ou de porphyre, sur laquelle les Peintres broyent leurs couleurs.

PIEU, grosse piéce de bois de chêne dont on fait les palées ou piles des ponts de bois, & dont on se sert pour retenir les berges de terre.

La Samaritaine est construite sur des *pieux.*

La différence des *pieux* & des pilotis, consiste en ce que les *pieux* ne sont point cachés par l'eau.

Les piles des ponts de bois construites de *pieux*, comme nous venons de le dire, s'appellent *palées.*

PIGNON, c'est l'extrêmité d'un mur qui se termine en pointe, & où vient finir le comble.

PILASTRE, pilier quarré, appuyé ordinairement contre une muraille, où il prend naissance, & dont il ne sort que de la huitiéme, de la sixiéme, ou tout au plus de la quatriéme partie de son épaisseur.

Les *pilastres* reçoivent les mêmes proportions & les mêmes ornemens que les colonnes : ainsi il y a des *pilastres* Doriques, des *pilastres* Ioniques, &c.

Pilastre de marbre, de pierre, de jaspe, &c.

Pilastre cannelé ; *pilastre* simple ; *pilastre* orné.

PILE, c'est la partie d'un pont composée de plusieurs pilotis. Les *piles* servent dans les ponts de pierre à porter les arceaux, & à résister à la rapidité de l'eau par leur bec aigu. Dans les ponts de bois elles portent de la même maniere les grosses poutres qui entrent dans leur construction : cependant *pile* ne se dit gueres que des ponts de pierre. La premiere & la derniere *pile*, s'appellent culées.

PILE PERCÉE, c'est celle qui au-dessus de ses avant-becs, soit en descendant, soit en remontant la riviere, a une ouverture ou arcade pratiquée dans le rein des arches, afin de faciliter le courant rapide des grandes eaux, comme on voit au pont du S. Esprit.

PILES [ROGER de] naquit à Clamecy dans le Nivernois l'an 1653. Il fut Précepteur de Michel Amelot, un des plus célébres Négociateurs qu'ait eu la France, & il l'accompagna dans toutes ses Ambassades : il fut lui-même employé dans plusieurs négociations.

De *Piles* sans être Peintre de profession, peignoit fort bien, & avoit une profonde theorie. Il a composé d'excellens ouvrages sur la Peinture, tels que la vie des Peintres, son cours de Peinture, son Dialogue sur le coloris, ses notes sçavantes sur le Poëme de du Fresnoy qu'il a traduit en François, &c.

Il écrivoit avec élégance & avec précision, & par cette derniere qualité il est fort supérieur à Felibien.

De *Piles* mourut à Paris le 5 d'Avril 1709, âgé de soixante & quatorze ans.

PILIER, colonne ronde sans proportion, corps de maçonnerie isolé, qui sert à soutenir les grands édifices. Les grandes voûtes sont portées sur des *piliers*. Les Dômes portent sur 4 gros *piliers*. Le massif de maçonnerie terminé en cone, qui soutient la cage d'un moulin, s'appelle *pilier* de moulin.

Piliers de carrieres, ce sont de grosses masses de pierre qu'on laisse d'espace en espace, pour soutenir le ciel de la carriere.

PILON, [Germain] excellent Sculpteur, naquit à Paris, & étoit originaire du Maine. Il fut un de ceux qui firent le plus d'honneur à la Sculpture, & à l'Architecture en France dans le XVI. siécle: il dégagea l'une & l'autre de cet air grossier & gothique, que la barbarie leur avoit donné.

Il a fait à Paris un grand nombre d'excellens ouvrages, soit en marbre, soit en bronze: il a principalement travaillé pour les Eglises. Le S. François qu'il a fait pour les grands Augustins de Paris, & qu'on voit dans le Cloître de ces Peres, & la Vierge qui eſt ſous l'orgue de la Sainte Chapelle de Paris, ſont deux ouvrages fort eſtimés.

PILOTAGE, c'eſt dans l'eau, ou dans un terrain de peu de conſiſtance, un eſpace rempli de pilotis pour faire des fondations, ou pour rendre le terrain plus ferme.

PILOTIS, ou PILOT, c'eſt une piéce de bois, employée de ſa groſſeur, affilée par un bout, & quelquefois armée de pointes, & frettée en ſa couronne d'un cercle de fer dont on fait des fondations.

Dans une toiſe quarrée, il entre dixhuit ou vingt *pilotis*.

Pilotis de *ſupport*, ce ſont ceux ſur la tête deſquels la pile eſt ſupportée.

Pilotis de retenuë, ce ſont ceux qui ſont au-dehors de la fondation, & qui ſervent à ſoutenir le terrain de mauvaiſe conſiſtance ſur lequel une pile de pont eſt aſſiſe.

PIN, [Joſeph] Peintre célébre, natif d'Arpino, fut mis par ſon pere ſous ceux que le Pape Grégoire XIII. employoit pour peindre les loges du Vatican: il ſervoit ſeulement à préparer leurs palettes, & à broyer leurs couleurs, & quoiqu'il eut un grand déſir de peindre, il n'oſoit l'entreprendre, n'étant qu'en la treiziéme année de ſon âge.

Un jour prenant le temps qu'il étoit ſeul, il peignit des petites ſatyres, & d'auttes figures contre un pilaſtre : quoique ces figures ne fuſſent que des coups d'eſſai ; elles furent trouvées ſi hardies, que de tous ceux qui peignoient au Vatican, il y en avoit peu qui euſſent mieux fait. Ces Peintres ſe cacherent un jour pour obſerver l'Auteur de ces ouvrages, & découvrirent que c'étoit Joſeph *Pin*, ce qui les ſurprit beaucoup. Le Pape qui en fut averti, lui accorda pour lui & pour ſa famille, ce qu'on appelle à Rome *la parte*, avec les appointemens de dix écus par mois, & ordonna que tant qu'il travailleroit au Vatican, on lui payeroit outre cela un écu d'or par jour.

Depuis Joſeph acquit la plus grande réputation : il a fait un très grand nombre d'ouvrages. On voit au Capitole un de ſes tableaux, qui repréſente la bataille donnée entre les Romains & les Sabins, c'eſt une de ſes plus belles piéces, à cauſe de la quantité des figures à pied & à cheval qu'il a diſpoſées en différentes attitudes, d'une maniere fort ingénieuſe. Il avoit une grande inclination pour ces ſortes de compoſitions, où il entroit des chevaux, qu'il exprimoit fort heureuſement.

Lorſque le Cardinal Aldobrandin vint Légat en France en 1600. Joſeph *Pin* qui étoit à ſa ſuite, fit préſent au Roi de pluſieurs beaux tableaux.

Joſeph *Pin* mourut à Rome le 3 Juillet 1640. le Roi Louis XIII. l'avoit honoré de l'Ordre de S. Michel.

PINCEAU, inſtrument garni de poils qui vont en diminuant par l'extrêmité, & qui ſe terminent en pointe : les Peintres s'en ſervent pour appliquer les couleurs.

Pinceau ſe prend au figuré pour la maniere de peindre.

Un *pinceau* hardi, délicat, moëleux, ſec.

PINCELIER, c'eſt un baſſin oblong de fer blanc, où l'on met de l'huile, & dont on ſe ſert pour nétoyer les pinceaux.

PINTURRICHIO. (Bernardin) Le *Pinturrichio* inventa une nouvelle maniere de peindre, qu'il eſſaya vainement de mettre en vogue : c'étoit de travailler de relief, & d'appliquer ſes couleurs ſur des ſuperficies inégales & relevées en boſſe, au lieu que tous les Peintres travaillent ſur des ſuperficies plattes. Il peignit de cette maniere pluſieurs morceaux d'Architecture qu'on admira d'abord pour leur ſingularité, mais que perſonne ne fut tenté d'imiter. Il mourut en 1513, âgé de 59 ans.

Moreri dit après Felibien qu'il n'en avoit que 53.

La cauſe de ſa mort eſt aſſez ſinguliere. Dans le temps qu'il étoit à Sienne, des Religieux de S. François qui vouloient avoir un tableau de ſa façon, lui donnerent une chambre dans leur Couvent, pour qu'il y travaillât plus à ſon aiſe, & afin que le lieu fut moins embarraſſé, ils en ôterent tous les meubles, excepté une vieille

vieille armoire qui étoit trop difficile à transporter. Le Peintre qui étoit très-fantasque, voulut absolument qu'on l'ôtât; comme on la transportoit elle se rompit, & l'on trouva dans un tiroir secret qui s'ouvrît, cinq cens écus d'or. Le *Pinturrichio* conçût un si grand chagrin de n'avoir point découvert ce trésor, qu'il ne put survivre à cette perte.

PIOCHE, espéce de pic ou de marteau aigu, dont on se sert pour démolir, ou pour remuer des terres.

Les Charpentiers se servent d'un marteau aisé approchant de la *pioche*, qu'ils nomment *piochon*.

PIQUER, c'est en terme de maçonnerie rustique les paremens d'une pierre, avec la pointe du marteau.

On *pique* la pierre ordinaire; on *pique* le grais, le moilon.

PIQUET, petit pieu qu'on fiche en terre pour tendre les cordeaux, lorsqu'on veut prendre l'alignement d'un terrain; quelquefois on les enfonce à tête perduë pour qu'on ne les arrache pas, & alors on les nomme *taquets*.

PIQUEUR, c'est dans un attelier, un homme préposé pour veiller sur les ouvriers, pour marquer leurs absences, & pour les faire travailler.

PISANI, (Château de) bâti sur les desseins du Scamozzi, à *Rocca*, près de *Lonigo*. C'est une maison de plaisance dont le plan est un quarré parfait, au milieu duquel est un autre quarré formé par quatre gros murs, qui entourent une grande ſale ronde, laquelle a quatre portes, répondant aux quatre entrées de la maiſon, y en ayant une à chaque côté, oppoſées l'une à l'autre en croix. La principale eſt du côté du ſud, & l'on y monte par un ſuperbe perron. En entrant on trouve un beau veſtibule plus large que long, à chaque côté duquel il y a une grande chambre. Vis-à-vis de l'entrée eſt la porte de la ſale ronde, dans laquelle ſe voyent les trois autres portes, qui répondent aux trois entrées. Celles de derriere ont à chaque côté une petite ſale, & une chambre. Entre chacune de ces deux chambres qui ſont dans les deux angles du derriere, & les deux entrées des côtés, il y a deux eſcaliers, par leſquels on monte dans les apartemens communs. Du côté du ſud, un peu plus bas que la maiſon & les jardins, ſont les écuries & greniers à grain. La grande entrée a ſon portail en avant corps, lequel eſt orné de trois colonnes d'ordre Ionique à chaque côté de la porte. Cet avant corps eſt couronné d'un fronton orné de ſtatuës, poſées ſur des acroteres. Le Dôme qui couvre la grande ſale ronde, eſt élevé au-deſſus du reſte du toît, & donne par cette élévation de la clarté à la ſale.

PISTON, c'eſt dans une pompe le cylindre mobile, qui étant agité par une manivelle, ſert à aſpirer l'eau dans la pompe, ou à la refouler.

PITTORESQUE, propre de la Peinture.

On entend plus ordinairement par le mot de *pittoresque*, certaines expressions singulieres & originales qu'on remarque dans un tableau. On dit, cela est beau, cela est *pittoresque* : attitude *pittoresque*.

PLACAGE, menuiserie de *placage*. Voyez MENUISERIE.

PLACARD, ce mot s'entend particulierement des divers ornemens de menuiserie, comme chambranles, frises & corniches, qu'on employe pour le revêtement d'une porte.

Placard feint, c'est celui qu'on pratique sur un lambris, ou porte feinte, pour faire symétrie avec une porte véritable.

PLACE, emplacement, lieu propre pour bâtir.

PLACE publique, ce sont des lieux publics dans les villes, soit pour la commodité des Citoyens, comme les marchés, les halles : soit pour l'embellissement & la décoration d'une Ville, comme à Paris la *place* Royale, la *place* de Vendôme : à Lyon la *place* de Belcourt : à Turin la *place* de S. Charles : à Rome la *place* Navonne, &c.

Dans les villes de guerre on appelle *place* d'arme, le lieu où la garnison s'assemble pour l'exercice, pour les revûes, &c.

PLAN, description d'un bâtiment ou de quelqu'autre ouvrage d'Architecture tracé & dessiné sur du papier, selon ses mesures, & la distribution de ses parties.

Plan au crayon; *plan* à la plume; *plan* lavé.

On dit, lever un *plan*, réduire un *plan*.

Lever un *plan*, c'est prendre les dimensions d'un bâtiment avec les instrumens de geométrie: le réduire, c'est tracer ces dimensions sur le papier. *Voyez* E'LE'VATION.

PLANCHE, piéce de bois sciée, large & peu épaisse.

Il y en a de différentes mesures: les plus épaisses ont deux pouces.

Planches d'entrevoux, ce sont celles qui couvrent les espaces d'entre les solives: elles ont un pouce d'épais, sur neuf à dix de large.

Planches de bateaux, ce sont des *planches* de chêne, ou de sapin, qu'on tire des débris bes bateaux, & dont on fait des cloisons légeres.

PLANCHE de Graveur, c'est une feuille de cuivre, ou une table de bois sur laquelle on grave.

PLANCHEIER, c'est couvrir de planches.

Il faut *plancheier* les rez-de-chaussée pour les rendre sains.

PLANCHER, assemblage de soliveaux & de planches.

PLANIMETRIE, c'est la premiere partie de la Géométrie, qui consiste dans la connoiſſance des lignes & des choſes planes, faiſant abſtraction de tout le reſte, comme de l'élévation, de la ſolidité, &c.

PLANTER, mettre en terre, ficher: *planter* des pieux.

Les Architectes diſent encore *planter* une maiſon : c'eſt lorſque les fondations ſont faites, poſer deſſus de niveau les premieres aſſiſes de pierre.

PLATFONDS, c'eſt la partie ſupérieure d'un appartement qu'on garnit ordinairement de plâtre, & qu'on peint quelquefois: les *platfonds* ſont faits pour cacher les poutres & les ſolives.

Comme la plûpart des *platfonds* antiques étoient de bois, ainſi que les nôtres, il n'en reſte point de veſtiges, & l'on n'en peut juger que par les écrits de Vitruve, & des autres Auteurs qui ont fait la deſcription des édifices de l'antiquité. Ils nous apprennent que les *platfonds* des Palais étoient de bois précieux, & d'ouvrage de marqueterie, fort riches par la diverſité des bois de couleurs, de l'ivoire, & des nacres de perle, & par les compartimens qui les compoſoient. Il y en avoit qui étoient ornés de lames de bronze, ou faits tout entiers de cette matiére, tel qu'étoit le *platfond* du portique du Pantheon, qui ne ſubſiſte plus. Ces ſortes de *platfonds* conviennent fort aux loges, ſalons, & grandes piéces, où la hauteur du plancher donne aſſez d'éloignement, pour les voir d'une diſtance raiſonnable, parce que dans les petites piéces dépendantes des grandes, il y faut le moins de relief qu'il se peut. Il y faut observer les proportions, qui consistent dans la division des compartimens, dont les quadres doivent répondre aux vuides des murs, comme aux fenêtres & portes, ce que les poutres réglent assez facilement. Or dans les grandes piéces il faut de grandes parties, & particulierement une qui marque le milieu, & qui soit différente des autres par sa figure : par exemple elle doit être ronde ou octogone pour les piéces quarrées, & ovale pour les longues. Les renfoncemens peuvent être ornés de roses tombant en pendentifs, qui ne doivent pas excéder l'arasement des poutres principales.

Les corniches ou entablemens doivent être tellement proportionnés, que leur profil qui est ordinairement fort riche, ait la même hauteur que si l'ordre étoit au-dessous, au cas qu'il n'y fût pas ; parce qu'on est sûr que la corniche ne sera ni trop puissante, ni trop foible, lorsqu'elle sera élevée à la hauteur de l'ordre qu'elle doit couronner. Les frises peuvent recevoir de grands ornemens en cet endroit, pourvû qu'ils soient convenables aux lieux & aux personnes, ce que Scamozzi a pratiqué fort à propos dans les sales de la Procuratie de Saint Marc, où il a mis les portraits & les armes des personnes illustres, comme ceux des Seigneurs Contarini & Moncenighi, qui ont rendu de grands services à la République.

Outre les *platfonds* des apartemens, il y a encore ceux des portiques, tel qu'est celui de l'Arc des Cathécumenes, & comme il y en avoit au Septizone de Sévere, & à plusieurs autres édifices. Les Anciens étoient curieux dans leurs grottes & sales de bains, de les orner d'ouvrages de mosaïque, de nacre de perle, & autres pierres rares, & d'y mêler des grotesques, qui sont des figures chimériques, dont il reste encore quelques Peintures antiques, & dont l'usage a été renouvellé le siécle passé. *Scamozzi.*

PLATFONNER, c'est couvrir de plâtre le haut d'un plancher.

PLASTRAS, vieux plâtres démolis. On fait les cloisons de *plâtras* de cheminée.

PLASTRE, pierre propre à bâtir. Il faut la cuire pour en faire ce qu'on appelle le *plâtre*. On s'en sert pour les enduits, pour lier & jontoyer les pierres, & on l'employe délayée avec de l'eau.

Plâtre au *sas*, c'est celui qui est passé par le tamis, & qui est fort menu.

Plâtre au *panier*, c'est celui qu'on passe par un mannequin: on s'en sert pour les crepis.

Quelquefois on employe le *plâtre* crû, c'est-à-dire, la pierre de *plâtre*, & on s'en sert comme de moilon pour bâtir.

Peinture sur *plâtre*, c'est un genre de Peinture dont l'invention est assez moderne: voici en quoi cet Art consiste.

On prend une tablette de *plâtre* fort

polie, on la creuſe plus ou moins avec de petits inſtrumens de fer, aſſez ſemblables au burin, mais moins forts; on inſinuë la couleur qu'on veut dans ces vuides, & quand l'ouvrage eſt ſec, on l'unit, & on le polit de nouveau; quelquefois on paſſe deſſus de l'huile d'olive.

Cette maniere de peindre eſt très-belle, mais la pratique en eſt difficile.

La Peinture ſur *plâtre* eſt encore plus douce que la miniature.

PLASTRIERE, ceſt 1o. la carriere où ſe trouve le *plâtre*; 2°. le four où on le cuit.

Les meilleures & les plus abondantes carrieres de *plâtre* ſont celles de Montmartre, aux environs de Paris.

PLATTE-FORME, c'eſt un plancher uni & découvert dans un apartement, ſur lequel on peut ſe promener comme ſur une terraſſe.

Platte-forme ſe dit auſſi des piéces de bois plattes, arrêtées avec des chevilles de fer ſur un pilotage, pour aſſeoir la maçonnerie deſſus, & poſées ſur des racinaux ou des patins au même uſage; c'eſt ce qu'on appelle *platte-formes* de fondation.

PLEIN, le *plein* du mur, c'eſt-à-dire, le maſſif du mur.

PLINE. [Maiſon de] La maiſon de plaiſance de *Pline* le jeune, dont Scamozzi nous a donné les deſſeins, étoit un ſéjour des plus délicieux de l'Italie. Elle

étoit

étoit située à dix-sept milles de Rome, sur la voye Laurentine. Elle avoit son entrée du côté du Nord, sa droite vers l'Est, duquel côté étoient de magnifiques jardins; à sa gauche, vers l'ouest, étoient les jardins potagers, & ce qui est nécessaire au ménage; par le derriere, du côté du sud, elle avoit la Mer, sur laquelle elle étendoit agréablement sa vûe, & qui baignoit le pied de ses murailles. L'entrée avoit un grand perron en-dehors, dont la couverture du palier étoit soutenuë par plusieurs colonnes. L'on entroit d'abord dans une grande sale, à chaque côté de laquelle il y avoit une cour de médiocre grandeur, ornée d'un superbe portique rond, soutenu de colonnes, entre lesquelles il y avoit des fenêtres de pierres transparentes, & autour du portique un chemin libre, aussi en rondeur, tout autour de la cour, à chacun des quatre côtés de laquelle il y avoit une entrée & sortie. Les quatre angles de cette cour, entre les murs droits & la rondeur, étoient occupés les uns par des escaliers, & les autres par des cabinets ou chambres. De cette cour on entroit dans un salon ou vestibule, à chaque côté duquel il y avoit deux chambres & un escalier, & vis-à-vis de l'entrée il y en avoit une autre par où l'on entroit dans une grande cour, tout autour de laquelle il y avoit des logemens: au milieu de chaque côté, à droite & à gauche, entre ces logemens, il y avoit un passage pour aller dans les jardins. A l'autre bout de cette cour vers le sud, on trouvoit un vestibule, à chaque côté duquel il y avoit deux chambres, dont la vûe étoit sur la Mer, & au derriere du vestibule une grande sale saillante en-dehors sur la Mer, qui la baignoit par trois côtés.

PLINTHE, *plinthe* de mur. On appelle ainsi toute moulure platte & haute qui dans les murs de face marque les planchers.

C'est aussi une piéce platte & quarrée qu'on met sous les moulures de la base d'une colonne ou d'un piédestal. Ce mot est tantôt masculin, & tantôt feminin: les ouvriers le font feminin.

PLIS, se dit en Peinture des sinuosités des draperies. Dans une draperie il faut principalement avoir égard à l'ordre des *plis*. Les *plis* doivent être grands, en petit nombre, faciles, coulans & moëleux.

Raphaël pour l'ordre des *plis* est un des plus grands modéles qu'on puisse prendre.

PLOMB, métal grossier, froid & mou, qui se plie, & se dissout avec la plus grande facilité, & qui est d'un grand usage dans l'Art de bâtir. On en fait des tuyaux pour les fontaines, des bassins, des goutieres, des couvertures de maisons, des revêtemens de terrasses, &c.

PLOMB laminé, c'est un *plomb* battu, ou plutôt pressé également entre deux cylindres, qui par le moyen de cette compression toujours égale, acquiert une épaisseur uniforme, ce que n'a pas le *plomb* ordinaire, dont l'épaisseur est fort inégale.

L'Art de laminer le *plomb* est de l'invention des Anglois qui l'ont mis en pratique, il y a environ 75 ans. On ne le connoît en France que depuis quelques années.

La Compagnie qui s'est chargée de cette entreprise en France, a obtenu des Lettres Patentes du 18 Juin 1729, enregistrées au Parlement le 17 Septembre 1730. Le laminoir qui est au Fauxbourg S. Antoine est une machine très digne d'être vûe.

Le *plomb* laminé a deux avantages fort considérables sur le *plomb* ordinaire; 1°. il coute beaucoup moins que le *plomb* coulé; en effet celui-ci n'étant jamais d'une épaisseur uniforme, il a en différens endroits tantôt une ligne & demie, tantôt deux lignes, & quelquefois davantage: alors si vous demandez par exemple cent pieds quarrés de *plomb*, de l'épaisseur d'une ligne, ces cent pieds qui, si l'épaisseur étoit égale par-tout, c'est-à-dire, si le *plomb* étoit laminé, ne péseroient qu'environ 550 livres, en pésent huit & 900, si l'on employe du *plomb* coulé. Vous êtes donc obligé de payer plus de matiere, ce qui engage dans des frais inutiles. D'ailleurs les tables de *plomb* laminé étant de 25 à 30 pieds de long, sur 4 pieds huit pouces de large, ce qui est le double de la longueur & de la largeur des tables ordinaires, il est visible que la plus grande longueur & largeur des premieres, épargne beaucoup de soudure, ce qui mérite beaucoup d'attention; 2°. le *plomb* laminé est meilleur & dure beaucoup plus: la grande raison est que les inégalités du *plomb* coulé font qu'il se crévasse aisément dans les endroits les plus foibles, ce qui n'arrive pas au *plomb* laminé, dont l'épaisseur est égale par-tout, & qui n'a aucune partie plus foible qu'une autre; 3°. l'expérience a prouvé que cinq livres de *plomb* laminé, faisoient le même service que huit livres de *plomb* fondu.

Au reste l'Académie Royale des Sciences s'est déclarée favorablement pour cette nouvelle invention, & son suffrage a été confirmé par celui de l'Académie d'Architecture.

PLOMB de vitres. Ce sont de petites bandes de *plomb* fondu, dans les rainures desquelles on enchasse les vitres.

Les ouvriers appellent *plomb* un petit poids de *plomb* ou d'autre métal, attaché au bout d'une corde, dont ils se servent pour juger de l'aplomb d'une muraille, & pour prendre avec justesse certaines hauteurs. Quand ce *plomb* est au bout d'un filet tendu au haut d'une regle, & qui bat sur son échancrure, on l'appelle *plomb à regle*. Lorsqu'il est attaché au haut d'un triangle & qu'il bat sur une base on l'appelle *plomb à talus*. Quand il passe seulement par le trou d'un petit ais, ou d'une petite plaque de cuivre, on l'appelle *plomb à chas*.

Le *plomb* du niveau ordinaire coule le long d'une régle, qui s'éleve à angles droits du milieu d'une autre regle de cuivre ou de bois.

PLOMBER, c'est mesurer avec le *plomb*.

Plomber une muraille, c'est examiner avec le *plomb* la droiture, le fruit, ou le talus d'un mur.

PLUME. [Desseins à la *plume*] *Voyez* DESSEIN.

POINÇON, c'est l'arbre, ou la grosse piéce de bois où sont assemblées les petites forces, aussi bien que le faîte d'une ferme.

C'est aussi dans les vieilles Eglises dont le faîte est de charpente, la piece de bois à plomb de la hauteur du ceintre, qui étant retenue avec des étriers, sert à lier l'entrait avec le tirant. On l'appelle autrement *aiguille*.

L'arbre ou la principale poutre d'une machine se nomme encore *poinçon*.

POINÇON se dit aussi de certains instrumens de fer communs aux Graveurs, aux Orfévres, & aux Sculpteurs, mais de differentes formes, dont ils se servent pour tailler, pour inciser, pour percer la pierre & les métaux.

POINTILLER, terme de Peinture. Les ouvrages de Mignature se font en *pointillant*, c'est-à-dire en travaillant avec la *pointe* du pinceau: mais il y a differentes manieres de *pointiller*.

Les uns font des points tout ronds, d'autres un peu plus longs, & d'autres hachent par petits traits, en croisant plusieurs fois dans tous sens, jusqu'à ce que tout cela paroisse, comme si l'on avoit *pointillé* ou travaillé par points; cette derniere méthode est la meilleure, la plus hardie & la plus courte: c'est pourquoi l'on conseille à ceux qui voudront peindre en miniature de s'en servir, & de s'accoutumer d'abord à faire gras, moëleux & doux, c'est-à-dire que les points se perdent dans le fond sur lequel on travaille, & qu'ils ne paroissent qu'autant qu'il faut pour que l'on voie que l'ouvrage est *pointillé*.

Dur & sec est tout le contraire, & dont il faut bien se garder: cela se fait en *pointillant* d'une couleur beaucoup plus brune que n'est le fond, & lorsque le pinceau n'est pas assez humecté de couleur, ce qui fait paroître l'ouvrage rude.

POITRAIL, c'est une grosse poutre qui, assise sur des jambes étriéres, porte un mur de face.

POLE, [Temples de] A *Pole*, ville de l'Istrie, outre le théâtre, l'amphithéâtre, & l'Arc de Triomphe, tous excellens Edifices, on voit sur un des côtés de la grande place deux Temples de même grandeur, & semblables en leurs ornemens, distans l'un de l'autre de 58 pieds & 4 pouces. Leur façade est proftyle, leur maniere eſt ſiſtyle, c'eſt-à-dire, que les entre-colonnes ont deux diamétres, & l'entre-colonne du milieu deux diamétres & un quart. Il y a un embaſement autour de ces Temples, la hauteur duquel fait le niveau de leur pavement : & l'on y monte par des dégrés qui ſont à la façade du devant. La baſe des colonnes eſt Attique, mais avéc cette particularité que la plinthe fait la moitié de toute la hauteur de la baſe ; les chapiteaux ſont fort délicatement travaillés à feuilles d'olive, les caulicoles ſont revêtus de feuilles de chêne, ce qui n'eſt pas commun. L'architrave a encore cette difference, que la premiere face eſt grande, la ſeconde moindre, & la troiſiéme ſous la cimaiſe encore plus petite ; & les bandes ou faces ne ſont pas à plomb, mais montent en retraite, ce qui a été fait exprès afin que l'architrave ayant moins de ſaillie ne couvrît point l'inſcription ſuivante qui eſt dans la friſe.

ROMÆ ET AUGUSTO CÆSARIS INVI. F. PAT. PATRIÆ.

POLEMBOURG [Corneille] naquit à Utrecht vers l'an 1583. Il a fait des petits tableaux d'hiſtoire & des païſages fort eſtimés ; il mourut à Utrecht âgé de ſoixante & dix-ſept ans.

POLLUX (Temple de) dans un des quartiers de Naples entre la Vicairerie & le Château, on voit le portique de ce fameux Temple, bâti en l'honneur de

Castor & de Pollux par Tibére-Jule, achevé & consacré par *Pelagon* affranchi d'Auguste, ainsi qu'il paroît par l'inscription grèque, qui s'y voit encore, & que je rapporterai en latin.

TIBERIUS JULIUS, TARSUS, JOVIS FILIIS ET URBI,
TEMPLUM ET QUÆ IN TEMPLO:
PELAGON AUGUSTI LIBERTUS
ET PROCURATOR PERFICIENS,
EX PROPRIIS CONSECRAVIT.

Le portique est Corinthien. Les entrecolonnes ont plus d'un diamétre & demi. Les bases sont attiques, & les chapiteaux à feuilles d'olive travaillés par excellence. L'invention des caulicoles sous la rose est belle & particuliere, en ce qu'ils se lient & s'entrelassent l'un l'autre, & semblent naîtres des feuilles qui montent sur les autres caulicoles, qui portent les cornes du Tailloir du Chapiteau: cet exemple & quelques autres encore prouvent qu'un Architecte peut quelquefois s'écarter des régles ordinaires, pourvû qu'il le fasse avec jugement, & toujours conformément à la nature des choses qu'il représente. Le frontispice est enrichi d'une représentation de sacrifice en bas relief, de très-bonne main. Quelques-uns disent qu'il y avoit là deux Temples, l'un rond & l'autre quarré: il ne reste rien du premier, & l'autre paroît être moderne.

POLYCLETE Sculpteur celebre, natif de Sicyone ville du Peloponese, vivoit vers la LXXXVIIe Olympiade, c'est-à-dire 432. ans avant J. C. Il eût Agelade pour maître, & pour éléves plusieurs Sculpteurs, qui ont été depuis très-illustres comme Asopodore, Alexis, Aristides, Prynon, Dinon, Athénodore, Dameas, & Myron. Il fit plusieurs statues d'airain qui furent fort estimées, & une entr'autres qui représentoit un jeune homme, & qui fut venduë cent talens, au rapport de Pline. Un autre de ses Ouvrages représentant un enfant tenant une lance en la main, ne fut pas moins célébre.

Mais sa plus fameuse statue est celle où il rassembla si heureusement les plus justes proportions du corps humain, qu'elle fut appellée la *regle*.

Les Sculpteurs venoient de toutes parts pour l'admirer, & pour se former une idée certaine de ce qu'ils avoient à pratiquer, afin d'exceller dans leur Art.

Sa statue des trois enfans nuds jouants ensemble, que l'Empereur Tite avoit dans son Palais, le Mercure adoré dans la ville de Lysimachie, & l'Hercule étouffant Anthée, passerent aussi pour des Chef-d'œuvres.

Enfin *Polyclete* eût la réputation d'avoir porté à la plus grande perfection l'Art de la Sculpture.

Ce qui étoit particulier à *Polyclete*, & ce qui distingua ses ouvrages, c'est que la plûpart de ses figures se soutenoient sur une jambe, ce qu'il sembloit affecter, parce qu'il avoit employé le premier cette attitude des plus vives & des plus hardies.

Varron l'accusoit d'avoir peu de varieté dans ses ouvrages, & d'avoir formé ses figures, presque toutes sur une même idée.

POLYGNOTE fils d'Aglaophon, fut le prémier des Peintres Grecs qui connut l'expression, cette partie essentielle, & qui s'appliqua à representer les mouvemens de l'ame. Par-là il donna je ne sçai quoi de plus libre & de plus gai à ses figures, & il s'éloigna de l'ancienne maniere de peindre, qui étoit froide & barbare. Il prit plaisir principalement à représenter les femmes : il les habilla de draperies éclatantes & agréables, varia leurs coëffures, & les enrichit de nouveaux ajustemens. Cette nouveauté éleva beaucoup l'art de la peinture, & donna une grande réputation à *Polygnote.*

Ce Peintre, après avoir fait plusieurs ouvrages à Delphes & à Athènes, fut honoré par le conseil des Amphictions d'un remerciment solemnel de toute la Grece : & toutes les villes du ressort de cette province reçûrent ordre de lui donner un logement aux dépens du public quand il y séjourneroit.

Cet honneur lui fut accordé parce qu'il ne voulut recevoir aucun payement des ouvrages qu'il avoit *faits à Delphes & à Athênes.*

POLYGONE. Toute figure qui a plusieurs angles ou plusieurs côtés s'appelle *Polygone* : quand tous les angles sont égaux, le *Polygone* est régulier : quand le contraire arrive, c'est un *Poligone* irrégulier.

POMPE, machine hidraulique, en forme de seringue, dont on se sert pour élever les eaux. Elle est composée d'un gros cylindre ou tuyau, qu'on appelle corps de *pompe*, d'un piston, qui s'abaissant & s'élevant par le moyen d'une manivelle agit dans le corps de la *pompe*, & de deux *soupapes* par où entre l'eau. Toutes les espéces de *pompes* peuvent se réduire a quatre.

Pompes foulantes, *pompes* aspirantes, *Pompes* soulevantes, & *pompes* mixtes. La *pompe* foulante, est celle qui fait sortir l'eau par la compression, à peu près comme fait une seringue.

La *pompe aspirante* est celle qui par le mouvement d'un piston creux, garni d'une soupape, attire l'eau au dessus de la soupape du corps de *pompe*, jusqu'à la hauteur d'environ 32 pieds.

La *pompe soulevante* est celle qui ayant son corps *de pompe* renversé souleve l'eau, & la pousse au dessus de la soupape du corps de *pompe*.

La *pompe* mixte est celle qui est en partie *aspirante*, & en partie *foulante*, c'est-à-dire qui agit, & par l'aspiration ou attraction, & par la compression.

Un des ouvrages les plus utiles & les

plus ingénieux en ce genre est la pompe de Hesse inventée par M. D. Papin Médecin Allemand, de la Societé Royale de Londres.

Cette machine est composée d'un vaisseau cylindrique peu profond. Par son centre passe un aissieu, auquel sont attachées des aîles, qui s'étendent depuis ledit aissieu jusqu'à la circonférence, ensorte qu'elles la touchent presque, quoique néanmoins elles puissent tourner librement, sans que le vaisseau remuë. Lorsqu'on fait tourner ledit aissieu avec ses aîles, l'eau renfermée dans le vaisseau est emporté par le même mouvement circulaire, & fait un effort continuel pour s'éloigner du centre de son mouvement, suivant les loix du mouvement; il arrive de-là que si l'on ferme éxactement le vaisseau, & qu'on laisse quelques ouvertures proche de l'aissieu, pour laisser entrer l'eau du dehors, & qu'à la circonférence on ménage une autre ouverture, à laquelle on applique un tuyau, suivant la direction de la tangente, il arrive, dis-je, que l'eau tournant dans le vaisseau entre avec toute sa vitesse dans le tuyau, qu'ainsi elle monte à toute la hauteur où les corps peuvent monter avec une telle vitesse, suivant une telle direction: ainsi si la vitesse étoit de parcourir 32 pieds en une seconde, cette eau [faisant abstraction de la resistance de l'air] pourroit monter perpendiculairement à la hauteur de 16. pieds, & si la viteſſe étoit plus ou moins grande, l'eau monteroit auſſi plus ou moins haut en raiſon doublée des viteſſes ; & ce calcul n'eſt point difficile à faire. Or comme on peut augmenter la viteſſe à l'infini, il n'y a point de ſi grande hauteur, à quoi l'on ne puiſſe atteindre, par le moyen de cette machine, pourvû qu'on ait des forces ſuffiſantes, & qu'on faſſe abſtraction de la réſiſtance de l'air.

Le plus facile & le plus court moyen de ſe ſervir de cette machine eſt de l'enfoncer dans l'eau, enſorte que les ouvertures proche l'aiſſieu y ſoient entierement cachées, & qu'ainſi l'eau y puiſſe entrer par ſon poids ſans le ſecours de ce qu'on appelle *ſuction*. Néanmoins quand la choſe eſt néceſſaire, on peut placer cette *pompe* à quelque hauteur au deſſus de l'eau qu'on veut élever. Dans ce cas, il faut que le vaſſeau ſoit toujours fermé, & qu'à l'ouverture antérieure, il y ait un tuyau bien ſoudé, enſorte que le bout d'en bas étant enfoncé dans l'eau, la ſucce, & rempliſſe la place de l'eau qui ſort par un autre tuyau, ce qui arrive pourvû qu'on faſſe tourner les aîles de la machine avec la viteſſe ſuffiſante pour élever une colonne d'eau d'une certaine hauteur.

Il y a pourtant quelque difficulté pour la partie poſtérieure du vaſe, dans l'endroit par où paſſe l'aiſſieu : car il eſt néceſſaire que cet aiſſieu tourne, & néanmoins il faut empêcher que l'air n'entre par le trou où paſſe cet aiſſieu : car ſi l'air entroit, l'eau ne ſeroit point attirée par un des tuyaux. Mais il eſt aiſé de remédier à cet inconvenient par le moyen des cuirs qu'on applique à ces ſortes de trous ; car un aiſſieu cylindrique faiſant ſon trou dans un cuir le remplit & le bouche exactement.

La *pompe* de Heſſe eſt d'une grande utilité, non ſeulement pour élever l'eau dans les jardins, mais pour éteindre les incendies, l'Auteur de cette ingénieuſe machine prétend qu'un ſeul vaiſſeau cylindrique d'un pied ou deux de diamétre, & d'un pouce de profondeur, pourroit produire plus d'effet que toutes les pompes dont on ſe ſert dans les incendies.

PONCEAU, rouge fort vif : il ne ſe dit qu'en parlant des étoffes.

PONCER, c'eſt paſſer ſur un deſſein piqué, de la poudre de charbon enveloppée dans un linge, pour contretirer le deſſein ſur du papier, ou ſur quelqu'autre matiere.

Poncer un deſſein ; *poncer* ſur la toile, ſur le bois, ſur le vélin.

Le deſſein piqué, & qui ſert de modéle, s'appelle *poncis*.

PONDE'RATION, terme de Peinture. On entend par-là le juſte équilibre des corps : cet équilibre étant néceſſaire pour le mouvement, les Peintres ne peuvent donner d'attitudes, ni de mouvemens véritables à leurs figures, ſans obſerver les régles preſcrites par la nature. Leonard de Vinci, & quelques autres Peintres qui ont le plus reflêchi ſur cette partie eſſentielle du deſſein, ont fait les remarques ſuivantes, qui paſſent pour autant d'axiomes, reçus dans la Peinture. Ils ont obſervé que la tête doit être tournée du côté du pied qui ſoutient le corps: qu'en ſe tournant elle ne doit jamais paſſer les épaules: que les mains ne doivent pas s'élever plus haut que la tête, le poignet plus haut que l'épaule, le pied plus haut que le genou: qu'un pied ne doit être diſtant de l'autre que de ſa longueur: que lorſque l'on repréſente une figure qui éléve un bras, toutes les parties de ce côté-là doivent ſuivre le même mouvement; que la cuiſſe par exemple doit s'allonger, & le talon du pied s'élever; que dans les actions violentes & forcées ces mouvemens à la vérité ne ſont pas tout-à-fait ſi compaſſés, mais que l'équilibre ne doit ſe perdre jamais: qu'enfin ſans cette juſte *pondération* les corps ne peuvent agir comme il faut, ni même ſe mouvoir.

« Les mouvemens, dit Mr de Piles, ne » ſont jamais naturels, ſi les membres ne » ſont également balancés ſur leur cen- » tre, & ils ne peuvent être balancés ſur » leur centre dans une égalité de poids, » qu'ils ne ſe contraſtent les uns les au- » tres. Un homme qui danſe ſur la cor- » de, fait voir clairement cette vérité. » Le corps eſt un poids balancé ſur ſes

» pieds, comme sur deux pivots : s'il n'y » en a qu'un qui porte, comme il arrive » le plus souvent, vous voyez que tout le » poids est retiré dessus centralement, » ensorte que si, par exemple, le bras » avance, il faut de nécessité, ou que l'au- » tre bras, ou que la jambe aille en ar- » riere, ou que le corps soit tant soit peu » courbé du côté contraire pour être » dans son équilibre, & dans une situa- » tion hors de contrainte. Il se peut fai- » re, mais rarement, si ce n'est dans les » vieillards que les deux pieds portent » également, & pour lors il n'y a qu'à » distribuer la moitié du poids sur cha- » que pied. Vous userez de la même pru- » dence si l'un des pieds portoit les trois » quarts du fardeau, & que l'autre pied » portât le reste. »

Personne n'a mieux écrit sur la *pondération* des corps, que Leonard de Vinci dans son Traité de Peinture.

PONT, ouvrage construit sur une riviere, ou sur quelqu'autre lieu profond, pour en faciliter le passage.

Pont de bois : c'est un *pont* de charpente construit à peu près des mêmes parties que le *pont* de pierre, c'est-à-dire, de culées, de piles, qu'on appelle *palées*, & d'arches qu'on nomme *travées*. Les *culées* & les *palées* se font avec de gros pieux couronnés & coeffés d'un gros sommier pour supporter les arches ou *travées*. Les *travées* sont composées de poutrelles, recouvertes de grosses planches ou madriers, qu'on qu'on appelle dosses, & qui portent le couchis de sable, sur lequel on asseoit le pavé du *pont* lorsqu'on en pave l'aire.

Pont dormant, c'est celui qui est fixe & immobile. Le Dictionaire de Trevoux confond à tort le *pont-levis* & le *pont dormant*.

Pont flotant, c'est celui qui est fait de pontons, de bateaux ordinaires, de bateaux de cuir, de tonneaux, de poutres creuses qu'on jette sur une riviere, & qu'on couvre de planches.

Pont-levis, c'est celui qui se léve devant la porte d'un Château, d'une Ville, par le moyen des fléches, des chaînes, & d'une bascule.

Pont de pierre. Dans un *pont* de pierre, Palladio distingue principalement quatre choses; 1o. les culées, c'est l'extrêmité ou les têtes du *pont*; 2o. les piles, ce sont les massifs des pierres qui portent les arches; 3o. les arches; 4o. le pavé qui est assis sur les arches. Il veut que les culées soient bâties & appuyées sur le roc, ou sur le tuf, ou si le terrain du rivage n'est pas ferme, qu'on y supplée par des pilotis, par des piles, & par des arches mêmes. Que les piles soient bien assurées, qu'elles soient en nombre impair, afin qu'il y ait une arche au milieu, où est ordinairement le courant de l'eau, qu'elles ayent en grosseur au moins la sixiéme partie de la largeur de l'arche, & qu'on leur donne des avant-becs, & des arrieres-becs, pour fendre l'eau: que les arches ſoient conſtruites de pierres fort longues & bien jointes, qu'elles ſoient à plein ceintre; ou ſi la nature de l'ouvrage ne le permet pas, qu'on y ſupplée au moins par la ſolidité des piles & des culées.

Le plus magnifique *pont* de pierre dont l'hiſtoire faſſe mention, eſt celui que Trajan fit conſtruire ſur le Danube, un peu au-deſſus de la Ville qu'on appelle aujourd'hui Nicopoli.

Ce *pont* dont les piles ſubſiſtent encore, étoit composé de vingt arches, hautes de cent cinquante pieds Romains, & larges de 160, ce qui faiſoit une longueur d'environ 600 toiſes Romaines, ou de 546 toiſes de Paris. Si les dimenſions de cet ouvrage ſont juſtes, c'eſt l'édifice le plus prodigieux qu'on ait fait en ce genre.

Parmi les *ponts* antiques qu'on voit à Rome, le *pont* Elius, aujourd'hui *pont S. Ange*, & le *pont* du Janicule, aujourd'hui le *pont* Sixte, tiennent le premier rang.

Nous avons des *ponts* modernes dont l'Architecture eſt très-eſtimée. Les plus célébres ſont le *pont* du S. Eſprit, le plus beau peut-être qui ſoit dans l'Univers: il eſt conſtruit ſur le Rhône, & il a plus de 400 toiſes de longueur: le *pont* de Lyon, conſtruit pareillement ſur le Rhône, le *pont* Royal à Paris, le *pont* de Toulouſe ſur la Garonne, le *pont* de Blois ſur la Loire, le *pont* de Londres ſur la Tamiſe, le *pont* de Madrid ſur la Manzanarés, le *pont* de Rialte à Veniſe, d'une ſeule arche, qui a 32 toiſes de baſe.

Pont tournant, c'eſt celui qui *tourne* ſur un pivot, comme celui des Thuilleries.

Pont volant, c'eſt celui qui eſt fait de pluſieurs bateaux joints enſemble par un plancher commun, bordé d'un garde fou, avec un ou pluſieurs mâts, où eſt attaché par un bout un long cable, potté de diſtance en diſtance ſur des petits bateaux juſqu'à une ancre, où l'autre bout eſt arrêté au milieu d'une riviere. Ce *pont* ſe meut d'un côté de la riviere à l'autre par le moyen d'un gouvernail : il s'en fait quelquefois à deux étages. Les bacs ſont des eſpéces de *ponts volans*.

PONTORME, [Jâque] naquit dans le Duché de Toſcane. Il étudia ſous Leónard de Vinci, ſous Albertini, ſous Pierre Coſimo, & ſous André del Sarte. C'étoit un Peintre modeſte, mais naturellement chagrin, & toujours mécontent de ſes ouvrages, que la lime uſoit quelquefois au lieu de les polir : c'eſt ce qu'il éprouva à Florence, où il échoüa dans la Chapelle de S. Laurent; il y employa douze années d'un travail opiniâtre, & la contrainte où il mit ſon génie lui glaça tellement l'imagination, qu'il ne fit qu'un ouvrage fort médiocre. Mr de Piles dit, que voulant s'élever au-deſſus de tous les autres Peintres, il devint fort inférieur à lui-même. Le *Pontorme* mourut d'une hydropisie en 1556, âgé de 63 ans.

PORBUS, [François] Peintre Flamand, étoit de Bruges : Il a beaucoup travaillé à Paris. Il excelloit dans les portraits, & il en a fait d'admirables pour l'Hôtel de Ville, où on les conserve précieusement. Il mourut à Paris au mois de Février 1622, & il fut inhumé aux petits Augustins.

PORCELAINE. Les plus belles Peintures en *porcelaine* sont celles de la Chine & du Japon : rien n'égale ces *porcelaines*, non-seulement pour la finesse du grain, mais pour la fraicheur & la durée des couleurs. C'est dommage que le dessein de ces petites Peintures casuelles soit presque toujours estropié. Ces peuples, dit le Pere le Comte, fameux Missionnaire Jesuite, se font par-là un plus grand tort qu'ils ne pensent : nous ne jugeons de la figure des Chinois que par les Peintures ridicules qu'ils en font eux-mêmes, & quiconque n'a pas voyagé dans la Chine, se persuade que tous ses habitans ressemblent aux magots de nos paravents & de nos *porcelaines*.

Les Chinois font avec la *porcelaine* des carreaux de différentes figures, & diversement coloriés, qu'ils employent par compartimens pour paver les apartemens, ou pour en faire des incrustations dans les murailles. On voit à la Chine une Tour de ce genre, dont on prétend que la beauté & la richesse surpasse les ouvrages les plus vantés de l'Antiquité. Elle est dans une plaine que les habitans nomment *Paolinxi*, ou *Paulingyng*, près de la célébre Ville de Nanquin, & elle fait partie d'un Temple bâti par l'Empereur *Yonlo* au commencement du quatorziéme siécle. Cette fameuse Tour est de figure Octogone, ayant environ quarante pieds de circonférence, de sorte que chaque face en a cinq; elle a neuf étages, dont chacun est orné d'une corniche de trois pieds à la naissance des fenêtres, & elle est distinguée par de petits toîts couverts de tuiles vernissées, qui diminuent de saillie à mesure que la Tour s'éléve.

Le mur de cet édifice a du moins sur le rez-de-chaussée 12 pieds d'épaisseur, & plus de huit & demi par le haut : il est revêtu de *porcelaine* posée de champ. Cette *porcelaine* paroît aujourd'hui assez grossiere, & la pluye & la poussiere en ont altéré l'éclat. Chaque étage est formé par de grosses poutres mises en travers, qui portent un plancher, & qui forment une chambre dont le lambris est peint. Le premier est plus élevé. Les autres sont entr'eux en proportion égale, & les murailles sont percées d'une infinité de petites niches ornées d'Idoles en bas-relief, ce qui fait une espéce de marqueterie très-propre: cet ouvrage paroît uni comme le marbre ou la pierre, quoiqu'il ne soit fait que de briques polies, & posées de champ.

Les Chinois ont une adresse merveilleuse pour imprimer toutes sortes d'ornemens dans leurs briques. L'escalier que l'on a pratiqué au-dedans de cette tour est petit & roide, parce que les dégrés ont presque tous dix pouces de hauteur; on en compte cent quatre-vingt-dix, ce qui fait cent cinquante-huit pieds d'élevation. Si l'on y joint la hauteur du massif, celle du neuviéme étage qui n'a point de dégrés, & le couronnement, on trouve que la tour est élevée depuis le rez-de-chaussée de plus de deux cens pieds. Le comble est formé par un gros mât, qui sort du plancher du huitiéme étage, & qui s'éleve plus de trente pieds en-dehors. Il paroît engagé dans une large bande de fer de la même hauteur, sur la pointe de laquelle on a posé un globe doré d'une grosseur extraordinaire.

PORCHE, lieu couvert, espece de portique, formé par des colonnes isolées, & ordinairement couronné d'un fronton, qui sert de vestibule à un Temple, à un Palais.

PORDENONE [*Licinio* de] autrement appellé *Regillo*, naquit à *Pordenone*, bourg du Frioul. Son nom de famille étoit *Sacchi*, mais il le quitta à cause de la haine qu'il portoit à son frere, qui avoit voulu l'assassiner, & il ne retint que celui de *Licinio*, qu'il quitta même dans la suite pour se faire appeller *Regillo*.

Licinio, après avoir long-tems travaillé à Venise & dans d'autres Villes d'Italie, fut appellé à Ferrare par le Duc Hercule II. pour y achever des cartons de tapisseries qu'il avoit commencés à Venise : mais à peine y fut-il arrivé qu'il tomba malade, & mourut avant que d'avoir fini cet ouvrage, où il avoit entrepris de representer les travaux d'Ulisse. Sa mort arriva l'année 1540, dans la cinquante-sixiéme année de son âge. Le Duc de Ferrare lui fit faire de magnifiques obséques.

PORPHYRE, marbre rouge, des plus beaux, nommé *Porphyre* à cause de sa couleur. Les meilleures pierres à broyer que puissent employer les Peintres sont les pierres de *porphyre*.

PORT, ance que forme la mer en entrant dans les terres, qui a un fond & un abri suffisant pour le mouillage & pour la sûreté des vaisseaux. On fait des ports artificiels avec des moles & des jettées.

PORTAIL, c'est la façade d'un grand bâtiment où est la principale porte. On l'entend plus particulierement des Eglises. Cette partie est susceptible des plus beaux ornemens de l'Architecture, mais il ne faut pas les prodiguer trop, comme on a fait au *Portail* des Grands Jesuites de Paris, qu'on a rempli de colifichets.

Le *Portail* de S. Gervais est grand & majestueux dans sa simplicité.

Le *Portail* de la Cathedrale de Rheims, quoique gothique, est très-estimé.

PORTE, ouverture pratiquée dans un mur pour entrer dans un lieu clos, & pour en sortir.

On appelle proprement *porte* l'assemblage de menuiserie ou de charpenterie qui ferme cette ouverture.

Porte cochere, c'est une *porte* par où les carrosses & charrois peuvent entrer. La largeur de ces *portes* doit être de sept bons pieds au moins, & leur hauteur du double.

Les *portes* cocheres sont composées de deux ventaux ou battans, faits au moins chacun de deux montans, & de trois traverses qui en forment le bâti, & qui renferment les cadres ou panneaux.

Les plus belles sont ornées de corniches, de consoles, de bas-reliefs, d'armes, de chiffres, de trophées, & d'autres ornemens. Les *portes* de l'Hôtel de Ville de Paris, & de l'Eglise du Val-de-Grace, sont fort remarquables par leurs ornemens.

Porte bâtarde, c'est une *porte* moins grande que les *portes* cocheres, qui n'a que quatre à cinq pieds de large.

Porte en niche, c'est une grande *porte* faite en forme de niche, comme la *porte* de l'Hôtel de Conti, laquelle est du dessein de François Mansart.

Porte Flamande, c'est celle qui est composée de deux jambages avec un couronnement & une fermeture de grilles de fer, comme les deux *portes* du Cours la Reine.

Porte à deux battans, c'est celle qui s'ouvre en deux.

Porte brisée, c'est celle dont la moitié se replie sur l'autre.

Porte vitrée, c'eſt celle qui eſt partagée en tout ou en partie avec des croiſillons de petit bois, dont les vuides ſont remplis de carreaux de verre.

Porte grillée, c'eſt une porte à jour, faite de grilles de fer, ou de barreaux de bois.

Porte de derriere, ou *porte* ſecrette, c'eſt une *porte* pratiquée ſur le derriere d'une maiſon, ou à l'extrêmité d'un jardin, pour en ſortir ſecrettement.

Porte de fer, c'eſt celle qui eſt compoſée de barreaux de fer, enclavés dans un chaſſis avec traverſes & enroulemens. On en voit d'une grande beauté au château de Maiſons, à Verſailles, & dans certaines Egliſes, comme à Nôtre-Dame.

Porte de bronze, c'eſt une porte jettée en bronze, par plaques ou tables minces, partie fonduës, partie cizelées, qui imitent les compartimens de la menuiſerie, & qu'on applique ſur un bâti de forte menuiſerie.

Les portes du Pantheon & de St. Jean de Latran à Rome ſont d'excellens ouvrages en ce genre. *Daviler.*

PORTER, terme d'Architecture, qui ſe prend en différentes acceptions.

On dit, cette pierre, cette poutre *porte* tant de long. Les deux fameuſes pierres du portail du Louvre *portent* chacune 52 pieds de long.

Porter de fond, c'eſt porter à plomb, dès le rez-de-chauſſée, avec empatement

Porter à cru, ſe dit d'un mur, ou d'une colonne qui n'a point d'empatement ou d'épaiſſeur ſenſible au bas, & qui eſt tout d'une venuë, ſans aucune diminution en dehors.

Porter à faux : c'eſt porter en ſaillie, comme la plûpart des grands balcons. *Daviler*.

PORTIQUE : eſpece de gallerie, pratiquée au rez-de-chauſſée, avec des arcades ouvertes, le plus ſouvent accompagnées de colonnes ou de pilaſtres, qui en ſoutiennent la voûte & le plat-fond.

Le *Portique* du temple de Salomon, celui de Pompée à Rome, le fameux *portique* d'Athènes où s'aſſemblent les Philoſophes, ont été des édifices fort vantés.

Parmi les modernes, nul n'eſt comparable au *portique* de la place de St. Pierre du Vatican.

Portiques d'Arbres : C'eſt dans l'art du Jardinage certains *portiques* artificiels, qu'on fait avec des branches d'arbres, pliées & entrelaſſées. Les *portiques* du Jardin de Marly. Ce ſont deux allées de Tilleuls de Hollande dont les branches quoique fort groſſes, ſont pliées avec art & forment des *portiques* de verdure.

Les Romains ont porté fort loin la beauté & la magnificence des *portiques*. Il y en avoit de particuliers pour la commodité des maiſons, & il y en avoit de publics qui ſervoient a l'ornement des Théâtres & des Baſiliques.

Ces portiques étoient couverts & quelquefois découverts. De tous les *portiques* qui furent bâtis à Rome, les trois plus considérables, ont été ceux de Pompée, d'Auguste & de Neron. Pompée fit faire le sien devant sa cour, c'étoit la plus agréable promenade de la ville, & la plus fraîche en été.

Celui d'Auguste servoit d'ornement à son Palais & à sa Bibliothéque, les colonnes étoient de marbre de Numidie, & l'on y voyoit les statuës des cinquante filles de Danaüs rangées par ordre.

Neron fit enrichir son Palais de trois *portiques* chacun de trois mille pas de long; ils furent appellés pour cette raison *porticus milliariæ*

Les Athéniens furent aussi fort curieux en *portiques*, c'étoit là que les Philosophes tenoient leurs écoles. Le plus célébre fut celui qu'ils appellerent *pæcile*. On y voyoit une statuë d'airain de Mercure, avec de beaux tableaux, entr'autres celui qui représentoit la bataille de Marathon; c'est là que Zenon tint son école, ce qui le fit appeller Stoïque, & ceux de sa secte Stoïciens, du Grec *στοὰ*, qui signifie *portique*.

Les anciens avoient aussi des *portiques* souterrains en forme de galeries voutées, pour prendre le frais.

PORTRAIT. Tableau qui contient la représentation lineale du corps humain.

Portrait en grand, en petit : *portrait* en pastel, en miniature : *portrait* à la plume, au crayon.

Portrait chargé, *voyez* CHARGE.

Peintre pour le *portrait*.

L'eſſence du *portrait*, conſiſte moins à attraper une groſſiere reſſemblance, ce que font les Peintres les plus mediocres, qu'à exprimer le véritable temperament, le caractère, & l'air de Phyſionomie des perſonnes qu'on repréſente.

» Si la perſonne que vous peignez eſt naturellement triſte, dit Mr. de Piles, il ſe » faudra bien garder de lui donner de » la gayeté, qui ſeroit toujours quelque » choſe d'étranger ſur ſon viſage : ſi el- » le eſt enjouée, il faut faire paroître cet- » te belle humeur par l'expreſſion des par- » ties où elle agit, & où elle ſe mon- » tre, ſi elle eſt grave & majeſtueuſe, » les ris fort ſenſibles rendront cette ma- » jeſté fade & niaiſe.

Pline raconte d'après Appien le grammairien, qu'Apelle faiſoit ſes portraits ſi reſſemblans, & marquoit avec tant de fidélité les traits des perſonnes qu'il peignoit, que ſur l'inſpection des tableaux les Aſtrologues tiroient l'horoſcope de la vie & de la mort de ces perſonnes.

Dufreſnoy conſeille aux faiſeurs de *portraits* de travailler en même tems les parties doubles de la tête, comme les yeux, les oreilles, les narines, les jouës & les levres, c'eſt-à dire de paſſer continuellement de l'une à l'autre, de les retoucher & de les finir enſemble, de peur que l'interruption ne faſſe perdre l'idée de ces parties.

PORTRAIRE & PORTRAITURE, ne se disent plus : cependant ce dernier mot s'est maintenu dans une des anciennes acceptions qu'il avoit, & l'on dit livre de *portraiture*, pour signifier un livre de desseins, contenant la représentation lineale des corps.

POSER. Il n'est terme de Peinture, que dans cette phrase : *poser* le modele. *Poser* le modele, c'est mettre un homme nud, une femme, dans differentes attitudes, pour dessiner d'après ce modéle. Le Professeur en fonction est chargé à l'Académie de *poser* le modele.

poser en termes d'Architecture signifie asseoir, placer. Les Maçons disent *poser*, verbe absolu. On a commencé à *poser* dans ce bâtiment, c'est-à-dire, à mettre les pierres en place : ils disent de même *déposer*. Cela est mal lié, il faut *déposer*, c'est-à-dire, ôter ces pierres de leur place.

Poser à sec, c'est *poser* sans mortier.

Poser à crû : c'est *poser* sans fondation. Les étayes posent à crû.

Poser de champ : une poutre, une pierre se *posent* de champ, lorsqu'on les *pose* sur la partie la plus étroite.

Poser de plat, c'est poser sur la partie la plus large. On dit, la *pose* d'une pierre ; *poseur* se dit de celui qui la *pose*. *Daviler*.

POSITION. C'est une partie essentielle de tout devis : elle concerne le plan du bâtiment en général, & en particulier de chacune des pieces.

Vitruve veut que la *position* d'un bâtiment soit telle que les quatre encognures soient directement opposées aux quatre vents Cardinaux.

POSTE. On appelle *poste* certains ornemens d'Architecture & de Serrurerie en forme d'enroulemens qui se répetent. On les nomme ainsi parce qu'ils semblent courir les uns après les autres.

POSTICHE. Tout ornement, toute piece, soit de Maçonnerie, soit de Ménuiserie, ajoutée après coup, est un ornement, une piece *postiche* : toutes les incrustations sont des ouvrages *postiches*.

POTEAU, POTELET. Les *poteaux* sont de grosses pieces de charpente posées de bout, pour porter ou lier d'autres pieces de bois.

Poteaux corniers : ce sont de maîtresses poutres posées à plomb dans les coins d'un bâtiment, & qui en soutiennent les encognures.

Poteaux de remplage : ce sont ceux qu'on met dans un pan de bois, entre deux croix de St. André.

Poteaux de croisées ou de portes : ce sont ceux qui forment les piedroits ou jambages des chambranles, des portes & des fenêtres.

Potelet est diminutif de *Poteau*.

POTENCE. Piece de bois ou de fer, coupée horisontalement & verticalement par une autre de moindre grandeur, qu'on appelle chapeau, avec un ou plusieurs liens ou contrefiches.

POTENCE de pendu, *potence* de lanterne. *Potence* de charpenterie, c'eſt celle dont on ſe ſert pour étayer une poutre d'une trop grande portée.

POUCE, meſure : c'eſt la douziéme partie d'un pied de roi, qui contient 12. lignes.

Le *pouce* quarré contient 144. lignes comme le pied quarré contient 144. pouces. La meſure des *pouces* varie chez les differens peuples comme celle des pieds avec la même proportion. *Voyez* PIED.

Pouce d'eau; c'eſt la quantité d'eau qui s'écoule par l'orifice d'une fontaine qui a un *pouce* de diamétre.

Un *pouce* d'eau fournit dans une minute 13. pintes d'eau, & par conſéquent dans une heure 800 pintes ou deux muids.

POUF, marbre *pouf*, pierre *pouf*; c'eſt ainſi que les Sculpteurs appellent une pierre, un marbre qui s'écaillent ſous le ciſeau.

POULIE, petite rouë avec un canal, qui tourne ſur un goujon ou cheville de fer qui la traverſe, & qui par le moyen d'une corde qui tourne autour du canal, ſert à élever les fardeaux.

La *poulie* eſt enchaſſée dans une piece de bois ou de fer, qu'on nomme *mouſle*. *Poulie* & mouſle ſe confondent ſouvent. *Voyez* MOUFLE. On dit *poulier* une pierre, c'eſt la ſuſpendre à une *poulie*.

POURPRE, teinture précieuſe, que les anciens tiroient d'un poiſſon appellé *Murex*. Ce poiſſon qui vivoit dans une coquille, avoit dans son gosier une veine blanche qui enfermoit cette précieuse liqueur. Aujourd'hui l'on n'en fait plus guéres d'usage, parce qu'on tire de la cochenille avec beaucoup moins de frais une teinture, pour le moins aussi belle. Au reste le secret de l'ancienne *pourpre* n'est pas perdu, ni même universellement négligé. *Thomas Gage* rapporte que les habitans de Nicoia dans l'Amerique font une teinture pareille avec un poisson à coquille, qui pourroit bien être le même que le *Murex* ancien. On ramasse ces poissons au Printemps, & en les frottant l'un contre l'autre ils rendent une certaine salive dont on fait une très-belle pourpre, en quoi consiste la plus grande richesse du Pays.

POURTOUR se dit de l'étendue quarrée ou circulaire d'un corps, & de tout l'espace qu'il renferme. Dans un corps rond, c'est la circonference : dans un corps quarré, c'est le quarré qu'il décrit : & ainsi des autres figures.

POUSSE'E, c'est l'action ou l'effort d'une voûte contre les murs sur lesquels elle est construite, ou contre les contreforts & culées qui l'arcboutent.

Poussée d'une arche. Plus un arc est large, plus il a de *poussée*. *Poussée* d'une terrasse. On dit d'un mur qui fait ventre, qu'il *pousse* au vuide.

POUSSIN [Nicolas] né aux Andelis en 1594. quitta à dix-huit ans la maison de son pere, & vint étudier à Paris les principes de la Peinture. A trente ans il se rendit à Rome. Après y avoir passé plusieurs années il revint en France par les ordres de Louis XIII. qui non content de lui avoir fait écrire par M. Sublet Ministre d'Etat, daigna l'en prier lui-même par une lettre. Mais après la mort de ce Prince, persécuté par ses envieux, il retourna à Rome, dont il préfera le séjour tranquille à la vie tumultueuse de Paris, & il y mourut âgé de 71. ans.

Le *Poussin* est sans contredit le plus grand Peintre qu'ait eu la France : c'est notre Raphaël, & certainement pour la science & pour le génie, il peut le disputer au Raphaël des Italiens.

Picturam Ausoniis ex quo deduxit ab Oris,
& Romæ ereptas tibi, Gallia, tradidit artes
Puissinius, *nihil est Italis cur æmula telis*
Invideas. Pictura.

On compte parmi les plus beaux ouvrages du *Poussin*, les sept Sacremens, le S. Jean qui batise dans le desert, le *passage de la mer Rouge*, *l'Adoration* du *veau d'or*, *le Moïse* qui frappe le rocher, le *Neptune*, *la Cêne*, le S. *Xavier* qui ressuscite un mort, le *Moïse* exposé sur les eaux, &c.

On reproche au *Poussin* d'avoir sacrifié le coloris à toutes les autres parties de la Peinture. Cependant il a fait des tableaux estimés pour le coloris ; on en voit un de cette espece dans le cabinet de M. le

Duc d'Orleans, où le ravissement de S. Paul est representé. Ce tableau sert de pendant à la vision d'Ezechiel par Raphaël, & soutient le parallele.

POUTRE, POUTRELLE. Les plus grosses pieces de bois qui entrent dans les bâtimens s'appellent *poutres*.

Les *Poutres* d'un plancher sont peuplées de solives espacées. Suivant le rapport de Herrera il y avoit sept mille *poutres* de cedre dans le Palais de Fernand Cortez.

Poutrelle est diminutif de *poutre*.

PRAXITELE, Sculpteur très-celebre dans l'Antiquité, fleurissoit vers la CIVe. Olympiade, c'est-à-dire l'an 364. avant J. C. un peu avant le Regne d'Alexandre le Grand. Pausanias a pris soin de décrire dans ses *Attiques* plusieurs statues de cet habile Maître. On vantoit sur-tout la Venus qu'il fit pour la Ville de Cnide, dont Lucien nous a donné une ample description. C'est cette statue que les Cnidiens refuserent au Roi Nicomedes, qui pour l'obtenir, leur offrit de les affranchir du tribut qu'ils lui payoient. Ils préfererent le plaisir de posseder cette incomparable statue à celui d'être entierement libres & indépendans.

PRECIEUX se dit en parlant du coloris, & se prend toujours en bonne part. Un coloris *précieux*.

Le Titien étoit *précieux* dans son coloris; » on trouve dans les tableaux du » Titien, dit Felibien, de la vivacité, de » la force, & je ne sçai quoi de *précieux* » que l'on y admire.

Les exemples que je viens de citer expliqueront mieux ce mot, que toutes les définitions qu'on auroit pû donner.

PRIMATICE [François] Autrement l'Abbé de S. Martin, naquit à Bologne l'an 1490. & fut l'éleve de Jule Romain. Attiré en France par François I. le Pere & le Protecteur de tous les Arts, il y apporta le bon goût, & bannit le goût gothique qui avoit infecté la Peinture, comme l'Architecture.

Les principaux ouvrages du *Primatice* sont à Fontainebleau, où il employa huit années à peindre la gallerie.

Ce Peintre fut pourvû de la charge de Sur-Intendant des bâtimens, & il la soutint avec beaucoup de dignité & de noblesse; il mourut à Paris l'an 1570. âgé de quatre-vingts ans.

Voici le jugement qu'un Auteur moderne a porté de ce Peintre : » Le *Pri-*
» *matice*, dit-il, étoit bon compositeur ;
» les attitudes de ses figures sont tour-
» nées sçavamment, dans le goût du Par-
» mesan. Sa touche est legere, & son ton
» de couleur est bon. . . . Sa maniere ex-
» péditive lui faisoit passer sur bien des
» parties de la peinture, qu'il a négligées,
» telles que la correction, le naturel : &
» on le trouve toujours manieré. *Abrégé de la vie des plus fameux Peintres.*

PRIMITIVES [couleurs] les Peintres en distinguent trois, le jaune, le rouge & le bleu, laissant le blanc & le noir pour les extrêmes. *Voyez* MATRICE.

PRINCIPALE [figure] On appelle figure *principale* celle qui est le sujet d'un tableau. Cette figure doit tenir la premiere place dans une composition, & ne doit être éteinte, ni même obscurcie par aucune autre figure. Elle doit être plus touchée, plus terminée que toutes les autres. Elle doit se faire remarquer, dit M. de Piles, comme un Roi au milieu de sa Cour.

Prima figurarum, seu Princeps dramatis, ultrò
Prosiliat mediâ in tabulâ, sub lumine primo,
Pulchrior ante alias, reliquis nec operta figuris. Du Fresnoy.

In medio, reliquas inter spectanda figuras,
Contemplantum oculos Princeps persona moretur.
Finibus extremis, longinquâ in parte tabellæ
Abjice vulgares, ingloria corpora, formas. Marsy.

PRITANE'E, lieu public à Athenes, où on logeoit & nourrissoit ceux qui avoient rendu des services importans à la République; établissement respectable, sur le modele duquel le plus grand & le plus bienfaisant de nos Rois a fondé cette magnifique maison qui sert de retraite aux gens de guerre.

Un *Pritanée* pour les Sçavans & pour

les gens de Lettres, qui sont hors de combat, seroit aussi un établissement bien digne de l'attention des Princes.

PROCHE. Les *proches* d'un tableau, sont les objets les plus près de la vûe. On oppose *proches* à lointain.

PROFIL se dit en peinture du contour d'une figure regardée de côté. Une *tête* de profil, c'est une tête qui n'a qu'un côté du visage, qu'un œil, qu'une joue. Une vûe de *profil*, faire un *profil*, dessiner de *profil*, *profiler*.

Dans un grand nombre de médailles les visages sont de *profil*.

Profil en Architecture se dit 1o. de la coupe ou section perpendiculaire d'un bâtiment qui en découvre les dedans, la hauteur, l'épaisseur des murailles, la profondeur, la largeur, &c. 2o. du contour d'un membre d'architecture, comme d'une base, d'une corniche, d'un chapiteau. On doit avoir une grande attention à donner de justes & agréables proportions aux *profils*. C'est en cela que le goût & le génie de l'Architecte se font remarquer. Ces proportions sont, ou generales, comme d'un ordre à un autre, d'une certaine position à une autre, telles que sont celles du dedans au dehors, de l'éloignement ou de la proximité dont elles doivent être vues : où elles sont particulieres par le rapport qu'elles ont l'une à l'autre dans un même corps : & ces proportions doivent toujours être des imitations de la nature, qui a si judicieusement proportionné les membres des animaux à tout leur corps, qu'il en résulte une harmonie, dont l'imagination est frappée avant que la raison en puisse porter aucun jugement. C'est cette harmonie qu'on doit trouver dans les *profils*. Il faut éviter de tailler des *profils* sur des pierres ou marbres colorés, parce que les moulures ne se distinguent pas assez: c'est pourquoi les pierres blanches sont les plus avantageuses pour l'Architecture, outre que l'édifice paroît d'une seule piéce, lorsque les joints sont bien recouverts: que si l'on étoit obligé de tailler des *profils* sur les marbres colorés, comme pour des lambris, des chambranles, il faut alors employer des moulures fortes, & éviter les petites parties, parce qu'elles apportent plus de confusion que d'ornement. *Scamozzi.*

PROJECTURE, se dit en terme d'Architecture des saillies, ou avances, des corniches, des balcons, & des autres membres saillans.

PROJET, c'est la même chose que DEVIS. *Voyez* DEVIS.

PRONONCER. « *Prononcer*, dit Mr » de Piles, se dit en Peinture des par» ties du corps, comme dans le langage » ordinaire il se dit des paroles articu» lées. Les parties d'un tableau lorsqu'el» les sont bien liées, expriment les sen» timens & les idées, de même que font » les paroles quand elles sont jointes. *Pro» noncer* une main, un bras, un pied, ou

» toute autre partie, c'eſt la bien mar-
» quer, la ſpecifier, la faire connoître
» clairement, comme *prononcer* une pa-
» role, c'eſt l'articuler & la faire enten-
» dre diſtinctement. » On ne peut rien ajouter à la préciſion & à la clarté de cette définition.

PROPORTION, ſignifie quelquefois meſure, comme dans cette phraſe.

Un Peintre doit connoître les *proportions* de chaque partie du corps humain.

Proportion ſignifie plus ordinairement rapport & convenance des parties entre elles, & rélativement au tout.

On dit, toutes les *proportions* ſont bien obſervées dans cette figure.

Proportion & ſymétrie, ſont des choſes fort différentes. Je ſuppoſe 2 ſtatuës, dont l'une a 8 pieds de haut, & la tête d'un pied, & ainſi des autres parties à *proportion*, & dont l'autre a huit pouces, & la tête d'un pouce, & ainſi du reſte: on dira que ces deux ſtatuës ſont de même *proportion*, mais non pas de même ſymétrie.

On dit auſſi, un bâtiment, une ſtatuë de belle *proportion*, c'eſt-à-dire, où les *proportions* ſont bien obſervées.

Les Sculpteurs ont fondé les régles de leur art ſur certaines *proportions* naturelles qu'ils ont remarquées dans les corps bien faits: c'eſt-là qu'ils ont obſervé les *proportions* que toutes les parties d'un corps doivent avoir les unes à l'égard des autres. *Voyez* FACE.

PROTOGENE, Peintre ancien naquit

à Caune, Ville de Carie, Tributaire des Rhodiens.

Demétrius faisoit tant de cas de *Protogene*, qu'en sa considération il épargna la Ville de Rhodes, & qu'il refusa, dit-on, de la prendre d'assaut dans l'appréhension que les ouvrages de ce Peintre ne périssent dans le sac de sa Patrie. En effet la maison de *Protogene* étoit proche des murs, & Demétrius ne pouvoit entrer dans Rhodes sans que cette maison fut exposée au saccagement.

Ce Peintre avoit un Jardin hors la Ville, qui touchoit le Camp des ennemis, c'est-là qu'étoit son attelier, & le bruit des armes n'étoit pas capable de l'interrompre.

Des soldats de l'armée de Demétrius l'amenerent un jour à ce Prince, qui lui demanda, comment il avoit l'assurance de travailler, étant si près de lui ; *Protogene* lui répondit que cette assurance venoit de ce qu'il sçavoit que Demétrius faisoit la guerre aux Rhodiens, & non pas aux beaux Arts.

Le Tableau de Jalysus fut le chef-d'œuvre de *Protogene*. On appelloit ainsi un tableau où il avoit peint quelque histoire de ce Jalysus, Heros connu seulement dans la fable, & que les Rhodiens respectoient comme leur fondateur. *Protogene* avoit employé sept ans à l'achever. La premiere fois qu'Apelle le vit, il fut si surpris & si transporté d'admiration, que la voix lui manqua tout-à-coup, ensuite, revenu

venu à lui-même, il s'écria : Grand travail ! Oeuvre admirable ! Il n'a pourtant pas ces graces que je donne à mes ouvrages, & qui les rendent si recommandables. S'il en faut croire Pline, pendant tout le tems que *Protogene* travailla à ce tableau, il se condamna à une vie fort sobre & même fort dure, pour empêcher que la bonne chere n'émoussât la finesse de son goût & de son sentiment. Ce tableau avoit été porté à Rome, & consacré dans le Temple de la Paix, où il étoit encore du tems de Pline. Il y périt enfin dans une incendie. Le même Pline prétend que ce tableau sauva Rhodes, parce qu'étant dans un endroit par lequel seul Demétrius pouvoit prendre la Ville, ce Prince aima mieux renoncer à la victoire, que de s'exposer à faire périr par le feu un si précieux monument de l'Art : c'auroit été pousser bien loin le goût & le respect pour la Peinture. L'histoire nous apprend les véritables raisons qui obligerent Demétrius de lever le siége : mais elles ne sont point de mon sujet.

Il y avoit dans ce tableau un chien qui faisoit sur tout l'admiration des connoisseurs, & qui avoit d'abord couté beaucoup au Peintre, sans qu'il en fut satisfait, quoiqu'il le fût assez de tout le reste : il s'agissoit de représenter ce chien tout halétant après une longue course, & la gueule encore pleine d'écume. Il s'appliqua à cette partie de son tableau avec tout le soin dont il étoit capable, ſans pouvoir ſe contenter : il lui sembloit que l'Art ſe montroit trop. La vrai-ſemblance n'étoit point aſſez pour lui : il lui falloit la vérité même. Il vouloit que l'écume parût ſortir réellement de la gueule du chien ; il y remit ſouvent la main, y retoucha à pluſieurs repriſes, & ſe donna la torture pour arriver à ce ſimple, à ce naturel, dont il avoit l'idée dans l'eſprit : mais toujours inutilement. De dépit il jetta ſur l'ouvrage l'éponge dont il s'étoit ſervi pour effacer, & le hazard fit ce que l'Art n'avoit pû faire.

On réprochoit à ce Peintre d'être trop difficile, & de trop lêcher ſes tableaux. Apelle en effet, quoiqu'il le regardât preſque comme ſon maître, en lui accordant beaucoup d'autres excellentes qualités, lui trouvoit ce défaut, de ne pouvoir quitter le pinceau, & finir ſes ouvrages.

PUISARD, eſpéce de puits bâti à pierre ſéche, avec un tuyau par où s'écoulent les eaux du ciel, & les immondices, qui vont ſe perdre dans la terre. Dans les lieux bas, comme dans les cuiſines ſouterraines, on eſt forcé de pratiquer des *puiſards*, ce qui eſt ſujet à de grandes incommodites, ſur-tout dans les chaleurs.

PUITS, s'entend particulierement d'une ouverture profonde, ordinairement ronde, & revêtuë de maçonnerie, qu'on fait en terre pour y trouver de l'eau, & pour la conſerver.

Les *puits* ſont ordinairement conſtruits de pierre ou de moilon piqué & maçonné de mortier. *Voyez* la deſcription du *puits* de Bicêtre. Art. BICESTRE.

PUITS mitoyen, c'eſt un *puits* qui ſert à deux maiſons.

Les *puits* mitoyens ſont ordinairement de figure ovale, & ils ſont ſéparés par une dale ou languette de pierre, qui les coupe juſqu'au deſſous de leur appui.

Puits de carriere, c'eſt l'ouverture qu'on fait dans une carriere pour la fouiller.

Le *puits* de Joſeph qui ſubſiſte encore en Egypte, eſt regardé comme une merveille: on le voit au Château du grand Caire, & ſi tout le monde ne convient pas qu'il ait été conſtruit dans le ſiécle, & par les ſoins de Joſeph, perſonne au moins ne nie que ce ne ſoit un ouvrage fort ancien. Ce *puits* eſt comme à double étage, taillé dans le Roc vif, d'une prodigieuſe profondeur. On deſcend juſqu'au réſervoir qui eſt entre les deux *puits* par un eſcalier de deux cens vingt dégrés, large d'environ huit pieds, dont la pente douce & preſqu'imperceptible, laiſſe un accès très-facile aux bœufs qui ſont employés pour faire monter l'eau. Elle vient d'une ſource qui eſt preſque la ſeule qui ſe trouve dans le païs. Les bœufs font tourner continuellement une rouë, où tient une corde à laquelle ſont attachés pluſieurs ſceaux L'eau tirée ainſi du premier *puits* qui eſt le plus profond, ſe rend par un petit canal dans un réſervoir qui fait le ſecond *puits*, au haut duquel elle eſt portée de la même maniere, & delà elle ſe diſtribuë par des canaux en pluſieurs endroits du Château.

PUREAU, c'eſt la partie apparente d'une ardoiſe, ou d'une tuile, employée ſur la couverture d'un bâtiment. Une ardoiſe qui a ſouvent 15 ou 16 pouces de longueur réelle, n'a que 4 ou 5 pouces de *pureau:* les tuiles ſont encore plus preſſées.

PURGEOIRS. On appelle *purgeoirs* des baſſins chargés de ſable, par où les eaux des ſources paſſent, & où elles ſe purifient avant que d'entrer dans les canaux. Dans tous les aqueducs il doit y avoir des *purgeoirs* placés à diſtance, & il faut avoir le ſoin d'en renouveller le ſable tous les ans.

PYRAMIDE, corps ſolide, dont la baſe eſt quarrée, triangulaire ou poligone, qui s'éléve en diminuant toujours, & qui ſe termine en pointe.

Les *pyramides* d'Egypte ont été des monumens très-fameux dans ce genre.

Il y en a eu trois plus célébres que les autres, l'une deſquelles a mérité d'être miſe au nombre des ſept merveilles du monde : elles étoient aſſez près de Memphis.

La plus grande (c'eſt la ſeule dont je parlerai ici) étoit bâtie ſur le Roc qui lui ſervoit de fondement, de figure quarrée par ſa baſe, conſtruite en-dehors en forme de dégrés, & s'élevoit toujours en diminuant. Elle étoit bâtie de pierres d'une grandeur extraordinaire, dont les moindres étoient de trente pieds, travaillées avec un art merveilleux, & couvertes de figures Hieroglyphiques. Chaque côté avoit huit cens pieds de largeur, & la hauteur du tout étoit pareillement de huit cent pieds. Le haut de la *pyramide*, qui d'en bas sembloit être une pointe ou une aiguille, étoit une belle platte-forme de dix ou douze grosses pierres, & chaque côté de cette platte-forme étoit de seize à dix-sept pieds.

Cent mille ouvriers qu'on renouvelloit tous les trois mois, travaillerent à cet ouvrage qui ne fut fini qu'au bout de trente ans.

On en employa dix à tailler les pierres, & vingt à les arranger.

Tant de mouvemens, tant de dépenses, tant de travaux imposés à des milliers d'hommes se terminoient, dit Mr Rollin, *à procurer à un Prince, dans cette vaste étenduë, & cette masse énorme de bâtimens, un petit caveau de six pieds.*

Pline les appelle, *Regum pecuniæ otiosa ac stulta ostentatio.*

Dans l'Architecture moderne on appelle *pyramides* d'amortissement, de petites *pyramides* qui terminent quelques décorations d'Architecture, comme il y en a sur les piliers butans de S. Nicolas du Chardonnet à Paris.

On prétend que chez les Egyptiens, les *pyramides* étoient regardées comme le symbole de la vie humaine, dont le commencement étoit représenté par la base & la fin ou la mort par la pointe: aussi ces monumens étoient-ils ordinairement destinés à servir aux morts de tombeaux & de Mausolée.

La *pyramide* de Cestius qu'on voit à Rome, est un monument fort singulier, soit pour son ancienneté, soit pour les Peintures qui se sont bien conservées.

Cette *pyramide* fut érigée pour servir de Mausolée à C. Cestius, l'un des sept Officiers qu'on nommoit Epulons ou *traiteurs* des Dieux.

Elle est quarrée & finit en pointe aiguë. Sa hauteur est de six-vingt pieds, & sa plus grande largeur de quatre-vingt-quatorze. La masse du monument est de brique, mais il est tout revêtu de marbre blanc. On entre dans ce Mausolée par un passage bas & étroit, qui en traverse l'épaisseur jusqu'au milieu. Là on trouve une petite chambre voûtée, longue de dix-neuf pieds, large de treize, & haut de quatorze. Cette chambre est enduite d'un stuc blanc & poli, sur lequel on voit encore quelques figures de femmes, plusieurs vases & d'autres ornemens. Une de ces figures tient un vase dans lequel les uns mettent de l'eau lustrale, d'autres du vin : une autre figure a de grandes flutes.

On est partagé sur le sujet de ces Peintures ; les uns veulent que ce soit des préparatifs de funérailles, & d'autres que ce soit un banquet. Ce qui semble favoriser ce dernier sentiment, c'est que les figures sont habillées de diverses couleurs, ce qui ne s'accorde pas avec les cérémonies des funérailles, telles qu'on les pratiquoit sous Auguste, temps auquel on conjecture que Cestius vivoit : au reste, ces Peintures sont en détrempe, & il y a des endroits qui ont encore beaucoup d'éclat.

Ce fut Alexandre VII. qui répara cette *pyramide* en 1673. *Misson, voyage d'Italie.*

Q

QUAY, mur, fondé sur pilotis sur le bord d'une riviere, pour retenir les terres, & contenir les eaux.

QUEUE, c'est la partie brute d'une pierre, opposée à la partie polie qu'on appelle parement. *Queuë d'aronde.* Voyez ARONDE.

QUINCONCE, c'est un plant d'arbres disposés en plusieurs rangs parallèles qui représentent la figure d'un échiquier.

Le *quinconce* de Marly est un des mieux plantés qui se voyent : quelques-uns écrivent *quinconge.*

QUINTINIE, [Jean de la] Directeur de tous les Jardins fruitiers & potagers du Roi, naquit près de Poitiers, en 1626.

Mr Tamboneau Président de la Chambre des Comptes, informé de son mérite, lui confia l'éducation de son fils. Quoique cet employ lui laissât assez peu de tems, dont il pût disposer, il en trouva néanmoins assez pour satisfaire la passion qu'il avoit pour l'Agriculture ; il lut Columelle, Varron, Virgile, & tous les autres anciens Auteurs qui ont traité de cette matiere, aussi bien que ce qu'en ont écrit les modernes ; ensorte qu'il s'acquit toute la Theorie qu'on pouvoit avoir de cet Art. Il fit dans ce temps-là un voyage en Italie avec son disciple, où la vûe de ce qui s'y pratique dans le jardinage, lui fit faire une infinité de réfléxions curieuses & utiles. Il ne lui manquoit plus que de joindre à cette Theorie, l'experience & la pratique ; ce qu'il fit dès qu'il fut de retour à Paris.

Monsieur Tamboneau lui donna la conduite de ses jardins, où il fit un grand nombre d'expériences.

Il faudroit transcrire ici presque tout l'excellent livre qu'il nous a laissé sous le titre d'*Instruction pour les Jardins fruitiers & potagers*, si on vouloit rapporter toutes les découvertes dont nous lui sommes redevables.

Ce livre qui a eu l'approbation de toute l'Europe, a été imprimé plus d'une fois en France & en Hollande : il a été traduit en Anglois & en d'autres langues.

Le Prince de Condé qui joignoit l'amour de l'Agriculture à la passion de la guerre, prenoit un plaisir extrême à entendre parler *la Quintinie*. Dans deux voyages qu'il fit en Angleterre, Charle II. lui donna beaucoup de marques de son estime : il lui offrit des pensions considérables pour l'attacher à la culture de ses jardins :

jardins : mais l'amour de ſa patrie, & peut-être l'eſpérance de faire une plus grande fortune dans ſon païs, l'empêcherent d'accepter ſes offres. Il s'acquit dans ces deux voyages l'amitié de pluſieurs Seigneurs Anglois, avec leſquels il entretint un commerce de lettres juſqu'à la mort. Ces lettres qui de ſa part contenoient toujours quelques inſtructions pour le jardinage, ont pour la plûpart été imprimées à Londres.

Le Roi augmenta en ſa faveur le nombre des officiers de ſa maiſon, en créant la Charge de Directeur Général des Jardins fruitiers, potagers, de toutes ſes Maiſons Royales, dont Mr Colbert expédia les proviſions, & les envoya *à la Quintinie.*

Dès qu'il fut pourvû de cet employ, il fit augmenter beaucoup l'ancien potager de Verſailles, où la beauté des fruits, & l'excellence des légumes qui y vinrent, engagerent le Roi à faire travailler au grand potager qu'on y voit aujourd'hui

R

RABOT, inſtrument de Menuiſier, qui ſert à courroyer le bois, c'eſt-à-dire, à le rendre uni. Il eſt fait d'une piéce de bois fort polie, au milieu de laquelle il y a une lumiere, ou ouverture par où paſſe un fer incliné mince & tranchant, qui enléve les inégalités du bois sur lequel on le fait couler.

La varlope, le guillaume, le bouvet, &c. sont des espéces de *rabots*.

Il y a aussi des *rabots* de fer à l'usage des ouvriers qui travaillent sur les métaux.

On appelle encore *rabot*, une espéce de pierre rustique dont on pave les Eglises & d'autres lieux publics.

RACHETER, joindre par *raccordement*. On dit qu'un cul de four, *rachette* un berceau, que quatre pendentifs *rachettent* une voûte spherique, parce qu'ils se raccordent avec leur plan.

RACINAUX, piéces de bois plus plattes qu'épaisses, arrêtées sur des pilotis, & sur lesquelles on pose des madriers, ou platte-formes, pour porter les fondations dans les lieux de mauvaise consistance.

Racinaux de gruës, ce sont des piéces de bois creusées qui font l'empacement d'une gruë, & dans lesquelles sont assemblés l'arbre & les arcs-boutans.

RACINER, c'est un terme très-familier aux Teinturiers : Il signifie teindre avec des *racines*, comme de la *racine* de noyer, des coques de noix, &c.

RACORDEMENT, RACORDER, termes d'Architecture. On le dit de la réunion de deux corps au même niveau, ou à la même superficie, ou d'un ouvrage vieux avec un neuf. C'est ainsi que François Mansard à fait à l'Hôtel de Carnavalet, où l'Architecture de la façade qui est neuve, se *racorde* parfaitement avec le reste de cette ancienne maison, qui a été bâtie sur les desseins de Jean Bulan. Mansart a conservé les Sculptures de la porte qui sont de Jean Goujon, le plus grand Sculpteur peut-être qu'ait eu la France, & même l'Europe.

RACOURCI, terme de Peinture, se dit de la diminution des objets selon les régles de la perspective.

RADIER, c'est une espéce de seconde grille propre a porter les planchers sur lesquels on commence dans l'eau les fondations des écluses, les bâtardeaux, & autres ouvrages qu'on fonde dans l'eau.

RAINCEAU, c'est un vieux mot François, qui signifioit branche, & que les Architectes seuls ont conservé dans le même sens, en parlant des branches & des feuillages dont on charge les frises, & d'autres membres d'Architecture.

Le *rainceau* est donc une espéce de *branche*, qui prenant ordinairement naissance d'un culot, est formée de grandes feuilles naturelles, soit d'acanthe, soit de persil, avec fleurons, roses, boutons & graines.

Dans la vigne de Médicis à Rome, on voit des *rainceaux* antiques de marbre d'une singuliere beauté.

RAINEAU, c'est ainsi qu'on nomme des piéces de charpente qui tiennent en liaison les têtes des pilotis dans une digue, ou dans les fondations de quelqu'autre édifice.

RAINURE, quelques-uns écrivent RE'NURE.

On le dit en terme de menuiserie, des entailles rondes en forme de canaux qu'on creuse en longueur dans l'épaisseur d'une planche, pour recevoir une languette, ou pour servir de coulisse. Les *rainures* se font avec un rabot rond.

RAMPANT, qui a une pente, qui n'est pas de niveau. Un arc *rampant*, une voûte *rampante*.

Le grand réservoir du puits de Bicêtre, est voûté de pierre de taille, par neuf voûtes *rampantes*, soutenuës par 4 piliers.

RAMPE. La *rampe* d'un escalier est proprement une suite de dégrés entre deux piliers, y compris la balustrade qui sert d'appui.

Rampe courbe, c'est la portion d'un escalier à vis, suspenduë ou adherente à un noyau, laquelle se trace par une cherche, ou ligne circulaire, rallongée, & dont les marches portent leur délardement pour former une coquille, ou sont posées sur une voûte *rampante*.

Rampe de res saut c'est une *rampe* dont le contour est interrompu & coupé par des paliers ou quartiers tournans.

Rampe de menuiserie, c'est la *rampe* d'un escalier voûté en menuiserie, & qui suit le contour d'un pilier rond ; telles sont les *rampes* des Chaires des Prédicateurs, & de quelques tribunes.

RAPHAEL, le Prince des Peintres

modernes, naquit à Urbin le jour du Vendredi Saint, l'an 1483. Il étoit fils d'un Peintre assez médiocre, qui se sentant incapable d'instruire son fils, le mit sous la discipline de Pietre Perugin.

Raphaël passa ensuite à Florence pour y voir les tableaux de Michel-Ange, & de Leonard de Vinci, dont la réputation étoit fort grande.

La vûe de leurs ouvrages plus hardis & plus moëleux que ceux du Perugin, éleva son génie, & lui fit quitter la maniere séche de son premier maître, qu'il n'avoit d'abord que trop bien imitée.

Etant allé à Rome, Bramante son parent, malgré les défenses de Michel Ange, lui ouvrit la Chapelle Sixte, que ce Peintre avoit commencée, & l'on prétend que *Raphaël* en tira de grandes lumieres.

Ce qu'il y a de vrai, c'est que tous les tableaux qu'il a faits depuis, ont un caractere de beauté & de perfection, qu'on ne trouve pas dans ses premiers ouvrages.

Raphaël dans l'espace d'une vie fort courte, acquit une réputation à laquelle aucun Peintre moderne n'est parvenu. Il étoit dans une si grande estime auprès de Leon X. que ce Pape lui promit le Chapeau de Cardinal, qu'il lui eut donné sans doute, si la mort n'eut enlevé ce grand Peintre à la fleur de son âge. Un jour qu'il s'étoit extrêmement épuisé dans une débauche de femme, il fut attaqué d'une fievre ardente : les Médecins à qui *Raphaël* cacha la cause de son mal, le traiterent comme d'une pleurésie, & éteignirent par des saignées le peu de chaleur qui lui restoit. Il mourut en 1520, le même jour qu'il étoit né, c'est-à-dire, le Vendredi Saint, âgé de 37 ans.

Le Cardinal Bembo, un des grands Poëtes d'Italie, fit son Epitaphe, qui finit par ces deux beaux vers.

Ille hic est Raphaël, *timuit quo sospite vinci*.
Rerum magna parens, & moriente mori.

Quoique *Raphaël*, au jugement de tous les Peintres ait remporté le prix de son Art, sa réputation n'a pas été exempte de taches.

On lui reproche de n'avoir pas répandu assez de variété dans ses draperies, d'avoir marqué trop durement ses contours, d'avoir ignoré l'artifice du clair obscur, d'être pauvre dans ses païsages, & surtout de pécher du côté du coloris.

Le Poussin, partisan trop aveugle de l'antiquité, met entre *Raphaël* & Apelle une distance, dont les gens de goût ne sçauroient convenir. *Voyez* APELLE.

RAVALER, en terme de maçonnerie, se dit de la derniere façon qu'on donne à un mur, soit qu'on le regratte & qu'on le polisse avec la ripe (c'est une espéce de petite truelle), soit qu'on y jette un enduit, comme il se pratique dans les murs de plâtre ou de moilon : c'est ce qu'on appelle *ravaler*, ou faire un *ravalement*, parce qu'on commence cette façon par en haut, & qu'on la finit par en bas en *ravalant*.

RAVASCHIERA [Palais du Senateur] ce Palais a été bâti à Génes sur les desseins du Scamozzi. Son terrain a cent dix palmes de largeur, sur soixante & quinze de profondeur. Sa principale face est du côté du Marché de l'Eglise Cathédrale, & il est entouré de tous les autres côtés, par des ruës passablement larges, d'où il tire de la clarté. La porte d'entrée est au milieu de la face, par laquelle on entre dans un vestibule, d'une largeur & grandeur convenables, ayant à chaque côté deux chambres de différentes grandeurs, & au bout deux escaliers, l'un à droit, & l'autre à gauche, au haut desquels on trouve la distribution de plusieurs chambres ; les paliers conduisent à celles du milieu, de mêmes qu'à celles qui sont d'un côté & d'autre, comme aussi à une grande sale qui est sur le vestibule, entre les deux escaliers. Au pied des escaliers il y a un passage qui mene à une sale qui est vis-à-vis de l'entrée, & à chaque côté de laquelle il y a une chambre. Ces chambres tirent leur jour de la ruë, qui est derriere, & les chambres des côtés, des ruës, qui y sont aussi, de même que les escaliers.

Cet édifice est un peu élevé de terre,

ce qui lui donne plus de grace & plus de clarté aux caves, cuisines, offices, & autres habitations souterraines, de même qu'aux écuriès, qui ont leur entrée en pente sur le derriere du Palais. Sa hauteur est divisée en trois ordres, dont le premier est Dorique, le second Ionique orné de pilastres, accompagnés de leurs ornemens, & couronnés de leur corniche. Le troisiéme est Romain, orné aussi de pilastres: les fenêtres sont couronnées de frontons, sur lesquels il y a des statuës, à demi-couchées. Au-dessus de l'entrée il y a une arcade à chaque étage, ayant l'appui orné & soutenu, de même qu'une fenêtre à chaque côté des arcades, ces fenêtres étant un peu moins larges que toutes les autres: entre les grands étages il y en a de petits.

REAGAL, minéral dont on fait un assez beau rouge : c'est un poison très-subtil, & les Peintres ne le broyent jamais, sans se couvrir le visage d'une serviette, ou d'un masque de verre.

Le *réagal* ne differe de l'arsenic que par sa rougeur.

RECHERCHER, se dit particulierement des ouvrages de Sculpture : il signifie, finir, terminer.

Dans les bas-reliefs de la colonne Trajane, il y a des morceaux extrêmement *recherchés*.

RECOUPEMENT. On nomme ainsi certaines retraites ou diminutions considérables, qu'on ménage dans un mur à chaque assise de pierres, pour lui donner plus d'empatement.

RECOUPES, ce sont des morceaux qui tombent des pierres lorsqu'on les taille, ou lorsqu'on les coupe. On ramasse ces fragmens, & l'on s'en sert à divers usages, comme pour faire du mortier, pour affermir le sol d'une cave, des allées d'un jardin, &c.

RE'DUIRE, RE'DUCTION, c'est une maniere de copier une estampe ou un dessein, un peu différente de la maniere de calquer : elle se fait ainsi.

On divise l'estampe en plusieurs parties égales, par petits carreaux que l'on marque avec le fusin, si elle est claire, & que le noir y puisse paroître, ou avec de la craye blanche si elle est trop brune, après quoi on trace les mêmes compartimens sur un papier bien blanc, ou sur du vélin. Quand l'original & le vélin sont ainsi réglés, on copie sur chaque compartiment du vélin tout ce qui est tracé dans chaque carreau de l'estampe : toutes les parties se trouvent placées naturellement, & il ne s'agit que de les bien former, & de les bien unir. On peut de cette maniere réduire en grand ou en petit toutes sortes de desseins, observant de faire les carreaux de la copie plus grands ou plus petits que ceux de l'original, mais en nombre égal : il y a encore quelqu'autres manieres de *réduire*.

Réduire en grand; *réduire* en petit; *réduire* au petit pied.

Les Peintres disent dans le même sens *graticuler*, de l'Italien *graticola* qui signifie *gril. Graticuler* un dessein, c'est le diviser en petits carreaux égaux, tracés avec du crayon pour le réduire du grand au petit, ou du petit au grand, sur un autre papier sur lequel on trace les mêmes compartimens.

REFECTOIRE, lieu où plusieurs personnes prennent leur *réfection* en commun : on l'entend particulierement des sales où mangent les personnes qui vivent en Communauté. Ces lieux où l'on fait ordinairement très-mauvaise chere, sont quelquefois magnifiques & somptueux.

Le *Réfectoire* des Benedictins de S. Denis, celui de Marmoûtier, celui de S. George à Venise sont des vaisseaux admirables, soit pour la hardiesse de l'Architecture, soit pour la richesse des ornemens.

REFEND, se dit des gros murs d'un bâtiment dans œuvre.

Mur de *refend*.

Refend, se dit aussi des chaînes de pierre qui font les encognures des gros murs.

Refend en terme de menuiserie, se dit d'un quartier de bois retranché d'un ais & coupé en triangle.

REFLETS [Felibien écrit *reflais*, & se trompe] Lumieres fortes *refléchies* d'un tableau.

Les *reflets* doivent être plus ou moins forts selon la densité & le poliment des corps d'où ils partent. Dans un tableau il y a des parties qui ne ſont éclairées que par des *reflets*. Dans les ombres on doit toujours ménager des *reflets*.

REGLE, (La) c'eſt ainſi qu'on nommoit une fameuſe ſtatuë de Policlete l'un dès plus grands Sculpteurs de la Grece, où les *régles* de l'art étoient ſi bien obſervées qu'on l'appella par excellence la *régle*.

Policlete ſe ſervit pour cela de pluſieurs modéles naturels, & après avoir fini ſon ouvrage dans la derniere perfection; il fut examiné par les habiles gens avec tant d'exactitude, & admiré avec tant d'éloges, que cette ſtatuë fut d'un commun conſentement appellée la *régle*: elle ſervit en effet de *régle* à tous les Sculpteurs qui ſuivirent Policlete.

Régle, inſtrument dont ſe ſervent les Architectes, les Deſſinateurs, les Maçons, les Menuiſiers, &c. pour tracer des lignes droites.

Régle de proportion, c'eſt une *régle* diviſée par lignes, par pouces, &c. comme les branches d'un compas de *proportion*.

Régle d'Appareilleur, c'eſt une *régle* ordinaire de 4 pieds diviſée par pouces & par pieds dont ſe ſervent les Appareilleurs.

Régle de Poſeur, c'eſt une *régle* beaucoup plus longue, qui ſert ſous le niveau pour *régler* un cours d'aſſiſe.

Régle de Charpentier, c'eſt une toiſe, ou une *régle* de ſix pieds. *Daviler*.

REGRATTER, c'eſt en terme d'Architecture ôter avec la ripe ou avec le ciſeau la ſuperficie d'une vieille muraille, d'une ancienne voûte de pierre, pour la blanchir : on a *regratté* l'Egliſe de Notre-Dame.

Quand on veut *regratter* un grand bâtiment, il en coûte des ſommes conſidérables pour les échaffauts.

Regratter en terme de Gravûre, c'eſt retoucher avec le burin : cette planche à été *regrattée*.

RÉGULIER, fait ſelon les régles, & ſelon les proportions. Un deſſein, un bâtiment *régulier*, un exagone *régulier*, une Egliſe *réguliere*.

REHAUTS. En terme de Peinture on appelle *rehauts* les extrêmités des jours. Dans les ouvrages de lavis le fonds du papier ſert de *rehauts*. Quelquefois cependant lorſqu'on lave tout l'ouvrage, on fait les *rehauts* de la couleur qu'on jette ſur le tout, mais en obſervant toutefois de les caractériſer par des lumieres fortes.

REIN, ſe dit des côtés d'une voûte où la courbure commence.

Rein d'arche, c'eſt la maçonnerie qui remplit l'extrados ou la douelle extérieure d'une voûte, juſqu'à ſon couronnement.

On dit qu'une arche a les *reins* vuides lorſque les *reins* ne ſont pas remplis de maçonnerie pour ſoulager la voûte.

La plûpart des voûtes Gothiques ont les *reins* vuides.

Quand on ſe propoſe de bâtir des maiſons ſur un pont, projet toujours dangereux, on laiſſe ordinairement les *reins* des arches vuides, afin de ménager des caves dans cet eſpace. *Daviler.*

RELIEF, ſe dit des figures de Sculpture relevées en boſſe, & des ornemens d'Architecture taillés en ſaillie.

Le *relief* ou la ſaillie dans un bâtiment, doit être proportionné à la grandeur de l'édifice, & à la diſtance d'où il doit être vû.

Plein *relief*, c'eſt un ouvrage de Sculpture iſolé & détaché du fond; c'eſt proprement une figure taillée d'après nature.

Bas-*relief*, c'eſt un ouvrage de Sculpture qui a peu de ſaillie, & qui tient à un fond. Les bas-*reliefs* de la colonne Trajane.

Les Peintres qui travaillent ſur une ſuperficie platte, ne laiſſent pas de ſe ſervir figurément du mot de *relief*: ils le diſent d'une figure qui eſt bien détachée & qui ſemble ſortir de la toile. Cette figure a bien du *relief*.

RENFLEMENT, ſe dit de l'augmentation de volume ou de groſſeur qu'on ménage dans certains endroits d'une colonne: cette augmentation commence ordinairement au tiers du fût. *Voyez* DIMINUTION.

RÉPARATION, choſes à réparer dans un bâtiment.

Groſſes *réparations*, ce ſont les murs, les planchers, les couvertures, les plombs les fenêtres, les portes, &c. ces *réparations* regardent les Propriétaires.

Menuës *réparations*, ou *réparations* locatives, ce sont celles qui regardent les Locataires, comme l'entretien des vîtres, des serrures, du carrelage, des parquets, &c.

REPOS. On appelle *repos* dans un tableau, certains endroits où les grandes lumieres sont rompuës par de grandes ombres qui délassent la vûe, & qui lui servent en quelque sorte de *repos*.

« Ces *repos*, *dit Mr de Piles*, se font de » deux manieres, dont l'une est naturel- » le, & l'autre artificielle. La naturelle se » fait par une étenduë de clairs & d'om- » bres, qui suivent naturellement & né- » cessairement les corps solides, ou les » masses de plusieurs figures agroupées, » lorsque le jour vient à frapper dessus. » L'artificielle consiste dans les corps des » couleurs que le Peintre donne à de cer- » taines choses, telles qu'il lui plaît, & » les compose de sorte qu'elles ne fassent » point de tort aux objets qui sont auprès » d'elles. Une draperie par exemple que » l'on aura faite jaune ou rouge en cer- » tains endroits, pourra être dans un au- » tre de couleur brune, & y conviendra » mieux pour produire l'effet que l'on » demande. »

La Peinture comme la Musique doit avoir ses *repos*.

Les figures jettées en trop grand nombre, ou représentées sous des attitudes trop vives, & trop bruyantes, étourdissent la vûe & troublent ce *repos*, ce silence qui doit régner dans une belle composition.

Arcenda tabellis

Turba figurarum, nimio confusa tumultu,
Indiscreta locis, ubi concurrentia passim
Corpora corporibus, quasi mutua bella lacessunt,
Et malè contiguis sibi frangunt artubus artus.
Sit procul iste fragor, placido sed in æquore telæ
Serpat amœna quies *& docta silentia regnent.*

Pictura.

REPOUSSOIR, terme de Peinture, se dit d'un groupe, ou d'une masse d'ombre, placés sur le devant du tableau, qui sert à faire fuir, & à *repousser* en arriere les parties éclairées.

REPRÉSENTATION, Image, Peinture de quelque chose, qui sert à en rappeller l'idée.

La *représentation* du Jugement dernier, par Michel-Ange.

Représentation, dans ce sens, signifie la même chose que tableau.

Représentations du Chevalier Servandoni. *Voyez* DE'CORATION.

REPRE'SENTER, faire l'Image ou la Peinture de quelque chose.

La fameuse statuë du Rotateur, *représente* un Esclave qui aiguise un fer.

Raphaël dans son fameux tableau de la Transfiguration, *représente* en trois groupes; 1°. J. C. qui s'éléve dans les airs tout environné de gloire; 2°. les deux Disciples au-haut du Thabor, éblouis de la Majesté de leur Maître; 3°. le Démoniaque au bas de la montagne, au milieu des autres Apôtres.

RESSEMBLANCE, rapport d'une copie avec l'original. Attrapper la *ressemblance*.

Les Peintres médiocres saisissent la *ressemblance*.

Les grands Peintres la manquent quelquefois: *Voyez* ce que dit Felibien à ce sujet. *Entretiens sur les vies des Peintres. Tom. III. pag.* 453.

RETABLE, c'est un corps d'Architecture saillant, soit en marbre, soit en pierre, soit en bois, qui compose la décoration d'un Autel: il y a ordinairement un tableau au milieu, dont le *retable* semble faire la bordure.

CONTRE-RETABLE, c'est le fonds du *retable*, ou le nud du lambris, que l'on couvre ordinairement d'un tableau.

Dans les Autels à la Romaine, il n'y a ni *retable*, ni *contre-retable*.

RETOMBE'E, signifie la même chose que pente, inclinaison. On dit la *retombée* d'une voûte.

On

On appelle ainsi, dit Daviler, chaque assise de pierre, qu'on érige sur le coussinet d'une voûte ou d'une arcade. Le *coussinet* est la pierre où la voûte commence à se former ; le dessous du *coussinet* est de niveau, & le dessus est taillé en coupe, c'est-à-dire, qu'il a la figure spherique.

Le *coussinet* porte la *retombée* d'une voûte.

REVESTIR, REVESTEMENT. *Revêtir* signifie couvrir, garnir, fortifier.

Revêtir une Eglise de marbre. S. Pierre de Rome est tout *revêtu* de marbre.

Revêtir un fossé, une terrasse, c'est les fortifier d'un mur de pierre ou de moilon.

Lambris de *revêtement*, ou de *revêtissement*, c'est un lambris qui couvre le nud d'une muraille.

REZ, vieux mot qui signifie niveau, & qui n'est presque plus en usage, que dans ce mot composé, *rez*-de-chaussée.

Les ouvriers disent pourtant *rez*-mur, *rez*-terre, *rez*-pied.

RICCI, [Sebastien] naquit à Belluno, dans l'Etat de Venise, l'an 1659. il fut l'éléve de Fréderic Corvelli, sous lequel il étudia jusqu'à l'âge de vingt ans. Ce Peintre s'est acquis une haute considération, & ses tableaux sont répandus dans tous les Cabinets de l'Europe. « Le *Ricci* » étoit grand dans ses pensées : il avoit un » génie fertile, une grande exécution, » une touche légére, de belles ordonnan- » ces, de l'harmonie, beaucoup de fran-

» chise, & un grand coloris, quoiqu'un » peu noir.... pour faire sortir davan- » tage ses figures.... il mettoit des tou- » ches brunes à côté des contours, & » fouilloit extrêmement ses draperies, ce » qui rendoit souvent sa Peinture un peu » dure : s'il avoit voulu consulter la natu- » re, ses figures seroient plus correctes. »

Le *Ricci* mourut à Venise en 1734, dans sa soixante & quinziéme année.

RICHARD, [Martin] fameux Peintre, étoit de la Ville d'Anvers, & quoique né avec le bras gauche seulement, il ne laissa pas d'exceller dans son Art. Il fut éléve de Tobie Verhaëcht, sous lequel il se forma pendant plusieurs années. Il voyagea ensuite en Italie, où il dessina les lieux les plus agréables de ce païs. Après y avoir passé deux ans entiers, il retourna à Anvers, où il se plaisoit à peindre des païsages, des châteaux, & des bâtimens. Un jour qu'il s'approchoit du côté de Namur pour en dessiner les fortifications, il fut pris pour un espion ; mais ayant donné de bonnes preuves de sa profession & de sa probité, il fut renvoyé par le Gouverneur.

Il fut fort estimé des Peintres les plus célébres de son temps, & en particulier de Vandeik, qui voulut faire son portrait.

C'est lui qui a fait une fuite de Notre-Dame en Egypte, qui a appartenu à Mr Desnoyers, Sécrétaire d'Etat : l'on y voit un Château au milieu d'un païsage trés-bien peint

Richard mourut en 1636, âgé de 45 ans. Il eut un frere nommé Tobie qui peignoit assez bien.

Quoique David leur pere ne fit pas profession de la Peinture, il avoit néanmoins un goût merveilleux pour les bons tableaux, & fut envoyé par quelques curieux de la Ville d'Anvers en Italie, d'où il rapporta des originaux des plus excellens Peintres.

RICHE. On dit, une composition *riche*, des ornemens *riches*, de *riches* accommodemens.

Felibien a dit : le *Titien sçavoit vêtir ses figures d'une maniere* riche *& avantageuse.*

RIGAUD, (Hyacinthe) naquit à Perpignan, l'an 1663. c'est celui de nos Peintres qui s'est le plus distingué dans le genre du portrait, & qui a le plus approché de Vandeik. Il fut reçu à l'Académie en 1700. En 1701 il peignit le Roi pour la premiere fois. En 1709 la Ville de Perpignan qui jouit du privilége de faire tous les ans un Noble, fit tomber son choix sur *Rigaud*. Ce grand homme a joui pendant le cours d'une longue vie de la plus brillante réputation : voici l'éloge qu'en fait un Ecrivain moderne. « *Rigaud* ne peignoit rien que d'après nature : sans la copier servilement, & telle qu'elle se présentoit à lui, il en faisoit un choix exquis : étoffes, habillemens, jusqu'à une épée, un livre, tout étoit devant ses yeux, & la vérité brilloit

» dans tout ce qu'il faisoit. Les draperies
» qu'il sçavoit varier de cent manieres
» différentes.... faisoient sa principale
» étude. S'il peignoit du velours, du sa-
» tin, du taffetas, des fourures, des den-
» telles, on y portoit la main.... les
» cheveux si difficilles à peindre n'étoient
» qu'un jeu pour lui; les mains sur-tout
» dans ses tableaux sont divines.... ses
» couleurs & ses teintes sont si vives:
» que ses premiers ouvrages sont aussi
» frais que ses derniers.

Rigaud mourut le 29 Décembre 1743, âgé de quatre-vingts ans.

RIMBRANS ou REMBRANT, naquit aux environs de Leyde. Aucun Peintre ne reçût de la nature de plus heureuses dispositions: mais content de ce qu'elle avoit fait en sa faveur, il se mit peu en peine de les cultiver par l'étude. La force & la vérité caractérisent ses ouvrages, mais il ne faut point y chercher la correction du dessein, ni le goût de l'antique.

Si le *Rimbrans* eut fait les études de Raphaël ou de Michel-Ange; il marcheroit peut-être de pair avec eux.

Il a fort bien réussi dans les portraits. Ayant fait le portrait de sa fille, il l'exposa à sa fenêtre où elle avoit coutume de se tenir, & des personnes de sa connoissance ayant passé par-là, furent si bien trompés par la ressemblance, qu'ils la saluerent & lui parlerent. Son coloris est admirable, & peu au-dessous de celui du

Titien : Il a auſſi gravé à l'eau forte, & ſes eſtampes ſont eſtimées. Il mourut à Amſterdam l'an 1668.

RIPE, inſtrument de Maçon fait en forme de petite truelle, dont il ſe ſert pour regratter.

Ripe de Sculpteur, c'eſt un cizeau dentelé qui ſert aux Sculpteurs pour regratter les ſtatuës. *Ripe* eſt de feminin.

ROCAILLE, conſtruction de *rocaille*, grotte de *rocaille*, colonne de *rocaille*, c'eſt un aſſemblage de coquillages de pierres brutes, de pétrifications, &c. qui imitent tantôt des rochers, tantôt des grottes, tantôt des colonnes, &c.

L'ouvrier qui travaille aux *rocailles*, s'appelle *Rocailleur*.

ROMANELLI [Jean-François] naquit à Viterbe l'an 1617. & fut éleve de Piétre Cortone. Son aſſiduité au travail le rendit un Peintre fameux. Le Cardinal Mazarin l'ayant attiré en France, le fit travailler au Louvre, où il a fait pluſieurs tableaux, & dans le Palais Mazarin, aujourd'hui l'Hôtel de la Compagnie des Indes. Le *Romanelli* étant retourné en Italie, mourut à Viterbe l'an 1662, âgé de quarante-cinq ans. Il avoit l'imagination grande & féconde, il deſſinoit correctement : ſes têtes étoient gracieuſes, ſa freſque pleine de fraîcheur, ſa compoſition élevée, & ſublime. On lui reproche d'avoir manqué de chaleur.

ROME. L'ancienne *Rome* étoit une Ville d'une ſi prodigieuſe étendue que ſon circuit, suivant le calcul de Vossius, étoit vingt fois plus grand que celui de Paris, & de Londres réunis. Le seul Palais de Néron, selon le même Auteur, étoit plus grand que Paris, ou Londres ne le sont aujourd'hui. Vossius prétend encore qu'avant la tyrannie de Sylla, *Rome* contenoit autant d'habitans que la moitié de l'Europe en contient aujourd'hui.

Quoique *Rome* ne soit plus aujourd'hui que l'ombre de l'ancienne, elle ne laisse pas d'être une des plus considérables villes de l'Europe. Son circuit est de quatre lieues & demie : elle a dix-huit portes, trois cens Eglises, trente Hôpitaux, soixante & quatre Couvents d'hommes, environ quarante de filles, quatre-vingt-treize paroisses, & un grand nombre de beaux Palais & de vignes, ou maisons de plaisance. Je parlerai des plus fameuses à leur article.

Les plus belles Eglises de *Rome*, après Saint Pierre, dont je fais un article particulier (*voyez* Pierre.) sont Ste *Agnès*, construite sur les desseins du Cavalier Rainaldi & du Boromini : on y voit des Peintures du Guali & du Perugin.

S. *André della valle*, par Carl. Maderni. La Coupole est peinte par le Dominiquain, & par le Lanfranc.

S. *Charles à Cattinare*, du dessein de Rosato Rosatti : les Peintures sont du Cavalier *Lanfranc*, d'André Sacchi, & du Dominiquain.

S. *Grégoire, in monte Celio du Soria*. Les

Peintures de la Chapelle de S. Grégoire, sont d'Annibal Carrache.

S. Ignace du Collége Romain, sur les desseins d'Horace Crasso Jesuite. C'est au jugement des connoisseurs la plus belle Eglise de *Rome* après S. Pierre, quoiqu'on n'y voye ni marbre ni dorure. Les Peintures sont de Frere André del Pozzo Jesuite, homme qui possédoit à fond son art, & qui en a très-bien écrit.

Le *Giesu Vecchio*, par le Barozzo. C'est un beau vaisseau, qui est décoré magnifiquement, & où l'on voit d'excellens tableaux de *Carlo Maratti*, du Carloni, du Baciccio, du Mutian, & des Carraches.

S. *Jean-Baptiste* des Florentins, par Jacques de la *Porte*. Lanfranc a peint la Chapelle du Crucifix.

S. *Jean* de *Latran*, par le Boromini. On y voit des tableaux du *Salvator*, d'André *Sacchi*, du *Paramancio*, &c.

S. Laurent in *Lucina*. La belle Chapelle de l'Annonciade est du Cavalier Bernin. On voit sur le grand Autel un fameux crucifix du Guide.

S. Louis des François, par Jacques de *la Porte*. On y trouve d'Excellentes peintures du *Bassan*, qui a fait le tableau du grand Autel, du Caravage, qui a peint la Chapelle de S. Matthieu, de Joseph d'Arpin qui a executé la voûte, & du Dominiquain qui a peint la Chapelle de Sainte Cecile.

S. Luc & Sainte Martine, par Pietro da Cortona. Le tableau du Maître Autel est de *Raphaël*, mais ce n'est pas un de ses meilleurs.

S. Marcel des Servites, du dessein de *Carlo-Fontana*. Les peintures sont de *Frederic Zucchero*. de l'Algardi, de *Perin del Vague*, de Daniel Volterre &c.

Sainte *Marie Majeure*, en partie par le Cavalier Rainaldi ; les Chapelles de Sixte & de Pauline sont d'une magnificence extraordinaire. On y voit d'excellentes pieces du *Guide*, du Cavalier *Arpino*, du Civoni, du *Passignani*.

Sainte *Marie de la Paix*, par *Pietro da Cortona*. Il y a des peintures à fresque & d'excellens morceaux du *Vanni*, du *Sermonetta*, de *Balthasar* de *Sienne*. On estime sur tout les Sybilles & les Prophetes de *Raphaël* qui sont dans la Chapelle de Chigi.

Sainte *Marie* du peuple. Rainaldi & Raphaël ont travaillé à l'Architecture, & le Cavalier Bernin a fait les belles statues de Daniel & d'Habacuc.

Sainte *Marie* in *Vallicella* par Fausto *Rugghesio*. Les peintures de la voute de l'Eglise & de la Sacristie & celles de la Coupole du grand Autel, aussi bien que de la Tribune, sont de pierre de *Cortone*. On y voit encore une *visitation* & une *présentation* du *Barocci*: Un *Christ* porté au Sepulchre, par le *Carravage*: Un St. *Philippe* du *Guide*. Les tableaux du grand Autel sont de Rubens.

Sainte

Sainte marie de la *Victoire* par Jean-Baptiste *Soria*. Il y a deux Chapelles celebres, l'une de Saint François ornées de plusieurs tableaux du *Dominiquain*, l'autre du Cardinal Cornaro, qui est de l'Architecture du Cavalier Bernin, dont on voit en ce lieu d'admirables statuës.

Je me suis un peu étendu sur cet article pour deux raisons.

1°. Parce que c'est le seul où je fasse mention de ces Eglises.

2°. Parce que les Eglises faisant la principale beauté de *Rome*, elles entrent essentiellement dans sa description.

Les Palais qui sont au nombre de plus de deux cens, contribuent aussi beaucoup à la décoration de cette ville, &c.

Au reste les maisons de *Rome* sont inégalement belles, son pavé mauvais, ses ruës étroites, & assez désertes. Elle est presque inhabitée à l'Orient & au Midi. Ainsi l'on a eu raison de dire que les sept collines qui faisoient autrefois son ornement ne lui servent plus aujourd'hui que de tombeaux.

Hæc dum viva, sibi septem circumdedit
Arces,
Mortua nunc, septem contegitur tumulis.

On remarque que *Rome* a été saccagée six fois : 1°. par les Gaulois l'an 364. de sa fondation : 2°. par Alaric l'an de

J. C. 410. 3°. par Genseric Roi des Vandales l'an 455. 4°. par Odoacre Roi des Herules l'an 467. 5°. par Totila l'an 546. 6°. par Charle - Quint l'an 1527.

ROMPUE [couleur] » On appelle » couleur rompuë, *dit Mr. de Piles*, celle » qui est diminuée & corrompuë par le » mélange d'une autre [excepté du blanc » qui ne peut pas corrompre, mais qui » peut être corrompu.] On peut dire, » par exemple qu'un tel azur d'outremer » est *rompu* de laque, & d'ocre jaune, » quand il y entre un peu de ces deux der- » nieres couleurs, & ainsi des autres.

» Les couleurs rompuës, *ajoute-t-il*, » servent à l'union & à l'accord des cou- » leurs, soit dans les tournans des corps » & dans leurs ombres, soit dans tou- » te leur masse.

Titien, Paul Veronese, le Rimbrant ont employé avec beaucoup d'art les couleurs *rompuës.*

Couleur *rompuë* & couleur composée sont mots synonimes ; en parlant d'une draperie d'un jaune clair qui est ombrée d'une laque obscure, quelques uns disent que cette *draperie* est *rompuë de rouge* : ce n'est pas parler correctement : il faut dire : *cette draperie* est *ombrée* de *laque*, parce que ces deux couleurs sont séparées. Or le mot de *rompu* ne se dit au sens propre que de deux couleurs mêlées l'une dans l'autre.

Les Italiens disent *rottura de colori.*

ROSA (Salvator,) fils d'un Arpenteur, naquit à Naples, l'an 1615, il s'eſt également diſtingué dans la profeſſion de Poëte, & dans celle de Peintre, réuniſſant deux talens qu'on voit rarement enſemble, quoiqu'ils participent beaucoup l'un de l'autre; l'extrême pauvreté, dans laquelle il veçût d'abord, l'obligea à expoſer ſes tableaux dans les places publiques, pour avoir de quoi vivre. Lanfranc l'ayant rencontré un jour en acheta un, & pour l'encourager lui en demanda pluſieurs autres. *Roſa* a paſſé une grande partie de ſa vie à Florence, où il étoit dans la plus haute conſidération; ſa maiſon étoit fréquentée par les plus honnêtes gens de la ville: il mourut à Rome en 1673 âgé de cinquante-huit ans.

» *Roſa*, dit un Auteur moderne, eſt plus » grand Païſagiſte qu'Hiſtorien. .... il » a bien peint les animaux, les batail- » les, les marines. .... il a excellé à fai- » re le païſage, ſon fueiller eſt exrrême- » ment leger & ſpirituel. ... ſes deſſeins » ſont auſſi eſtimés que ſes tableaux: ils » ſont preſque tous arrêtés d'un trait de » plume, lavés au biſtre, ou à l'ancre de » la Chine: d'autres ont quelques hachu- » res de plume dans les ombres. On ne » peut rien voir de plus leger, ni de plus » ſpirituel que la touche de ce maître: « elle ſeule peut le diſtinguer des autres » Peintres, joint à ſa maniere de feuil- » ler les arbres, qui ſouvent n'eſt qu'un » trait de plume allongé, ſans être fer-

» mé, & arrondi, comme ſont ordinai-
» rement les feuilles des autres païſagiſ-
» tes : ſes troncs d'arbres, ſes rochers,
» ſes terraſſes ſont admirables. . . . on
» peut dire que ſes deſſeins ſont très-
» chauds, & ont beaucoup de couleur.
Abregé de la vie des plus fameux Peintres.

ROSSO [Le] nommé ordinairement, Maître *Roux*, mourut à Florence & vivoit dans le XVI. ſiécle. Il étoit bien fait de corps, & agréable dans la converſation : il ſçavoit la Muſique, & étoit aſſez bon Philoſophe.

Dès qu'il eut commencé le deſſein, il s'abandonna à ſon propre genie, & ne voulut point d'autre lumiere pour pénétrer dans les plus beaux ſecrets de la Peinture, que les ouvrages de Michel-Ange, qu'il ſe propoſa pour modéle.

L'eſtime que l'on fit de quelques Arcs de Triomphe qu'il avoit peints pour l'entrée du Pape Leon X. à Florence, lui inſpira l'envie d'aller à Rome. Mais à peine eût-il commencé d'y travailler que la ville fut inveſtie & ſaccagée par les Allemands en 1527, ce qui l'obligea d'en ſortir & de ſe retirer dans la Ville d'Arezzo.

Lorſque la guerre s'alluma entre les citoyens de Florence & ceux d'Arezzo, le *Roſſo* fut encore obligé de quitter cette derniere ville à cauſe de la haine que les habitans portoient aux Florentins. Il ſe retira à Borgo, auprès de l'Evêque du lieu, qui lui permit de déterrer quelques corps du cimetiere, pour en faire des Anatomies. Le *Rosso* s'y occupa avec beaucoup d'application, afin d'acquérir des connoissances nécessaires à la perfection de son Art. Enfin se sentant attiré en France par les offres magnifiques de François I, il prit la route de Venise, où il fit pour le Poëte Aretin cette rare piéce des Amours de Mars & de Venus qui a été gravée.

Lorsqu'il fut arrivé en France, le Roi l'occupa à plusieurs travaux. Comme il entendoit parfaitement l'Architecture il conduisit à Fontainebleau le bâtiment de la petite galerie sur la cour, dans laquelle outre ce grand nombre d'ouvrages d'émail, & d'autres ornemens de relief fort riches, on voit encore quatorze grands tableaux de sa main. Les uns représentent les grandes actions de François I. Dans les autres on voit l'histoire de Cleobis & de Biton, les Amours de Danaé & de Jupiter transformé en pluie d'or, Adonis mourant entre les bras des Graces, & Venus désespérée dans son Char tiré par deux Colombes; le combat des Lapithes & des Centaures; Venus qui châtie Cupidon pour avoir abandonné Psyché; le Centaure Chiron instruisant Achille, la fable de Semelé consumée par la foudre; l'embrasement de Troye; une tempête dans une nuit obscure.

Mais les plus considerables de ses ouvrages sont deux tableaux, l'un de Venus, l'autre de Bacchus, où il ſemble que ce grand Peintre a ramaſſé tout ce que la Peinture a de plus excellent.

Le Roi, pour récompenſer le *Roſſo*, lui avoit donné un Canonicat de Notre-Dame de Paris, & le combloit tous les jours de bienfaits : enſorte qu'il poſſedoit outre ſa penſion plus de mille écus de rente, lorſque tout à coup il tomba dans un état bien different. On lui déroba une ſomme très-conſidérable d'argent, dans le temps que François Pelegrin, Florentin de nation, hantoit ſa maiſon.

Le *Roſſo* ne ſçachant ſur quel autre jetter ſes ſoupçons imagina que Pelegrin étoit l'Auteur de ce larcin. Il le fit empriſonner, & l'on appliqua ce malheureux à la queſtion. Pelegrin ſoutint ſon innocence avec beaucoup de fermeté, & il fut élargi. Quand il fut ſorti de priſon, il attaqua en juſtice le *Roſſo*, lequel apprehendant l'iſſuë d'une affaire qui pouvoit le perdre, & touché d'un regret exceſſif, de l'injuſtice qu'il avoit faite à Pelegrin, s'empoiſonna de déſeſpoir, l'an 1541.

Le Roi fut très-faché de ſa mort, avouant qu'il avoit perdu le plus habile Peintre qu'on eût jamais vû en France : l'on trouva chez lui après ſa mort deux cartons, dans l'un deſquels il avoit deſſiné la fable de Leda, & dans l'autre la Sibylle Tiburtine qui montroit à l'Empereur Auguſte la Vierge avec l'Enfant Jeſus. Le Roi & la Reine étoient représentés dans cet ouvrage avec leurs gardes, & quantité de personnes de qualité.

ROTATEUR [Le] c'est un excellent morceau de sculpture antique deterré à Rome, & porté à Florence.

Cette statuë représente l'Esclave, qui en aiguisant un couteau, entendit par hazard le projet de la conspiration des fils de Brutus.

» Cet Esclave se courbe & se montre dans la posture convenable pour aiguiser le fer qu'il tient......... mais sa dis-
» traction est sensible dans tout son corps,
» principalement dans ses mains, & dans
» sa tête : ses doigts sont bien placés
» comme ils le doivent être pour péser
» sur le fer, & pour le presser contre
» la pierre à aiguiser : mais leur action
» est suspenduë par un geste naturel à
» ceux qui écoutent en craignant qu'on
» ne s'apperçoive qu'ils prêtent l'oreil-
» le............ notre Esclave tâche de
» lever assez la prunelle de ses yeux pour
» appercevoir son objet sans lever la tê-
» te, comme il la leveroit naturellement
» s'il n'étoit pas contraint.

Reflex. crit. sur la Peint. & sur la Poësie.

ROTONDE [La] C'est l'Ancien Pantheon, bâti sous Auguste, par Agrippa son gendre. Boniface IV. en fit une Eglise, qu'il consacra à la Mere de Dieu & à tous les Saints Martyrs.

C'est un bâtiment qui a autant de largeur que de profondeur : il porte 158, pieds en tout ſens. Il eſt ſans fenêtres & ſans piliers, & il ne reçoit de jour que par une ouverture pratiquée au milieu de la voûte ; cependant il eſt fort éclairé. On monte au toit par un eſcalier de 150 marches, & delà juſqu'au faîte il y a encore quarante marches. Voici la deſcription qu'en fait Palladio, & qu'il a accompagnée de pluſieurs plans qu'on trouve dans ſon quatriéme livre, chap. XX.

De tous les Temples qu'on voit à Rome, dit-il, il n'y en a point de plus célebre que le *Pantheon*, communément nommé la *Rotonde*, ni qui ſoit reſté plus entier, puiſqu'il eſt encore aujourd'hui, au moins quant à la carcaſſe, preſqu'au même état qu'il a toujours été. Mais on l'a dépouillé de la plûpart de ſes ornemens, & particulierement des excellentes ſtatuës dont il étoit rempli.... ce Temple fut appellé *Pantheon*, parce qu'il étoit conſacré à Jupiter, & à tous les Dieux, ou peut-être à cauſe de ſa figure qui ſemble repréſenter le globe du monde ; car ſa rondeur eſt tellement compaſſée, que la hauteur, depuis le pavé juſqu'à l'ouverture qui lui donne le jour, eſt égale à ſa largeur priſe diametralement d'un côté du mur à l'autre. Quoiqu'à préſent on deſcende par quelques marches dans ce Temple, cependant il y a de l'apparence qu'on y montoit par quelques degrés. Parmi tout ce qu'on rapporte des choſes les plus ſingulieres de ce Temple, on dit qu'il y avoit une Minerve d'ivoire faite par Phidias, & une Vénus, à l'oreille de laquelle pendoit la moitié de cette précieuse perle que Cleopâtre but à un festin, à dessein de surpasser la somptuosité de Marc-Antoine. On assure que cette moitié de perle étoit estimée 250000 ducats. Tout ce Temple est d'ordre Corinthien, tant par dehors que par dedans. La baze des colonnes est composée de l'Attique & de l'Ionique : les chapitaux sont de feüilles d'olive ; les architraves, frise & corniches ont de très-belles moulures, & peu chargées d'ornemens. Dans l'épaisseur du gros mur, qui fait l'enceinte du Temple, il y a de certains espaces vuides, pratiqués exprès, tant pour épargner la dépense, que pour diminuer le choc des tremblemens de terre. Ce Temple a en face un très-beau Portique, dans la frise duquel on lit les mots suivans.

M. AGRIPPA. L. F. COS. TERTIVM FECIT.

Au dessus desquels, c'est-à-dire, dans les bandes de l'architrave on lit une autre inscription, en plus petit caractere, qui fait connoître que les Empereurs Septime Severe & Marc-Aurele réparerent les ruines de ce Temple.

Le dedans du Temple est divisé en sept Chapelles avec des niches, qui sont toutes pratiquées dans l'épaisseur du mur, dans lesquelles il y a apparence qu'il y avoit des statues. Entre deux Chapelles il y a un tabernacle, de sorte qu'il y en a huit. Plusieurs croyent que la Chapelle du milieu, qui est vis-à-vis de l'entrée du Temple, n'est pas antique, parce que son fronton entrecoupe quelques colonnes du second ordre; ils ajoutent, pour appuyer leur sentiment, que sous le Pontificat de Boniface, qui dédia ce Temple au culte du vrai Dieu, il fut orné conformément à l'usage des Chrétiens, qui ont toujours un Autel principal dans l'endroit le plus apparent de leurs Eglises. Néanmoins considérant la grande maniére de cet Autel, l'harmonie que ses parties font avec le reste de l'édifice, l'excellent travail de tous les membres qui le composent, Palladio ne doute point qu'il ne soit aussi ancien que tout le reste. Cette Chapelle a deux colonnes, une de chaque côté, qui sont hors d'œuvre, & ont une cannelure toute particuliére; car l'espace qui sépare chaque cannelure est enrichi de petits tondins fort proprement travaillés.

Les escaliers qui sont aux deux côtés de l'entrée, conduisent sur les Chapelles, par un petit corridor secret, qui régne tout autour du Temple, & qui sortant en-dehors, va rendre au pied d'un autre escalier qui regne tout autour du toit, & & monte jusqu'au sommet de l'édifice.

ROUET. C'est un rond de charpente qu'on met au fond des puits, & sur lequel on éleve la maçonnerie; c'est un assemblage de plusieurs platte-formes de bois de chêne, sur lequel on pose en retraite la premiere assise de pierre ou de moilon à sec.

Rouet de poulie, c'eſt la Roüe de la poulie. *Voyez* POULIE.

ROUGE BRUN. *Voyez* OCRE.

ROULEAU. Cilindre de bois, qu'on met ſous les fardeaux, pour en faciliter le mouvement.

On appelle encore *Rouleaux* en Architecture certains ornemes répetés. On le dit des *enroulemens* des volutes, des conſoles, des modillons, &c.

En termes de peinture on appelle auſſi *Rouleaux* certains écriteaux que les Peintres ignorans mettent dans leurs tableaux & qu'ils font ſortir groſſierement de la bouche de leurs perſonnages : ainſi que fit un certain Simon Memmi, qui repreſentant le Diable, chaſſé par Saint Reinier, lui mit cet écriteau dans la bouche *Ohi* me ! *non poſſo più.* Ces *Rouleaux* ſont d'une invention barbare, & ſe ſont anéantis avec le goût Gothique. Mais les Peintres d'Hiſtoire ne feroient pas mal d'imaginer quelqu'autre invention moins groſſiere, pour faire connoître le ſujet de leurs compoſitions, qu'un grand nombre de Spectateurs cherchent quelquefois inutilement, ſur tout quand c'eſt un trait d'hiſtoire peu connu : des inſcriptions miſes au bas du tableau, ſeroient alors d'un grand uſage.

Au reſte, Raphael & Annibal Carrache n'ont point fait difficulté d'inſérer dans leurs ouvrages trois ou quatre mots, quand ils les jugeoient néceſſaires pour l'intelligence du tableau. On ne grave point aujourd'hui d'Estampes, sans mettre au bas des inscriptions qui en expliquent le sujet.

ROYAL. [le Palais] bâti à Paris par les ordres du Cardinal de Richelieu, sur les desseins de le Mercier.

Philippe d'Orleans, depuis Régent du Royaume, à qui Louis XIV. en donna la proprieté, l'a enrichi de tableaux, & c'est une des plus amples & des plus belles collections qui soient dans le monde. Comme on en a publié une description, je ne m'arrêterai point à détailler toutes les pieces curieuses que ce Palais renferme, je ne parlerai que des plus remarquables.

La Sainte Famille par *Raphael* d'environ deux pieds & demi de haut, sur un pied & demi de large.

Saint Jean dans le Desert, du même: M. le Régent l'acheta vingt mille livres.

La Résurrection du Lazare par *Fratel del Piombo.*

Les Sept Sacremens du *Poussin.* Ces Sept tableaux ont coûté cent vingt mille livres.

Le *Noli me tangere.*

Leda.

Io.

Danaé & plusieurs autres tableaux du *Correge*, &c.

La Chapelle a été peinte par *Voüet*, & la Galerie par *Antoine Coypel*, qui y a representé l'Histoire d'Enée.

RUBENS [Pierre Paul] est celui de tous les Peintres Flamands dont la réputation est la plus grande. Il étoit d'Anvers, où son Pere Jean Rubens avoit une charge de Robe considerable.

Rubens après avoir étudié quelque tems sous Otto Venius, entreprit à vingt-trois ans le voyage d'Italie. Il copia à Rome & à Venise plusieurs tableaux, & il s'attacha principalement à ceux du Titien & de Paul Veronese.

Il se perfectionna tellement dans ce voyage, que sa réputation se répandit en peu de tems dans toute l'Europe.

Marie de Medicis le fit solliciter de revenir en France pour peindre la Galerie de son Palais de Luxembourg.

Rubens y representa la vie de la Reine. Voyez *Luxembourg*.

Peu de tems après avoir fini ce grand ouvrage, Rubens fut envoyé en Angleterre par le Roi d'Espagne en qualité de Plénipotentiaire, pour conclure la Paix avec Charles I.

Etant retourné en Flandres, Philippe IV. le pourvût de la Charge de Secrétaire d'Etat.

Ces emplois importans ne l'empêcherent pas d'exercer son Art avec la même application; son genie universel suffisoit à tout.

Il mourut à Anvers en 1640 âgé de 63 ans. Alphonse du Fresnoi dans *ses sentimens sur les ouvrages des Peintres*, parle ainsi de Rubens,

» Entre les Flamands nous avons eû
» Rubens, homme à qui la nature avoit
» donné un esprit vif, délié, doux & uni-

» versel...... Son goût de dessein sent » plutôt le naturel Flamand que la beau- » té de l'Antique..... on peut dire gé- » néralement qu'il a mal dessiné : mais » pour les autres parties de la Peinture il » les a pénétrées & possedées autant qu'au- » cun autre Peintre....... il a plus de » facilité que le Titien, plus de pureté, » plus de verité & plus de science que » Paul Veronese, plus de Majesté, de » repos & de modération que le Tinto- » ret. Enfin sa maniere est si ferme, si sça- » vante & si prompte, qu'il semble que » ce rare génie ait été envoyé du Ciel » pour apprendre aux hommes l'Art de » peindre.

RUDENTE', RUDENTURE, se dit des membres d'Architecture, dont les cannelures sont remplies par le bas d'un bâton simple, ou taillé en forme de corde ; du latin *Rudens*, qui signifie Cable.

Cannelure Rudentée.

Colonne *Rudentée*. C'est une colonne dont les cannelures, comme je viens de dire, sont remplies jusqu'aux tiers par une corde ou bâton : cette corde s'appelle *Rudenture*.

Il y a des *Rudentures* de relief, c'est-à-dire, sans cannelures, comme on voit aux pilastres composés de l'Eglise de la Sapience à Rome.

Rudentures plattes, *rudentures* à bâton, *rudentures* à baguette, *rudentures* à feuilles de refend, *rudentures* à cordelette. *Daviler*.

RUE. Chemin pratiqué dans les villes pour communiquer d'une maison, d'une place, d'un quartier à un autre. Vitruve, Palladio, & ceux qui sont entrés dans le détail de la construction des Villes donnent les préceptes suivans, au sujet du compartiment des *ruës*.

Dans l'alignement des *rues* des Villes, il faut sur tout avoir égard à la qualité, & à la température de l'air où elles se trouvent. Dans les pays froids ou tempérez, on doit les tenir plus larges & plus spacieuses, afin que la Ville en soit plus commode, plus saine, & plus belle; car l'air étant moins subtil & plus découvert, il en est plus sain: desorte que si une Ville est située dans un air froid & subtil, & que les maisons y soient beaucoup exhaussées, il faudra donner beaucoup de largeur aux *rues*, afin que par ce moyen le soleil entre par tout librement. Mais si cette Ville est située dans un climat fort chaud, il est nécessaire d'en faire les *rues* étroites, & les bâtimens plus exhaussés, afin que par le moyen de l'ombre qui se rencontre toujours dans les *rues* étroites, la chaleur se trouve plus tempérée, ce qui contribue beaucoup à conserver la santé: c'est ce qu'on remarqua à Rome depuis que Néron l'eût rebâtie, & tenu les rues plus larges qu'auparavant, la voulant rendre plus belle; car ensuite elle se trouva plus exposée aux chaleurs, & aux maladies.

Les *rues* principales doivent être disposées

enſorte, que des portes de la Ville, elles ſe rendent en droite ligne à la grande place; & quelquefois même, ſi la ſituation le permet, il eſt bon qu'elles paſſent juſqu'à l'autre porte: & ſelon la forme, ou l'étendue de la ville, on pourroit faire ſur le même alignement, entre quelques-unes des portes & la principale place, une ou pluſieurs autres places moindres. Les autres *rues* doivent auſſi aboutir, non ſeulement à la grande place, mais encore aux principales Egliſes, aux grands Palais & à tous les lieux publics. Mais dans ce compartiment des *rues*, il faut ſoigneuſement prendre garde, ſelon l'avertiſſement que Vitruve nous en donne en ſon premier livre, chap. 6 qu'elles ne ſoient point directement oppoſées à aucun des vents, ni par conſéquent ſujettes à leurs tourbillons, & à l'impétuoſité de leurs ſoufles: mais pour la conſervation de la ſanté des habitans, on doit tâcher de les détourner, enſorte qu'étant rompus & adoucis, ils ſoient moins malfaiſans. Toutes les *rues* doivent avoir une pente vers le milieu, afin que les eaux qui tombent des toits des maiſons, s'y viennent rendre toutes enſemble, ſe faſſent un cours plus libre, & entraînent avec elles les ordures; de peur que, ſi elles croupiſſoient trop long-tems dans un même lieu, l'air ne s'infectât de leur corruption.

RUINE. Décombres, débris d'un bâtiment, d'une ville.

Les

Les *Ruines* de Carthage.

Parmi les *ruines* de l'ancienne Rome on découvre tous les jours d'excellens morceaux de sculpture, des statues, des colonnes, des bas reliefs, &c.

Il y a là beaucoup à profiter pour les Peintres qui veulent s'instruire à fonds du dessein, des anciennes coutumes, des sacrifices, des habillemens, &c.

M. l'Abbé de M. dit à ce sujet.

Rudera quin etiam cœcis defossa tenebris
Juverit, & doctas investigare ruinas.
Dum tumulos circum Michaël studiosus oberrat,
Et veteris Romæ sublimem interrogat umbram,
Antiquæ pretiosa Artis documenta reportat.

RUSTIQUE. Se dit du premier des cinq Ordres d'Architecture ; c'est-à-dire, du Toscan qui est le plus simple, & qu'on appelle pour cette raison l'Ordre *Rustique.*

Bâtiment *rustique* : c'est un bâtiment dont les pierres ne sont que piquées, ou taillées *rustiquement*, au lieu d'être polies, & dont l'Architecture, par cette raison, est simple & *rustique.*

Rustique se dit aussi substantivement : dans les paysages Flamands, il y a un certain *rustique* qui plaît fort.

RUSTIQUER. C'est tailler *rustiquement*, ou piquer avec le marteau.

Ouvrage *rustiqué*.

S

SABLE. Gravier qu'on trouve sur le bord & au fond des rivieres, & dans certaines carrieres.

Le *sable* de riviere employé avec la chaux est bon à faire du mortier. Le *sable* de terre demande moins de chaux. Le *sable* de Pouzzol fait le meilleur ciment.

Sable noir, c'est du *sable* de Marais.

Sable de cave, c'est du sable fossile qu'on tire des carrieres.

Sable mâle, *sable* femelle. C'est dans un même lit deux especes de *sables* dont la premiere est d'une couleur plus forte, & l'autre d'une couleur moins chargée.

Il y a des *sables* blancs, rouges, jaunes &c.

Le verre se fait avec du *sable* blanc & de la fougere.

On connoît la bonté des *sables*, lorsqu'étant mouillés, ils ne tachent point un drap, comme fait la fange, & qu'ils ne salissent point les mains, lorsqu'on les touche.

SABLIERE, terme de Charpenterie, c'est la piece qu'on met le long d'un pan de bois.

SABLONNIERE, ou SABLIERE, lieu d'où l'on tire le *sable*.

SACRISTIE, Lieu où l'on serre les vases sacrés, l'Argenterie, les Ornemens, & tout ce qui compose le trésor d'une Eglise.

La Sacristie des Peres de l'Oratoire de la Chiesa Nuova à Rome est une des plus magnifiques. Elle est du dessein du *Boromini*.

La Sacristie ou trésor de Lorette est la la plus riche du monde sans aucune comparaison. *Voyez Lorette*.

SAFFRAN. Fleur que tout le monde connoît. On la détrempe dans de l'eau gommée, & l'on en tire une couleur jaune, qui d'abord paroît fort éclatante, mais qui dégénere & se ternit peu de temps après.

SAILLANT, SAILLIE. Se disent de toute partie d'un bâtiment qui n'est pas à plomb sur les fondemens, qui déborde & qui avance. Les fermes des pignons, les galeries de charpente, les balcons, les trompes, sont des membres saillans.

Les *saillies* sur les voies publiques sont reglées par les ordonnances.

On dit la *saillie* d'une corniche; la *saillie* d'une trompe.

SALINE, lieu où se fait le sel: endroit où sont les bâtimens, sources, puits, fontaines salées, cours, bernes, fonds & très-fonds, en un mot toutes les choses nécessaires pour fabriquer le sel.

La plus belle des *salines* de France est à Salins.

SALLE. C'est la plus grande piece d'un appartement, & c'est ordinairement la plus décorée. Les Italiens disent *Sala*.

Il y a des *salles* au rez de chaussée, il peut y en avoir à tous les étages où il y a de grands appartemens.

Salle se dit aussi de certains lieux publics ou l'on s'assemble.

Salle du Palais, *salle* de Comedie, de Bal, &c. La *salle* des Antiques au Louvre, *salle* d Audience.

Salles Tetrastiles. C'étoit des *salles* qui avoient quatre colonnes : on les faisoit quarrées, & les colonnes servoient non seulement à proportionner la largeur avec la hauteur, mais aussi à affermir l'étage de dessus.

Salles à la *coryntkienne*, c'est-à-dire, selon la maniere des Corynthiens ; elles étoient de deux sortes : les unes avoient leurs colonnes simplement posées sur le pavé ; les autres étoient assises sur des piedestaux : mais en ces deux manieres, les colonnes étoient toujours près du mur. Les entablemens se faisoient de stuc, ou de bois, & il n'y avoit jamais qu'un rang de colonnes. Les voûtes étoient ou en plein ceintre, ou surbaissées, n'ayant de trait qu'un tiers de la largeur de la *salle*, & devoient être enrichies de compartimens de stuc & de peinture. La longueur de ces *salles* seroit belle d'un quarré & deux tiers de leur largeur.

Salles à l'*Egyptienne*. Ces sortes de *salles* assez semblables aux *Basiliques*, avoient un portique dans leur pourtour, les colonnes étant éloignées du mur de même qu'aux basiliques, & sur ces colonnes il y avoit un entablement. L'espace d'entre les colonnes & le mur étoit couvert d'une platte-forme, avec une balustrade tout autour. Dessus ces mêmes colonnes, il y avoit un mur continu, avec des demi-colonnes en dedans, moindres d'un quart que celles d'en bas; aux entre-colonnes on pratiquoit des fenêtres pour donner du jour à la *salle*. Ces sortes de *salles* devoient être magnifiques, & d'une proportion admirable, tant à cause de l'ornement des colonnes, que de leur hauteur, parce que le sofite étoit au dessus de la corniche du second ordre: & il est aisé de juger combien elles étoient commodes, & propres à faire des assemblées, & pour toutes sortes de divertissemens.

SALPETRE, sel qu'on tire des pierres ou de certaines terres.

Salpêtre de Roche; c'est celui qui distile dans les cavernes, & que Pline appelle *Aphronite*: en general le Salpêtre est la même chose que le nître des Anciens.

Salpêtre mineral; c'est un *salpêtre* qu'on tire de certaines mines fort abondantes dans le Royaume de Pegu.

L'ouvrier qui travaille le salpêtre, s'appelle *Salpétrier*, & le lieu où il se fait, & où il se rafine se nomme *Salpêtriere*. C'est ordinairement une grande salle au rez-de-chaussée où sont plusieurs rangs de cuves & de fourneaux.

Il y avoit anciennement une Salpêtriere à Paris dans le lieu où l'on a bâti l'Hopital géneral, que le peuple appelle pour cette raison la *Salpêtriere*.

SALVIATI [François] étoit de Florence. Il prit le nom du Cardinal Salviati son protecteur. Il fut l'éleve d'André del-Sarte & de Baccio Bandinelli. Il dessinoit dans le goût de Raphaël, & il travailloit dans toutes sortes de genres. Il mourut en 1563. âgé de cinquante-trois ans.

SANDRART [Joachim] naquit à Francfort le 12 Mai 1606. il étoit fils de Laurent *Sandrart*. Après avoir fait ses études de Grammaire il s'adonna à la gravure ; à l'âge de 15. ans il alla à pied jusqu'à Prague, s'offrir pour disciple à Gilles Sadeler, qui le détourna de la gravure, & lui conseilla de s'appliquer à la Peinture. Il suivit cet avis & se transporta à Utrecht, où il se mit sous la discipline de Gerard Honstort qui l'emmena avec lui en Angleterre, d'où il sortit en 1627., pour se transporter à Venise. Il y copia les plus beaux tableaux du Titien & de Paul Véronése. Delà il passa à Rome avec le *Blond* graveur, son cousin germain, où après quelque tems de séjour il s'acquit une grande réputation dans la Peinture : ensorte que le Roi d'Espagne ayant souhaité douze tableaux des douze plus habiles Peintres qui se trouvassent pour lors dans Rome, on lui en envoya, du Guide, du Guerchin, de Josepin, d'André de Massimi, du Gentileschi, de Pierre de Cortone, de Valentin, de Sacchi, du Lanfranc, du Dominiquain, du Poussin & de *Sandrart*.

Le Marquis Justiniani l'ayant connu, souhaitta de l'attirer chez lui, & lui donna la direction de la gravure des statuës de sa Gallerie.

Sandrart après avoir fait un long séjour à Rome se rendit à Naples, passa en Sicile, & à Malthe, d'où il revint à Francfort en passant par la Lombardie. Après s'être marié à Francfort, il quitta l'Allemagne à cause de la famine & s'en alla à Amsterdam, & ensuite il retourna en Allemagne, où il prit possession de la terre de Stokau dans le Duché de Neufbourg, qui lui vint d'une sucession. Il s'établit depuis à Ausbourg, où il se mit à travailler à divers ouvrages, entr'autres aux tableaux des douze mois de l'Année en grand. Ils ont été gravés en Hollande avec des inscriptions latines. Sa femme étant morte, il quitta Ausbourg & se retira à Nuremberg, où il établit une Academie de Peinture. Il y composa plusieurs traités qui regardent sa profession.

Le plus considérable de ses ouvrages en ce genre est celui de la vie des Peintres, dans lequel il a abregé Vasari & Ridolphi, pour ce qui regarde les Peintres Italiens, & Charles Vermandre pour les Flamans du siécle passé. Du reste il a écrit sur les mémoires qu'il a pû ramasser & sur les connoissances patticulieres qu'il avoit.

SANGUINE. Mineral, ou pierre fossile; dont les Peintres font des crayons & des couleurs: on en tire un rouge pâle, qui est d'un grand usage: les Orfévres s'en servent pour brunir l'or.

SANTERRE [Jean-Baptiste] né en 1659 à Magni, ville du Vexin François, dans le Gouvernement de l'Isle de France, a été un des plus grands Peintres de son tems pour le Portrait & pour l'Histoire.

Il fut reçû à l'Academie Royale de Peinture en 1704.

Il a fait un grand nombre de tableaux fort estimés, les plus considérables sont *les femmes qui lisent à la chandelle*, *celle qui dessine à la lumiere*, *la Femme voilée*, *la Coupeuse de choux*, *l'Uranie*, *les trois Parques* en trois tableaux, *le Chasseur*, *la Géométrie*, *le Ramoneur*, *la Dormeuse*, *la Peinture*, *la Suzanne*, qui est le chef-d'œuvre qu'il fit pour l'Académie, *la Chanteuse*, *la Pelerine*, *la Sainte Vierge avec l'Enfant Jesus*, *la Magdeleine*, *la Sainte Thérese*, *les Curieuses*, *la Coquette*, *la femme en Colere*, *le Fumeur*, *la Femme qui rend un billet*, *une descente de Croix*, *le Portrait de Madame la Dauphine*, & *celui de Monseigneur le Duc d'Orleans*.

Santerre mourut à Paris le 21 Novembre 1717.

SARASIN (Jacque) Sculpteur naquit à Noyon d'une bonne & honnête famille. Il se rendit à Paris dès sa plus tendre enfance, où il apprit à dessiner & à mo-

deler.

déler, ensuite il alla à Rome, où il demeura pendant dix-huit ans. Là il travailla à Frescati par les ordres du Cardinal Aldobrandin, neveu du Pape Clément VIII. Il y fit un Atlas & un Polipheme, qui jettent une prodigieuse quantité d'eau. La beauté de ces figures se soutient parfaitement, quoi qu'exposées à la comparaison qu'on ne peut s'empêcher d'en faire avec les plus beaux ouvrages de l'antiquité qui les environnent.

En revenant de Rome, il passa à Lyon, où il fit un Saint Jean-Baptiste & un Saint Bruno, dans la Chartreuse de cette Ville, dont ces statuës font un des plus singuliers ornemens.

De retour à Paris il fit des Anges de stuc pour le principal Autel de S. Nicolas des Champs; une figure de Sainte Anne, & un Saint Louis pour l'Eglise de Nôtre-Dame de Paris.

Le Marquis d'Effiat, sur-Intendant des Finances, l'employa pour sa maison de *Chilly*, où il orna d'un très-grand nombre de beaux ouvrages la Chapelle & la Galerie de ce Château. Mr des Noyers alors sur-Intendant des Bâtimens, lui fit faire ces grandes figures qui ornent un des Dômes du Louvre, du côté de la cour : ce sont des caryatides, qui quoique colossales, sont néanmoins très-legéres.

Le Roi Louis XIII. en fut si satisfait, qu'il lui fit une pension considérable, & lui donna un logement dans les galeries du Louvre.

La Reine Anne d'Autriche, dans le temps qu'elle étoit enceinte du Dauphin, qui fut depuis le Roi Louis XIV. lui ordonna de jetter en fonte un Ange d'argent de trois pieds & demi de haut, tenant un Dauphin d'or, pour s'acquitter d'un vœu qu'elle avoit fait pendant sa grossesse. Ce groupe fut porté à Notre-Dame de Lorette. [*Voyez* Lorette.]

Sarasin a fait deux grands morceaux pour l'Eglise des Jesuites de Paris; 1°. deux Anges d'argent de grandeur naturelle, tenant un cœur d'argent, dans lequel est enfermé le cœur de Louis XIII. 2°. le Tombeau de Henri de Bourbon Condé. Ce Mausolée est formé de quatre grandes figures de bronze qui représentent la Vigilance, la Piété, la Justice, & une Minerve. Dans les bas-reliefs qui sont sur la balustrade, il a représenté diverses actions guerrieres, & par une nouvelle licence, il y a mis des Fleuves appuyés sur leurs Urnes, ce qui est une espéce de prophanation dans un Temple Chrétien; quoiqu'il en soit, ce monument que Mr Perrault, Président de la Chambre des Comptes a fait ériger, est un des plus beaux, & des plus grands morceaux de Sculpture qui soient à Paris.

Sarasin a fait encore pour la Chapelle de Saint Germain-en-Laye, deux Crucifix, l'un d'or, & l'autre d'argent, & deux Anges de stuc qui soutiennent les armes du Roi.

On voit de lui dans l'Eglise des Carmelites du Fauxbourg S. Jacques, le tombeau du Cardinal de Berule, & dans l'Eglise du Noviciat des Jesuites, aussi bien que dans celle de Saint Jacques de la Boucherie, deux Crucifix, l'un & l'autre d'une beauté singuliere.

Parmi les beaux morceaux de Sculpture de sa main qui sont à Versailles, on admire sur-tout le groupe de Remus & de Romulus allaités par une chévre: au reste le génie de *Sarasin* ne s'est pas renfermé dans ce talent seul. Il avoit de grandes dispositions pour la Peinture, & il a laissé plusieurs tableaux qui se font distinguer parmi ceux des plus excellens maîtres; il a fait pour les Minimes de la place Royale, une sainte Famille, & un Christ accompagné de la Vierge & de Saint Jean, pour une des Chambres des Enquêtes, outre plusieurs autres tableaux.

Sarasin mourut le 4 Décembre 1660, âgé de 68 ans.

SARTE, (André del) ainsi nommé parce qu'il étoit fils d'un Tailleur, naquit à Florence l'an 1478.

Il fut d'abord apprenti Orfévre: ensuite il se tourna du côté de la Peinture, & devint un homme fort célébre.

Il a principalement travaillé à Florence. Le S. Sebastien est un de ses plus beaux ouvrages.

Ce fut lui qui fit cette fameuse copie du Portrait de Leon X. qui trompa Jule

Romain lui-même, quoique l'original fût de Raphaël son Maître, & que Jule en eut exécuté la draperie.

André mourut de la peste à Florence l'an 1530.

« Si l'on ne cherche dans ses ouvrages » que la simplicité, les graces, la belle » façon de draper, & la pureté des con» tours, il approche beaucoup de Ra» phaël; mais ce dernier le surpasse pour » la sublimité des pensées, & la fierté » des caractéres. » Mr *Mariette, Description du Cabinet de Mr Crozat.*

SAVERY, [Roland] fils d'un Peintre médiocre, s'attacha à dessiner d'après nature des animaux de toute espéce; & s'y rendit si célébre, que l'Empereur Rodolphe qui avoit beaucoup de goût, le fit travailler pour lui, & l'envoya dans le Frioul pour étudier les païsages de ce canton.

Ses desseins sont pour la plûpart à la plume, & coloriés des différentes couleurs qui approchent le plus de la nature. Toutes ses études étoient ramassées dans un grand livre qu'il consultoit au besoin; ce livre est resté dans le Cabinet de l'Empereur.

Gille Sadeler, & Isaac son disciple, ont gravé plusieurs de ses païsages. Le plus beau de tous est celui de la Solitude de Saint Jerôme qui a été gravé par Isaac.

Savery mourut à Utrecht dans un âge avancé.

SAVONNERIE, lieu où se fait, & se prépare le *savon*. C'est ordinairement un grand bâtiment, avec réservoir à huile & soude, cuve & fourneaux au rez-de-chaussée, pour faire le *savon*.

Une des plus belles *Savonneries* de France, est celle de la Napoule, Port de Mer en Provence. *Daviler*.

A Paris l'ancienne *Savonnerie* a été changée en une Manufacture de Tapisserie qui a conservé son premier nom.

SBARAS. [Château du Duc] Cet édifice, situé sur les Frontieres de la Tartarie, est du dessein du célébre Scamozzi. C'est un Château d'une très-belle Architecture, & d'une très-vaste étendue, ayant cent soixante & dix pieds de large, sur cent quatorze de profondeur. Sa principale façade est du côté du sud. En entrant on trouve une grande sale basse, à chaque côté de laquelle il y a quatre chambres, dont deux qui sont sur le devant, sont fort grandes, & les autres moindres. Par le bout de cette premiere sale, on entre sous une galerie soutenuë d'un portique, & à chaque bout de cette galerie, à droite & à gauche, il y a un bel escalier, au pied duquel est un passage qui conduit dans une grande sale. A côté de cette sale il y a deux chambres, & un escalier de dégagement: cette même sale, & celle qui lui répond à l'autre côté, a une porte sur une grande cour, qui est au milieu du Château, laquelle donne du jour à tous les apartemens qui ſont autour. Au derriere il y a un apartement diſtribué en une grande ſale au milieu, & deux chambres à chaque côté. Cette ſale a quatre portes, dont deux, vis-à-vis l'une de l'autre, conduiſent dans les chambres à droite & à gauche. Pour ce qui regarde les deux autres, qui ſont vis-à-vis l'une de l'autre, l'une eſt pour entrer de la cour dans la ſale, & l'autre derriere, ayant un pont au-devant d'elle, pour traverſer le foſſé qui eſt d'une largeur & profondeur convenable: au-dehors du foſſé il y a un chemin couvert. A chacun des quatre angles de ce Château, il y a un baſtion à orillons quarrés, ayant des flancs retirés, dans leſquels on peut mettre quelques piéces d'artillerie à couvert, & dans leſquels baſtions on peut aller commodément par les Magazins qui ſont auſſi aux coins du Château.

Le Château eſt un peu élevé au-deſſus de terre par un ſoubaſſement qui renferme les caves, & d'autres commodités. Au deſſus de ces logemens demi enterrés, il y a deux beaux étages; le premeir eſt formé par des lits de pierre égaux, & les joints étant renfoncés ou creux font relever les pierres en boſſe, par lignes horizontales & paralléles, tournantes autour de l'édifice; le ſecond, beaucoup plus beau, eſt orné de quatre pilaſtres d'ordre Ionique au milieu, & de deux autres à chaque extrémité de la façade, dont le milieu, avec ſes ornemens, fait un avant corps dans toute la hauteur, ayant un fronton accompagné d'acroteres, sur lesquels il y a des statuës. Le timpan de ce fronton est orné d'un Ecu d'armoiries, soutenu par deux statuës à demi couchées sur la corniche de l'entablement.

SCABELLON, piédestal quarré ou à pans, haut & menu, le plus souvent en *gaîne* de terme, ou profilé en maniere de balustre, pour porter un buste, une pendule. *Daviler.*

Gaîne de *scabellon*, c'est la partie rallongée qui est entre la base & le chapiteau du *scabellon* qui va en diminuant du haut en bas, & qui a la forme d'une *gaîne*.

Les statuës n'ont souvent qu'une *gaîne* pour tout piédestal.

Gaîne de Terme, c'est la partie inférieure d'un terme qui va en diminuant de haut en bas, comme je l'ai dit.

SCENOGRAPHIE, c'est un terme qui dans sa signification propre veut dire, description *de scêne*, & qu'on pourroit fort bien appliquer à l'Art de peindre les theâtres, & de faire des décorations. Dans l'usage ordinaire, on l'entend de l'Art de représenter dans leur véritable relief toutes sortes d'édifices, sur-tout dans les ouvrages de perspective.

SCHIAVON, (André) Peintre Venitien, fut un excellent coloriste, mais il ne faut chercher ni exactitude, ni correction dans son dessein.

Le Tentoret disoit de lui qu'il n'y avoit point de Peintre qui ne dût avoir au moins un tableau de ſa façon, à cauſe de ſa belle maniere de peindre, mais qu'il n'en étoit pas non plus qui ne méritât le fouet s'il ne s'efforçoit de mieux deſſiner.

SCIOGRAPHIE, coupe perſpective d'un ouvrage d'Architecture, enſorte qu'on voit toutes les parties intérieures, comme les chambres, les cheminées, les eſcaliers, & d'autres parties que la façade ou les murs d'un édifice cachent d'ordinaire.

SCHOOREL, [Jean] ainſi nommé du village de *Schoorel*, près de la Ville d'Alcmaër en Hollande, naquit ſur la fin du XV. ſiécle. Il perdit ſes parens encore fort jeune, & il fut envoyé par ſes Tuteurs à Haerlem, pour y apprendre les principes de la Peinture. Depuis il ſe rendit à Amſterdam pour ſe perfectionner, ſous Jacob de Cornille: enſuite il alla à Veniſe, où il réſolut de faire le voyage de la Terre Sainte, avec un Religieux Hollandois.

Dans ſon voyage il eut ſoin de deſſiner exactement les promontoires & les détroits par leſquels il paſſa, & en particulier les Côtes des Iſles de Candie & de Chypre. Lorſqu'il fut arrivé à Jeruſalem, il vit toutes les raretés de ce païs, & ſe promenant ſur le bord du Jourdain, il en traça le plan ſur le lieu même; ce qui lui a ſervi en Flandres à peindre l'Hiſtoire de Joſué conduiſant les Juifs à pied ſec au travers de ce fleuve. Il fit encore au crayon la place de la Ville de Jeruſalem, dessina le Saint Sepulchre, & tout ce qu'il trouva de remarquable dans ces lieux sacrés. A son retour il passa à Rome, où le Pape Adrien VI. le retint & lui donna l'Intendance des ouvrages de Belveder. Il fit aussi le portrait de sa Sainteté, que l'on a depuis transporté à Louvain, dans le Collége fondé par ce Pape. Après la mort d'Adrien, *Schoorel* retourna en Hollande, où il donna au public les Topographies de ce qu'il avoit vû de plus curieux en Italie, & en Palestine.

Mais la plûpart de ses desseins furent déchirés par les Herétiques : ce qui restoit fut acheté par Philippe II. & transporté en Espagne.

Il fit pour le Roi de Suéde un portrait de la Vierge, pour lequel ce Prince lui envoya une bague d'or avec plusieurs autres présens.

Ce Peintre recommandable, non-seulement pour ses talens pour le dessein, mais par la connoissance qu'il avoit de la Poësie, de la Musique, & des Langues étrangéres mourut l'an 1572. en sa 76 année.

SCULPTEUR, SCULPTURE. La *Sculpture* est un Art, qui par le moyen du dessein & d'une matiere solide, comme la pierre, le bois, ou le métal, imite les objets palpables de la nature. « C'est un » Art, dit Felibien, par lequel en ôtant, » ou en *ajoutant*. (Je ne vois pas ce qu'on » *ajoute* en Sculpture, il me semble qu'il » n'y a qu'à retrancher) on forme toutes

» ſortes de figures : ce travail ſe fait auſſi
» ou en creuſant, comme l'on fait ſur des
« métaux, ſur des agathes, & ſur d'au-
» tres pierres, ou en travaillant de relief
» comme ſont les ſtatuës. »

Sculpture de ronde boſſe. *Voyez* BOSSE.

Sculpture de bas-relief.

On peut rapporter l'origine de la *Sculpture* à celle de l'idolâtrie. L'idolâtrie donna naiſſance à la Statuaire, & celle-ci ſervit à ſon tour à produire & à étendre l'idolâtrie. On éleva enſuite des ſtatuës aux Heros, aux Sçavans, aux hommes vertueux, aux femmes mêmes. La défenſe que Dieu fit à ſon Peuple de ſe tailler aucune Image, prouve l'antiquité des ſtatuës.

Les Egyptiens furent les premiers *Sculpteurs*. L'Art des ſtatuës paſſa des Egyptiens aux Grecs qui y excellerent, & des Grecs aux Romains.

Les ſtatuës que les Grecs & les Romains élevoient à leurs grands hommes, n'eurent pendant long-temps que 3 pieds de hauteur ; mais la flatterie & la vanité leur donnerent dans la ſuite la plus grande étenduë, témoin la Statuë Coloſſale de Neron, & le fameux Coloſſe de Rhodes. Les Statuës Equeſtres étoient les plus diſtinguées, & les plus honorables.

On faiſoit anciennement des ſtatuës de toutes ſortes de matieres, de bois, de pierre, de métal. On en faiſoit de bois peint ou doré, avec des incruſtations d'yvoire ou de marbre, ſur le viſage, ſur les mains, & ſur les pieds.

Phydias & Praxitele, parmi les anciens, Michel-Ange, le Cavalier Bernin, Goujon, Girardon, & Puget, parmi les modernes se sont extrêmement signalés dans cet Art.

Sculpture se dit aussi de l'ouvrage du *Sculpteur*. Les bas-reliefs du beau groupe qui est au milieu de la colonade de Versailles, sont d'une *Sculpture* admirable.

SCUOLE. Les Venitiens appellent *Scuole*, [Ecole] certains édifices publics distribués en chapelles, salles, chambres, & autres piéces qui appartiennent à des Confréries, ou à des Communautés de la Ville. Il y en a six principales, qu'on appelle *Scuole grandi*, qui pour la décoration, & pour les richesses, ne le cédent point aux plus grandes Eglises.

Ces six grandes *Scuoles*, sont celles de S. Marc, celle de la Misericorde, celle de S. Jean l'Evangeliste, celle de la Charité, celle de S. Roch, & celle de S. Theodore : celle de S. Marc & de S. Roch, sont les plus considérables.

SEBASTIEN, vulgairement appellé FRABASTIEN *del Piombo*, étoit de Venise : il fut d'abord l'éléve de Jean Bellin, ensuite il s'attacha au Giorgion, puis à Michel-Ange, qui le soutint tellement par son crédit, qu'il balança long-temps la réputation de Raphaël. Il fit le tableau de la Résurrection du Lazare, en concurrence de celui de la Transfiguration, & la cabale de Michel-Ange suspendit d'abord les suffrages.

Fra-Baftien fut le premier qui peignit à l'huile fur les murailles. Il étoit non feulement Peintre, mais Poëte & Muficien; il mourut en 1547. âgé de foixante-deux ans.

SEC. Un pinceau *fec*, faire *fec*; faire *fec* & dur : c'eft peindre féchement & durement.

Bellin peignoit extrêmement *fec*.

On le dit d'un tableau dont les clairs font trop près des bruns, & dont les contours ne font pas affez mêlés.

Tendre & moëleux s'oppofent à *fec*.

Un ouvrage fec eft donc celui qui n'a point de tendreffe, foit dans les carnations, foit dans les draperies, & qui a quelque chofe qui tranche, foit dans le deffein, foit dans les couleurs.

On dit auffi d'un ouvrage de Sculpture qu'il eft *fec*, quand il n'a pas ce poli, ce moëleux qui fait la principale beauté d'une ftatuë.

SEGERS ou Segre [Daniel] Peintre, natif d'Anvers vivoit dans le dernier fiécle; après avoir appris les principes de fon Art fous Jean Breugel, il entra chez les Jefuites d'Anvers en qualité de frere. Ses fupérieurs l'envoyerent à Bruxelles où il peignit les beaux païfages que l'on voit dans leur Eglife au deffus des confeffionaux, qui repréfentent quelques Hiftoires de la focieté. Quelque tems après il alla à Rome, où il travailla à deffiner, ce qu'il y avoit de plus beau dans les Palais & dans les vignes. De retour dans les Païs-bas, il fit paroître ces raretés aux yeux des curieux.

On voit d'excellens ouvrages de sa main dans l'Eglise d'Anvers, de même que dans les Cabinets de l'Empereur & du Roi d'Espagne. *Segers* fit pour Frederic Henri Prince d'Orange, un vase ovale rempli de fleurs. Ce Prince en fut si satisfait qu'il envoya aux Jésuites un chapelet dont les grains étoient d'or & fort gros, en forme d'oranges émaillées, & donna à *Segers* une palette & quelques bâtons de pinceau de fin or.

La Princesse d'Orange eût aussi du même *Segers* un vase plein de fleurs, & donna pour récompense aux Peres une Croix d'or émaillée pésant plus d'une livre.

SEGERS, ou Ségre (Gerard) frere du précédent fut l'éleve d'Abraham Janseus. Il entreprit le voyage de Rome pour y copier quelques ouvrages des plus fameux Peintres Italiens. Il y fit plusieurs copies qui furent presque autant estimées que les originaux, & suivit à Madrid le Cardinal Zapata, Ambassadeur d'Espagne auprès de sa Sainteté. Ce Prélat le presenta au Roi, qui lui fit peindre plusieurs tableaux, soit pour son Palais, soit pour ses Chapelles.

Ce Monarque l'ayant annobli lui donna une pension considérable sur le Château d'Anvers, lorsqu'il lui permit de retourner en son païs, *Segers* se fit admirer parmi les Flamans, comme il l'avoit été parmi les Espagnols. On estime particulierement son tableau de Saint Pierre crucifié la tête en bas, & le tableau du grand Autel des Jésuites qui représente une élevation de la Croix.

Il fit pour le Duc de Neufbourg un Portrait de la Vierge, dont ce Prince fut si satisfait qu'il lui donna une chaîne d'or avec sa médaille.

L'on voit aussi de lui des tableaux de nuit d'une invention fort ingénieuse qui ont été gravés. Il amassa quantité de rares tableaux dans la belle maison qu'il fit bâtir a Anvers, où il mourut en 1651, âgé de 60 ans.

SERAPEON, Temple fameux d'Alexandrie, ainsi nommé parce qu'on y avoit déposé la statuë du Dieu *Serapis*. Ce Temple avoit une Bibliothéque, qui devint fameuse dans tous les siécles suivans, par le nombre & le prix des livres qu'elle contenoit. Ptolemée Soter la commença, & la plaça dans le quartier d'Alexandrie, qu'on nommoit *Bruchion*, où étoit le *Museon*, espéce d'Academie qu'il fonda. Son fils Philadelphe la laissa composée de cent mille volumes, & sous ses successeurs, on y comptoit jusqu'à sept cens mille volumes : quand elle fut si grossie, qu'on ne trouva plus de place pour tant de livres : on commença à mettre dans le *Serapeon* les volumes nouveaux qu'on y ajoutoit. Cette derniere Bibliothéque étoit donc comme un supplément de l'autre ; aussi voit-on qu'on l'appelloit sa fille, & avec le tems il se trouva dans cette derniere jusqu'à trois cens mille volumes.

Dans la guerre qu'eût César avec ceux d'Alexandrie, une incendie, qui en fut l'effet, consuma la Bibliothéque de *Bruchion* avec ces quatre cens mille volumes. La Bibliothéque du *Sérapéon* ne souffrit aucun dommage: & ce fut là apparemment que Cléopatre mit les deux cens mille volumes de celle de Pergame, dont Marc-Antoine lui fit présent: cette addition, avec les autres qui s'y firent de tems en tems, rendit la nouvelle Bibliothéque d'Alexandrie plus nombreuse & plus considérable que la premiére: & quoique pillée plus d'une fois pendant les troubles & les révolutions qui arriverent dans l'Empire Romain, elle se remettoit toujours de ses pertes, & recouvroit son nombre de volumes. Elle a ainsi subsisté un grand nombre de siécles, ouvrant ses trésors aux Sçavans & aux Curieux, jusques au VII. siécle qu'elle eût enfin le même sort que sa mere, & qu'elle fut brulée par les Sarrazins, quand ils prirent la ville l'an de grace 642. La maniere dont la chose arriva est trop singuliere pour ne la pas mettre ici.

Jean, surnommé le Grammairien, fameux Sectateur d'Aristote, se trouva dans Alexandrie quand elle fut prise. Comme il étoit fort bien dans l'esprit du Général de l'Armée des Sarrazins, qui estimoit beaucoup son sçavoir, il demanda à ce Général la Bibliothéque d'Alexandrie. Ce Général lui répondit, que la chose ne dépendoit pas de lui, mais qu'il en écriroit au Caliphe, pour avoir ses ordres, sans lesquels il n'osoit en disposer. Il écrivit effectivement à Omar Caliphe d'alors, dont la réponse fut : Que si ces livres contenoient la même doctrine que l'Alcoran, ils étoient inutiles, puisque l'Alcoran contenoit toutes les vérités nécessaires : mais que s'ils contenoient des choses contraires à l'Alcoran, il falloit les bruler. En conséquence, il lui ordonnoit, sans autre examen de les brûler tous. On les donna aux bains publics, où ils servirent pendant six mois à les chauffer au lieu de bois : ce qui fait bien voir le nombre prodigieux de livres qu'il y avoit dans cette Bibliothéque ; ainsi périt ce trésor inestimable de science.

Je finirai cet article par une remarque, touchant la maniere singuliere dont se forma cette fameuse Bibliothéque. Voici comment on s'y prit : on saisissoit généralement tous les Livres Grecs & autres qui entroient en Egypte, & on les envoyoit au Museon, où l'on en faisoit faire des copies par des gens qu'on y entretenoit exprès. Après cela on rendoit ces Copies aux propriétaires, & l'on retenoit les originaux pour la Bibliothéque.

Ptolemée Evergéte, par exemple emprunta des Athéniens les Oeuvres de Sophocle, d'Euripide, & d'Eschile ; & ne leur renvoya que les Copies, qu'il en fit faire les plus belles qu'il pût, avec quinze talens, (quinze mille écus), dont il leur fit présent pour les originaux qu'il retenoit.

SERVITUDE.

SERVITUDE. C'eſt un droit d'un héritage ſur un autre pour un paſſage, un jour, ou quelque autre ſujetion. Jour de *ſervitude*.

SEVILLE. Ville fameuſe d'Eſpagne, la premiere & la plus conſidérable après Madrid. Les Eſpagnols à qui l'hyperbole eſt très-familiere, diſent que qui n'a pas vû *Seville* n'a rien vû, & que quand Dieu aime quelqu'un il lui donne une maiſon à *Seville*.

Seville eſt la Capitale de l'Andalouſie. Sa Cathédrale eſt fort belle, & paſſe pour la plus grande d'Eſpagne. Son Clocher eſt extrémement haut; il eſt ſi large, & l'eſcalier en eſt ſi commode, qu'on y monte à cheval & meme en litiere,

SIAM. Ville des Indes au-delà du Gange, Capitale du Royaume de *Siam*. Elle eſt ſituée dans une Iſle que forme le fleuve *Menan*, & elle eſt coupée par un grand nombre de canaux qu'on a tirés de ce fleuve, & qui la traverſent, de telle ſorte qu'il y a peu de maiſons où l'on ne puiſſe aller en bateau.

Elle a pluſieurs belles ruës: ſes bâtimens ſont d'une belle ſtructure, & la richeſſe des Pagodes ou Temples des faux Dieux ſurpaſſe tout ce qu'il y a de plus ſuperbe dans les Indes.

Le Palais du Prince eſt ſur le bord de la riviere; il eſt d'une prodigieuſe étenduë; ſes Dômes & ſes Pyramides [ce ſont des eſpéces de clochers,] ſont dorés.

Entre les pagodes les plus ſuperbes eſt celui du Palais du Roi : l'or y éclate de toutes parts ſur les murs , ſur les lambris , aux voûtes & aux piliers : les couches ſont ſi épaiſſes & en même tems ſi unies , qu'il ſemble que tout ſoit revêtu de lames de ce métal.

On voit ſur l'Autel quatre pagodes (L'on donne ce nom aux Idoles , comme aux Temples) d'or maſſif , à peu près de la hauteur d'un homme , dont les jambes ſont croiſées à la Siamoiſe.

Outre cela il y a dans le chœur (ſi l'on peut donner ce nom à un temple prophane) une ſtatue coloſſale d'or maſſif de 45 pieds de haut , ſur ſept ou huit de largeur , qu'on eſtime douze ou treize millions.

Aſſez près de ce Pagode on en voit un autre qui renferme à la verité moins de richeſſes , mais dont l'Architecture eſt beaucoup plus belle.

Il eſt bâti en forme de croix , comme la plûpart de nos Egliſes, & ſurmonté de cinq Dômes, dont celui du milieu eſt le plus exhauſſé & le plus vaſte.

Ce Temple eſt environné de quarante-quatre Obeliſques de differentes proportions , diſpoſés au pourtour avec ſymetrie , par trois plans de differente hauteur. Les uns ſe terminent en pointe & les autres en petits Dômes. Le tout eſt enfermé dans une eſpéce de Cloître quarré , où l'on voit plus de quatre cens pagodes de brique diſpoſées avec ſymetrie & parfaitement dorées.

SIENNE. C'est la seconde Ville de Toscane & une des plus belles de toute l'Italie. Elle est bâtie sur un riche côteau : sa situation la rend un peu incommode, mais l'air en est bon, les ruës sont belles & presque toutes pavées de briques, couchées sur le côté. Elle est grande, bien bâtie, ornée d'un grand nombre de Palais, de belles places, de fontaines, d'églises superbes.

La Cathédrale, quoique bâtie à la Gotique, est un édifice d'une grande beauté ; elle n'est pas *presque toute entiere de marbre*, comme le disent les Auteurs du Dictionnaire de Trevoux ; mais seulement elle en est entierement revêtue en dedans & en dehors, Le pavé de Mosaïque dont j'ai parlé ailleurs est un morceau fort curieux.

Je remarquerai seulement ici que la partie la plus entiere de ce grand ouvrage est près du Chœur. On y voit le sacrifice d'Abraham, & le passage de la Mer rouge.

Une des choses les plus remarquables à *Sienne* est la grande place. Elle est ronde, environné de maisons regulieres, avec des Arcades qui les soutiennent : le milieu de cette place est enfoncé en forme de coquille. Cette concavité se remplit d'eau, & l'on y a quelquefois représenté des combats de mer avec des petites barques.

SIGNORELLI [Luca] natif de Cortone, étoit un Peintre habile, & sur-tout un excellent deſſinateur. Il a peint à Orviette un jugement univerſel dont Michel Ange a beaucoup profité.

Comme on annonça un jour au *Signorelli*, que ſon fils venoit d'être tué, il le fit porter dans ſon Attelier, & le peignit, *ne trouvant*, dit Mr. de Piles, *de conſolation que dans ſon Art qui lui rendoit ce que la mort lui avoit ravi.*

SITE. Signifie en Peinture la ſituation, l'aſſiette d'un lieu. Les Italiens diſent SITO dans le même ſens. Ces deux mots viennent originairement du mot latin SITUS.

Site s'entend particulierement du païſage : il y a des *Sites* de pluſieurs genres, bornés ou étendus, montueux, plats, aquatiques, cultivés ou incultes, habités ou déſerts.

Sites inſipides : ce ſont des *ſites* dont le choix eſt trivial. *Claude* le *Lorrain* n'a introduit dans ſes païſages que des *ſites* inſipides : mais cela eſt bien reparé par les graces du coloris, & par la beauté de l'éxécution.

Les *ſites* doivent être d'un beau choix, il faut qu'ils ſoient bien liés & bien débrouillés par leurs formes : ils doivent avoir quelque choſe de nouveau & de piquant. Le moyen de les varier à l'infini, dit monſieur de Piles, eſt d'y faire ſurvenir quelques-uns de ces accidens qui arrivent ſi communément, & qui repandent tant de varieté dans la nature ; par exemple l'interpoſition de quelques nua ges qui cause de l'interruption dans la lumiere : ensorte qu'il y ait des endroits éclairés sur la terre, & d'autres ombres, qui selon le mouvement des nuages se succédent les uns aux autres, & font des effets merveilleux, & des changemens de clair obscur qui semblent produire autant de nouveaux *sites*.

Les païsages du *Poussin* sont remarquables par l'agrément, la nouveauté, la richesse & l'ingénieuse diversité des *sites*.

SOCLE. C'est un membre quarré sur lequel on pose les bases des piédestaux, des statuës, des vases &c. Il vient de l'Italien *Zoccolo*, ou plûtôt du latin *Soccus*, qui signifie *brodequin*.

Le *socle* placé au dessus de la fameuse colonade de Versailles soutient de beaux vases de marbre blanc,

On a dit *Zocle* pendant un temps, en suivant l'étimologie Italienne de *Zoccolo* : mais l'usage est aujourd'hui pour *Socle*.

SOMMIER. C'est une piéce de charpente moins grosse qu'une poutre, & plus grosse qu'une solive. Son usage est de soutenir les poutres trop longues.

SILENCE *Voyez* REPOS.

SILVESTRE [Israël] célebre Graveur, naquit à Nancy, le 15 Août 1621. Il étoit fils de Gilles *Silvestre*, issu d'une bonne famille d'Ecosse, qui s'étant établie au commencement du seiziéme siécle dans la Lorraine, s'est divisée en plusieurs branches qui ont passé en Bourgogne & en Allemagne. Sa mere étoit fille de Claude Henriet premier Peintre du Duc de Lorraine, qui s'est distingué particulierement par sa maniere de peindre sur les vitres,

Cette alliance donna occasion à Gilles *Silvestre* de s'appliquer à la Peinture, & il y réussit passablement. Israël son fils, à l'âge de dix ans avoit déja appris les élémens du dessein, & commençoit à peindre ; mais son Pere étant mort de la peste à Nancy, il fut obligé par la contagion ainsi que la plûpart des habitans, de quitter le païs & se retira à Paris, où Israël *Henriet*, son oncle maternel, qui n'étoit point marié, le reçût avec joie, & l'éleva comme son propre fils. Il le fit d'abord dessiner à la plume d'après les desseins de Callot. Cette maniere de dessiner en petit n'étoit connuë à Paris, que depuis qu'elle y avoit été mise en vogue par Israël *Henriet*, qui s'étoit formé sur le goût de Callot, ce qui le fit fort estimer du Roi, auquel il donna plusieurs leçons, & de tous les grands Seigneurs de la Cour qui se faisoient un plaisir de dessiner sous lui. Mais à quelque degré de perfection que l'oncle ait porté le talent de la plume, on peut dire que le neveu l'a surpassé de beaucoup : car s'écartant de la maniere de Callot que celui-là avoit copiée trop servilement, il se rendit original, dans un autre genre, qui a été fort estimé, & s'attacha uniquement à copier la nature. Il deſſina toutes les vûes de Paris & des environs, qu'il grava enſuite à l'eau forte avec un grand ſuccés. Il fit depuis deux voyages à Rome & en rapporta ce grand nombre de belles vûes d'Italie qu'il a gravées & dont tous les curieux de l'Europe ont orné leurs cabinets. Enfin le Roi reconnoiſſant la rare capacité d'Iſraël *Silveſtre*, le chargea de faire les deſſeins & les planches de toutes les Maiſons Royales & des places conquiſes par Sa Majeſté, & le nomma Maître de deſſein de Monſieur le Dauphin.

Cette habile deſſinateur épouſa Henriette Selincart, femme célébre par ſon eſprit & ſa rare beauté. Il la perdit le premier Septembre 1680, lui érigea dans l'Egliſe de Saint Germain l'Auxerrois un tombeau de marbre blanc ſur lequel elle eſt repréſentée mourante & peinte par M. le Brun. Ce morceau paſſe pour un des plus beaux tableaux de ce grand homme. *Silveſtre* ne fit que languir depuis cette perte, & aprs avoir mené long-tems une vie particuliere, ſainte & retirée, il mourut âgé de 70 ans, le onze Octobre 1691

SONDE, Inſtrument pour ſonder un terrain.

La *ſonde* dont on ſe ſert pour ſonder un terrain dans l'eau eſt tantôt une perche de bois qu'on diviſe en pieds, au bout de laquelle on ſcelle un poids de plomb convenable, ſi le courant de l'eau le demande, tantôt un boulet de canon attaché au bout d'une corde, divisée pareillement par pieds ; par ce moyen on leve le profil de la rivierre.

Pour *sonder* au dessous de l'eau le gravier ou le sable qu'on y trouve, & examiner où commence le terrain solide, on emploie une autre espéce de *sonde*.

Cette sonde est de fer, elle a en tête pour couronnement un gros anneau, au travers duquel on passe le bras d'une tariere pour la tourner. Elle a au dessus une tête pour pouvoir la battre & la faire entrer jusqu'à un fond de consistance au travers & au dessous du gravier. A son extrêmité elle a quatre pointes *barbelées*, de maniere qu'en l'enfonçant jusque sous le gravier, & dans la partie du roc ou du terrain de consistance qu'on a trouvé au dessous du gravier, & en la tournant à plusieurs reprises elle emporte dans ses *barbelures* quelques échantillons du terrain de consistance qu'elle a rencontré, par où l'on juge de la nature de ce terrain.

Il y a des *sondes* pour la construction des ponts, d'une autre maniere encore.

Elles ont une petite poche au bout en forme de coquille de limaçon, laquelle ne prend pas du sable en la tournant d'une certaine façon, & qui prend du terrain au-dessous du sable où on l'a poussée, en la tournant d'un autre sens : les *sondes* pour être plus sûres, doivent être toutes d'une piéce.

Quand le gravier est trop gros, & qu'il s'y

s'y rencontre de gros cailloux, que les *sondes* ordinaires ne peuvent écarter, pour lors on se sert d'un gros pieu de chaîne arrondi de 5 ou 6 pouces de diamétre, suivant la profondeur du terrain, & la rapidité de l'eau; on arme ce pieu d'une lardoire au bout, pour pouvoir écarter les cailloux, & d'une frete ou chaperon à la tête, pour pouvoir résister aux coups de la massuë, avec laquelle on enfonce la *sonde*.

SONNETTE, machine dont on se sert pour enfoncer les pilotis, par le moyen d'un mouton ou grosse piéce de bois, que plusieurs hommes élévent jusqu'au haut de la machine, avec des cordes & des poulies, & qu'ils laissent retomber sur le pilotis pour l'enfoncer.

La *sonnette* est composée de deux montans perpendiculaires avec poulies, soutenuës de deux arcboutans, & d'un rancher, (c'est une longue piéce de bois traversée de petits échelons) le tout porté sur un assemblage de soles ou planches plattes.

SOPHIE [Sainte] étoit anciennement l'Eglise Patriarchale de Constantinople, & le Temple le plus superbe du monde. Elle fut bâtie par Constantin, & rétablie par Justin & par Justinien: les Turcs, Nation barbare dans son origine, & ennemie des Arts, en ont détruit ou laissé périr la plus grande partie, & il n'en reste aujourd'hui que le superbe Dôme, qui quoi qu'assez vaste pour faire une grande

Eglise, n'étoit cependant que le Chœur de l'ancienne : son diamétre est de cent treize pieds.

Cette espéce de Rotonde est environnée d'une galerie soutenuë de cent vingt colonnes de marbre ou de porphyre, de même volume, & de même ordonnance.

Lorsque cette Eglise apartenoit aux Chrétiens d'Orient, les femmes étoient obligées de se placer dans ces galeries, dont l'entrée étoit interdite aux hommes.

Cette Eglise n'avoit anciennement qu'un Autel ; aujourd'hui elle n'en a point du tout. Proche du lieu où étoit cet Autel, on voit encore au milieu d'un demi Dôme orné de mosaïque & de dorures, une grande Statuë de la Sainte Vierge, qui est représentée assise sur un Trône, tenant sur ses genoux l'Enfant-Jesus, qui semble donner sa bénédiction. Au-dessus est gravée l'Image de la Sainte Face de Jesus-Christ sur un voile, & aux deux côtés sont deux grands Anges, dont les aîles cachent tout le corps. Plus haut sous l'arcade ou le ceintre, on voit quatre Saints & une Vierge au milieu, avec plusieurs ornemens d'Architecture, & dans les deux vuides qui sont entre cette arcade, & la partie Orientale du Dôme, il y a deux Seraphins à six aîles chacun. Au-dessus de la porte de l'Eglise en dedans, est encore l'Image du Sauveur assis, qui donne sa bénédiction à un Empereur prosterné : celle de la Vierge est à sa gauche.

C'est une chose assez surprenante, que

les Turcs ayent laissé ces figures dans leur Mosquée : car dans tous les autres endroits de ce Temple, ils ont brisé ou couvert de chaux les Images qui y étoient.

A côté de l'ancien Autel en tournant vers le Midi, est le *Mirabe* ou *Marahal*, c'est-à-dire, la niche où l'on met l'Alcoran. Cette niche est tournée vers le *Keblé* ou Mosquée de la Mecque, & vers Medine, où est le Tombeau de Mahomet ; & c'est de ce côté-là que les Mahométans doivent s'incliner en priant.

Les ornemens de l'entrée & du dedans de ce Temple, sont tous de beau marbre, d'albâtre, de serpentine, de porphire, de nacre de perles, de cornalines, & d'autres pierres de grand prix. Le pavé est de marbre par compartimens, & couvert de riches tapis de Turquie. Le Dôme est orné de figures en mosaïque, & l'or y éclate de toutes parts.

Dans cette superbe Mosquée on voit une espéce de Tribune pratiquée dans la muraille, & destinée pour le grand Seigneur, qui y arrive par un escalier dérobé, lorsque sa dévotion l'appelle à la Mosquée.

Les Turcs montrent aussi dans cette Mosquée, un Tombeau qu'ils disent être celui de l'Empereur Constantin.

Devant le Portail on voit des Turbes de marbre, c'est-à-dire, de petits réduits en façon d'Oratoires, & couverts d'un petit Dôme, qui servent de Sépulture à quelques jeunes Princes Ottomans.

Au-delà du portique qui est devant cette Mosquée, & dans lequel les femmes Mahométanes viennent quelquefois faire leurs prieres, il y a neuf portes de bronze, dont il n'y en a qu'une d'ouverte pour entrer dans la Mosquée; on y voit aussi en dehors quatre *Minarets*, ou petites Tours à plusieurs étages avec des balçons en saillies: des hommes appellés *Meuzins* y montent cinq fois le jour à de certaines heures, pour appeller les Turcs au *Naama*, c'est-à-dire, à l'Oraison; car les Turcs ne se servent point de Cloches.

SORBONNE. La *Sorbonne*, avant le Cardinal de Richelieu, n'étoit célébre que par son ancienneté, & par la réputation d'être la plus sçavante Ecole du monde.

Ce Ministre grand dans tous ses projets, résolut d'en faire un des plus magnifiques édifices. Jacques le Mercier fut chargé de cette grande entreprise.

Le bâtiment de la *Sorbonne* est un quarré long, & consiste en quatre grands Pavillons joints par de grands corps de logis, où sont 36 apartemens de Docteurs, & plusieurs belles sales. La cour est vaste, & est terminée du côté de l'Eglise par un péristile formé par dix colonnes Corinthiennes, où l'on arrive par quinze dégrés.

Le Portail de l'Eglise est décoré de deux Ordres d'Architecture l'un sur l'autre, le premier est Corinthien, le second est formé par des Pilastres composites seulement, ce qui rend ce Portail un peu nud.

Le Dôme est accompagné de quatre campaniles, & terminé par une lanterne où sont les timbres pour les heures & les quarts, avec une balustrade en dehors.

Le dedans de l'Eglise est orné en son pourtour de Pilastres Corinthiens, séparés par des niches remplies de statuës.

Le grand Autel est du dessein de le Brun : il est orné de six Colonnes Corinthiennes d'un beau marbre ; les bases & les chapiteaux sont de bronze doré d'or moulu. Au milieu de l'Autel est un beau Crucifix de marbre blanc sur un fond noir ; c'est un des meilleurs ouvrages de François Anguiere. Les deux colonnes du milieu forment un corps en ressault couronné d'un fronton, sur lequel sont deux Anges d'un beau travail. Entre deux autres colonnes, sont deux belles figures de marbre, dont l'une représente la Vierge, & l'autre S. Jean.

Le Dôme a été peint par Philippe de Champagne, & cette Eglise en général est fort décorée.

Mais le plus superbe monument qu'on y trouve, est le Mausolée du grand Cardinal, bienfaicteur de cette Maison.

Ce Ministre est représenté sur son séant : la Religion le soutient, & la Science est à ses pieds, la tête panchée, les bras joints, ensorte qu'une main lui couvre la moitié du visage qui paroît baigné de pleurs; deux Anges soutiennent l'Écusson du Cardinal.

Ce beau monument est du fameux Girardon *Pig. Description de Paris Tome V.*

SOUCHE. En terme de maçonnerie c'est le corps d'une cheminée qui sort du toît, & qui paroît au-dessus du comble: c'est ce qu'on appelle la *souche* d'une cheminée. La *souche* est communément de trois pieds au-dessus du comble.

SOU-PAPE, c'est une platine de cuivre avec un trou au milieu en forme d'entonnoir, qui reçoit quelquefois une boule, mais plus ordinairement une autre platine, qu'on ajuste de telle sorte dans les pompes & autres machines Hydrauliques, qu'elle s'ouvre pour donner passage à l'eau quand elle y doit entrer, & qu'elle se ferme quand on veut faire monter l'eau par la compression.

On se sert aussi de *sou-papes* pour les fonds des Réservoirs & des bassins, pour les vuider en les ouvrant avec une bascule.

SOU-PENTE, petite construction de charpente, en maniere d'entresolle, qu'on pratique dans la hauteur d'un plancher pour y coucher un valet, pour serrer du bois, & pour diverses autres commodités.

En terme de charpenterie, *sou-pente* se dit d'une piéce de bois retenuë à plomb par le haut, qui entre dans la construction d'une gruë, & qui sert à tenir suspenduës le treuil & la rouë.

Sou-pente en terme de maçonnerie, se dit des liens de fer qui servent à soutenir la hotte d'une cheminée.

SPATULE, instrument de bois plat par un bout, & rond par l'autre, dont se servent les Peintres pour délayer & pour broyer leurs drogues.

SPHINX. Les Antiquaires appellent *sphinx*, certaines statuës grotesques, ayant une tête humaine, un visage de femme, le corps d'un lion, ou tel autre assemblage aussi bizarre.

Ces *sphinx* se plaçoient autrefois sur les portes, ou au-devant des Temples, auprès des Tombeaux, & dans quelques endroits convenables à ces figures mistérieuses, que la superstition avoit consacrées: on voyoit plusieurs de ces *Sphinx* aux environs des grandes pyramides d'Egypte.

Pline parle d'une figure monstrueuse de ce genre, qu'on voyoit au-devant des pyramides. La tête de ce *Sphinx* avoit douze pieds de circuit, & quarante-trois de hauteur. Depuis le sommet de la tête jusqu'au ventre, on comptoit cent soixante pieds: cette figure étoit d'une seule pierre, fort polie & fort dure. On ne sçait pas, ajoute Herodote, en parlant de la même statuë, si elle étoit taillée sur une roche, ou si elle y avoit été transportée, ce qui paroîtra, dit-il, plus probable, parce que les terres des environs sont des sables déliés & unis.

Ces *Sphinx* étoient enfoncés en terre, les uns jusqu'aux épaules, les autres jusqu'au ventre ſeulement : on en voit encore quelques-uns en Egypte.

SPINELLO, Peintre Italien, natif d'Arezzo dans la Toſcane, s'acquit de la réputation ſur la fin du quatorziéme ſiécle. A l'âge de ſoixante-dix-ſept ans, il fit dans la Ville d'Arezzo un tableau où il repréſenta la chute des mauvais Anges, qui furent précipités dans les abymes de l'enfer. Parmi ces démons il peignit Lucifer ſous la forme d'une bête hideuſe, & le fit ſi horrible, que ſon imagination en reſta frappée, de ſorte qu'une nuit en dormant, il crut voir le Diable tel qu'il l'avoit peint, qui lui demandoit en quel lieu il l'avoit vû, pour l'avoir peint ſi difforme. Ce ſonge épouvantable réveilla *Spinello*, qui penſa mourir de frayeur : depuis ce temps il eut toujours la vûe égarée, & l'eſprit troublé.

SPRANGER [Barthélemi] natif d'Anvers, étoit fils d'un marchand de cette ville, & vivoit dans le XVIe. ſiécle. On reconnut l'inclination qu'il avoit pour le deſſein à quelques figures qu'il craïonna étant encore enfant dans les livres de compte ; ce qui engagea ſon pere à le faire étudier chez un Peintre de ſa connoiſſance.

Spranger étudia avec application les principes de ſon Art, & s'adonna particulierement à la lecture des Poëtes. Enſuite il vint en France où il fit connoître ſon génie ; de-là il paſſa les Alpes & s'arrêta quelque tems à Milan, où il fit de génie une danse de Magiciens dans les ruines d'un colisée. Ce morceau le mit en réputation & engagea le Cardinal Farnese à attirer *Spranger* à Caprarole pour le faire travailler dans son Palais. Depuis il le presenta au Pape Pie V. qui le retint auprès de sa personne, & lui donna un logement au Belveder. Il y peignit sur une planche de cuivre de six pieds, le Jugement dernier, où il fit entrer cinq cens figures parfaitement diversifiées : on trouva ce tableau si parfait qu'on le mit auprès du Tombeau du Pape Pie V. protecteur de *Spranger*.

Ce Peintre a fait encore plusieurs grands ouvrages dans les Eglises de Rome. Il fut ensuite appellé à Vienne par l'Empereur Maximilien II, & il peignit plusieurs morceaux de la Passion dans le Palais de Fasangaren. Après la mort de cet Empereur, Rodolphe son successeur retint *Spranger* à son service & lui donna la direction de plusieurs ouvrages, & en particulier des Arcs de Triomphe qu'on dressa à ce nouvel Empereur pour le jour de son entrée à Vienne. L'Empereur étoit si jaloux de ce Peintre qu'il lui defendit de travailler pour des particuliers, & pour lui en ôter les moyens, il lui commanda de le suivre dans tous ses voyages, & le retint à Ausbourg aussi long-tems que dura la Diette Impériale que l'on y tint l'an 1582. Depuis ce Prince ayant établi sa Cour à Prague, logea *Spranger* dans son Palais & l'annoblit.

Goltzius a gravé plusieurs de ses ouvrages, entre autres le banquet des Dieux, aux noces de Cupidon & de Psiché.

Spranger se voyant fort âgé, demanda permission de se retirer de la Cour. Ce fut alors qu'il peignit pour un de ses amis un très-beau tableau de Venus & de Mercure, qui enseigne les élemens des sciences à Cupidon. Après quoi il fit un voyage dans sa patrie, d'où étant revenu à Prague, il y mourut dans un âge extrêmement avancé.

STANTE', terme de Peinture, se dit d'un tableau peiné, & qui ne paroît pas sortir d'une main libre.

Les tableaux doivent être finis, mais il ne faut pas qu'ils paroissent *stantés*.

STATIQUE, c'est la partie des Mathématiques qui embrasse la connoissance des poids, des centres de gravité, & de l'équilibre des corps.

L'Hydraustatique enseigne à connoître les corps pésans, étant considérés sur des corps liquides, avec la comparaison des uns & des autres.

STATUAIRE, Sculpteur qui fait des statuës.

Statuaire se dit aussi de l'Art même des Statuës. La *Statuaire* est un Art fort ancien.

STATUE, représentation d'une personne en relief, soit de pierre, soit de bois, soit de métal.

STATUE Pedestre, c'est une *statuë* en pied ou de bout comme celle de la Place des Victoires.

Statuë Equestre, c'est celle qui représente un homme à cheval, comme celle de Marc-Aurele à Rome, & celle de Louis XIV. dans la Place de Vendôme.

Statuë de fonte. Les ouvrages de fonderie sont fort anciens ; mais on peut dire que cet Art ne s'est perfectionné que vers le milieu du dernier siécle, où l'on a fondu d'un seul jet de grands morceaux, ce qu'on n'avoit point hazardé, ni peut-être imaginé jusqu'alors. Telle est par exemple la *Statuë* Equestre dont je viens de parler, érigée dans la Place de Vendôme ; ouvrage qu'on peut regarder comme le chef-d'œuvre de la fonderie. Ce morceau qui a vingt & un pieds de hauteur, est fondu d'un seul jet, ce qui le distingue de toutes les *Statuës* Equestres, soit antiques, soit modernes, fonduës auparavant : en effet les autres *Statuës*, comme celle de Marc-Aurele à Rome, celle de Côme de Medicis à Florence, d'Henri IV. sur le Pont-neuf à Paris, & beaucoup d'autres ont été fonduës à plusieurs reprises. Les figures & toutes les autres parties de la Chaire de Saint Pierre qu'on voit dans l'Eglise de Saint Pierre de Rome, qui est un ouvrage de bronze de plus de 80 pieds de hauteur, ont été fonduës de plusieurs morceaux séparés, & remontés sur une armature de fer.

Les Egyptiens & les Grecs ont connu l'Art de fondre ; mais ce qui reste de leurs ouvrages, & ce qu'on en sçait par l'Histoire, n'est que fort médiocre pour la grandeur, excepté le Coloſſe de Rhodes, la *Statuë* coloſſale de Neron, & un petit nombre d'autres ouvrages. Il y a même lieu de croire que ces derniers morceaux n'étoient que de platinerie de cuivre, ſans être fondus : de ce dernier genre, eſt la *Statuë* Equeſtre du Connétable de Montmorency qu'on voit à Chantilli.

Une choſe qui arriva dans le tems de la fonte de la *Statuë* Equeſtre de la Place de Vendôme, fait préſumer qu'on pourroit faire d'un ſeul jet des morceaux beaucoup plus conſidérables : voici le fait. En voulant éprouver le fourneau, avant que de faire la grande fonte, on y avoit fondu vingt milliers de métal, qui quoiqu'expoſé à l'air, a coulé dans des Lingotieres éloignées de cinquante pieds du fourneau, ſans ſe figer. De cette expérience, on peut juger que s'il a coulé cinquante pieds de matiére, quoiqu'expoſée à l'air, ſans ſe figer, & dans des conduits qui n'avoient point été échauffés, il pourroit couler dans une foſſe par des jets renfermés, échauffés, & fort ſéchés par le recuit, au double & plus de la hauteur de cet ouvrage. Dans le tems qu'on propoſa de faire dans le Chœur de l'Egliſe de Notre-Dame de Paris, un Autel en baldaquin de bronze de cinquante pieds de haut, pour acquitter le vœu de Louis XIII. Landouillet, habile Fondeur, propoſa de le fondre d'un ſeul jet, dans le Chœur même de Notre-Dame, en conſtruiſant ſes fourneaux dans l'Egliſe : le projet étoit beau,

& pouvoit réussir, mais il ne fut point suivi.

La Sculptute de la *Statuë* Equestre de la Place de Vendôme, est de Girardon : la fonte a été conduite par Jean Balthazar Keller, Suisse. Ceux qui voudront connoître plus particulierement toute la Méchanique de ce grand ouvrage, n'ont qu'à consulter le Mémoire Curieux que Mr de Boffrand a publié sur cette matiere, & par lequel il a consigné à la postérité l'invention d'un Art (j'entends l'Art de fondre de grands ouvrages d'un seul jet) qui fait tant d'honneur au siécle de Louis XIV.

Statuë Curule, c'est celle qui représente un homme dans un Char, comme on en a vû dans les Cirques & dans les Hipodromes anciens.

Statuë Allégorique, c'est celle qui sous le symbole de la figure humaine, représente des Fleuves, des Divinités, &c.

Statuë Hydraulique, c'est celle qui sert d'ornement à une Fontaine, & qui fait l'office de jet ou de robinet par quelqu'une de ses parties.

Statuë Colossale, c'est celle qui est beaucoup plus haute que nature, comme le Colosse de Rhodes, & l'ancienne statue de Neron.

Statuë Persique, c'est toute figure d'homme qui fait l'office de colonne sous un entablement, *voyez* PERSIQUE.

Statuë Caryatique, c'est la statue d'une femme qui sert au même usage, *voyez* CARYATIQUE.

STEENWICK [Henri] Peintre Flamand ainsi nommé du lieu de sa naissance, qui est une petite ville dans la Province d'OverIssel fut disciple de Jean Urie. Son inclination le porta à faire en petit des perspectives de l'intérieur de plusieurs Eglises, & il y réussit parfaitement. Les guerres de Flandres le contraignirent de sortir de son païs, pour aller à Francfort, où après avoir exercé long-tems sa profession, il mourut en 1603. Il laissa un fils qui a suivi le même genre de Peinture, & qui a beaucoup travaillé en Angleterre.

STELLA [Jaques] né l'an 1596, étoit fils de François *Stella* Flamand de nation, qui fut un fort bon dessinateur. Jaques perdit son pere à l'âge de neuf ans. Il en avoit à peine vingt qu'il entreprit le voyage d'Italie. Son passage par Florence lui donna occasion de se faire connoître du grand Duc Côme de Medicis, qui voulant faire une fête magnifique pour les nôces de son fils, le retint à son service, & lui donna une pension pareille à celle de Callot qui étoit alors à Florence.

Stella demeura sept ans dans cette ville & y fit plusieurs ouvrages de Peinture & de Gravûre : ensuite il passa à Rome où il s'arrêta onze ans, à faire de sérieuses études sur les sculptures antiques, & sur les peintures de Raphaël & des autres Maîtres : enfin après avoir acquis une grande réputation dans Rome & y avoir fait un grand nombre de tableaux qui ont été gravés, il prit la résolution de retourner en France, dans le dessein néanmoins de passer au service du Roi d'Espagne, qui l'avoit demandé avec instance. Il passa par Milan, où il refusa la direction de l'Academie de Peinture que le Cardinal Albornos lui offroit.

Lorsqu'il fut arrivé à Paris, il ne songea plus qu'à se preparer au voyage d'Espagne: mais le Cardinal de Richelieu le fixa en France par l'esperance qu'il lui donna de lui faire dans sa patrie un parti plus utile; il le presenta au Roi, qui lui donna une pension & un logement au Louvre. Ensuite le Roi le fit Chevalier de Saint Michel.

Stella a peint pour le Roi plusieurs grands tableaux dont la plûpart ont été envoyés à Madrid. Comme il étoit fort laborieux, il employoit en hiver les soirées à faire des desseins de l'Histoire Sainte, de jeux champêtres, de jeux d'enfans: & tous ces desseins font une suite de plusieurs piéces qui ont été gravées.

Ses grands travaux l'affoiblirent si fort que quelques années avant sa mort, il traîna une vie languissante. Il mourut en 1647 âgé de 61 ans.

STIL *de grain*, ou de *grun*: c'est une couleur jaune qui se fait avec du blanc de plomb & de la décoction de graines d'Avignon, faite dans de l'eau & de l'alun: c'est une couleur assez indifferente, & qui par le mélange est fort susceptible des qualités des autres couleurs.

Quand on le mêle du brun rouge, on en fait une couleur des plus terrestres, mais si on la joint avec du blanc ou du bleu, on en tire une couleur des plus fuiantes.

Le *stil* de grain se fait communément avec du blanc de Troïe, & de la graine d'Avignon, mais l'espéce en est mauvaise, & il change. Il est mieux de le faire avec du blanc de plomb ou de ceruse, qu'il faut broïer bien fin en le détrempant sur un porphire, d'où il le faut lever avec une spatule de bois, & le laisser sécher dans une chambre à l'ombre: ensuite prenez de la graine d'Avignon, mettez-la en poudre dans un mortier avec un pilon de bois, & la faites bouillir avec de l'eau, dans un pot de terre plombé, jusqu'à ce qu'elle soit consommée environ du tiers ou plus: passez cette décoction dans un linge, & jettez-y la grosseur de deux ou trois noisettes d'alun pour l'empêcher de changer de couleur; quand il sera fondu, détrempez le blanc de cette décoction & le reduisez en forme de bouillie assez épaisse, que vous petrirez bien entre les mains & en ferez des Trochisques que vous ferez sécher dans une chambre bien aérée, & quand le tout sera sec, vous le détremperez de même jusqu'à trois ou quatre fois avec ladite décoction, selon que vous voudrez que le *stil* de *grain* soit clair, ou brun, & le laisserez sécher à chaque fois bien sec.

Remarquez

Remarquez qu'il faut que ce ſuc ſoit chaud, quand on en détrempe la pâte, & qu'il faut en faire d'autre l'orſque le premier eſt gâté, prenant garde de ne pas mettre dedans, ni d'y faire toucher du fer ou de l'acier : mais ſe ſervir d'une ſpatule de bois.

STIMMER (Tobie) excellent Graveur & aſſez bon Peintre étoit de Schaffouſe. Il a peint à Freſque les façades de pluſieurs maiſons à Francfort & dans ſa patrie ; Il a publié grand nombre d'Eſtampes ſur bois, entr'autres les figures de la Bible, ouvrage dont Rubens faiſoit grand cas.

Stimmer mourut fort jeune : il avoit deux freres qui partagerent ſes talens; l'aîné peignoit fort bien, & le plus jeune étoit un excellent graveur.

STOCKOLM. Ville capitale de Suede, elle eſt bâtie ſur pilotis, comme Veniſe, à l'embouchure du Lac-Méler dans la mer Baltique. Ses fauxbourgs ſont en terre ferme ; mais les ſix quartiers qui compoſent la ville ſont bâtis dans ſix Iſles. Elle eſt fort grande & fort riche & ſon port eſt un des plus beaux de la mer Baltique. Il eſt admirable pour ſa capacité, pour la tenue de ſon fonds, pour ſon abri, & pour ſes fortifications : enſorte que les plus grands vaiſſeaux y ſont à l'abri contre les coups de la mer, & contre les attaques de l'ennemi.

Le Palais du Roi eſt fort vaſte, & quoiqu'il ſoit antique, l'Architecture en eſt aſſez bonne.

STONE-Hinge, édifice ſurprenant & le monument ancien le plus curieux qu'on voie en Angleterre : il eſt dans la plaine de Saliſburi dans le Comté de Wilte. Il eſt composé de pluſieurs grandes pierres griſâtres qui n'ont point été taillées, dont quelques-unes ont 28 pieds de long & dix d'épaiſſeur; elles ſont poſées deux à deux, à plomb, avec une troiſiéme, qui eſt en travers, & elles ſont liées avec des tenons & des mortaiſes. Speed croit que ce monument eſt l'ouvrage d'Aurelius Ambroſius, Roi de la Grande Bretagne. Mais l'Auteur d'un livre Anglois écrit ſur ce ſujet, & qui eſt intitulé, *Stone-hinge Reſtored*, entreprend de prouver que c'eſt un Temple conſtruit par les Romains en l'honneur de Cœlum, le plus ancien des Dieux, voici ſes raiſons.

Que ce ſoit un ouvrage des Romains, cela paroît, dit-il, par l'Architecture & par la forme de ce monument. Ce ſont quatre triangles équilateraux inſcrits dans un cercle, avec un double portique, modele fort uſité chez les Romains dans leurs édifices, ajoutez que les Architraves ſont toutes ſans mortier, ce qui étoit fort ordinaire chez les Romains.

La ſituation, ajoute l'Auteur Anglois, l'aſpect & la forme de cet édifice montrent que c'étoit un lieu conſacré au Dieu Cœlum. En effet il eſt dans une plaine ouverte de toutes parts, ſans bois, ſans Village à l'entour. Il eſt découvert, & n'a point de toit ; sa figure est circulaire &c. voila ce que dit l'Auteur Anglois.

Camden croit que ce sont des pierres artificielles, faites sur les lieux par fusion, ou par impastation, & que les anciens avoient ce secret : c'est ainsi, dit-il, que les citernes de Rome étoient faites de sable, dont les grains étoient unis ensemble par une espéce de ciment & devenoient par-là aussi durs que les pierres. Il ajoûte qu'on trouve en creusant dans cet endroit des ossemens de corps humain. On a une représentation de cet édifice gravée par le celébre Sebastien le Clerc dans le livre intitulé, Histoire des *singularités* naturelles d'Angleterre imprimé à Paris en 1667.

Childrei, autre Ecrivain Anglois, soutient que cet édifice qui a tant exercé l'esprit des Antiquaires n'est qu'un amas de pierres brutes & naturelles que le hazard a assemblées dans ce lieu : en ce cas ce monument seroit quelque chose de fort commun, & les Antiquaires Anglois auroient fait là une dépense d'esprit fort inutile.

STRADA (Jaque de) natif de Mantouë se fit de la réputation dans le XVI siécle par son habileté dans le dessein des médailles anciennes.

On garde dans la Bibliothéque Impériale à Vienne dix volumes de ses desseins de Médailles, tant Grecques que Latines d'une grande beauté ; ainsi qu'il paroît par quelques unes que Lambex a fait graver dans la deſcription de cette Bibliothéque. C'eſt ſans doute ſur ces deſſeins qu'ont été gravées les Médailles qu'Octave de Strada fils de Jâques à données avec les vies des Empereurs en 1615 & en 1629.

STRAPASSER, STRAPASSONNER, eſtropier; un deſſein *ſtrapaſſé*, *ſtrapaſſonner* des figures. Du Freſnoi a dit, Tentoret étoit quelquefois un grand *Strapaſſon* : mais ce dernier mot eſt peu uſité.

STRASBOURG Ville de la baſſe Alſace, fameuſe par ſon Arſenal, ſa maiſon de ville, ſont pont de bois, ſa belle Cathédrale, & par la Tour pyramidale qui l'accompagne.

Cette Tour a cinq cens ſoixante & quatorze pieds de hauteur : l'on y monte par ſept cens dégrés. C'eſt-là qu'eſt ce bel Horloge ſi connu ſous le nom d'Horloge de *Strasbourg*. Il a divers Cadrans qui indiquent les heures, les jours, & les mois de l'Année, le cours du Soleil & de la Lune, & des autres Planetes. Les ſept jours de la ſemaine ſont figurés par les ſept Planetes qui paſſent tour à tour dans un chariot. Il y avoit auſſi des reſſorts qui ſervoient à marquer les Eclipſes de Lune & de Soleil, mais ces reſſorts ne marchent plus.

STRIURE. Il ſe dit de l'intervalle creux qui regne du haut en bas du fût de la colonne, c'eſt la même choſe que cannelure.

STROZZI [Palais de] à Veniſe. il

est situé sur une des places publiques de la ville, sa principale vuë est sur la ruë *Sainte Marie de Fleurs*; sa forme est presque quarrée. Par la grande entrée, laquelle est au milieu de la face, on arrive à un grand vestibule, au milieu duquel, à droite comme à gauche, il y a un grand escalier, large, clair, & fort orné, faisant retour dans l'angle, chacun de ces escaliers ayant un perron semblable à l'autre. A la droite, derriere l'escalier, il y a deux grandes sales, & à la gauche deux semblables, à la maniere de Florence : au bout du vestibule il y a une ouverture, par laquelle on entre sous une galerie, dont le dessus est soutenu par des portiques, qui entourent une grande cour, par laquelle tous les logemens qui sont aussi à l'entour, sont éclairés : au bout de la galerie d'entrée, à la gauche, il y a une porte ouverte sur la ruë, & vis-à-vis, au bout de la même galerie, à la droite, il y a une autre porte pour entrer dans le jardin; plus avant, du même côté, il y a un appartement un peu élevé, distribué en deux piéces semblables. Au derriere il y a une cour close du mur voisin, par dessus lequel vient la clarté, & à chaque bout de cette cour, il y a un escalier par lequel on communique aux apartemens d'en haut, & à ceux d'en bas, où sont, outre les caves, les offices, cuisines &c.

Ce Palais est un peu élevé de terre, pour lui donner plus de grandeur, & sa belle hauteur eſt diſtribuée en trois étages : le premier eſt d'ordre Dorique, à boſſage, ayant des pilaſtres couplés au portail, & aux deux extrêmités de la façade, leſquels ont tous leurs ornemens : les fenêtres ont auſſi leurs ornemens particuliers, & au deſſus de ces fenêtres il y a des tables quarrées, renfoncées dans le mur, leſquelles ſont remplies de ſculptures ou bas reliefs, repréſentant diverſes hiſtoires, ayant auſſi leurs chambranles ou cadres ornés de moulures. Le ſecond eſt d'ordre Ionique avec des pilaſtres accompagnés de leurs ornemens, & au milieu ſur la porte d'entrée, une arcade, ayant ſon appui ſoutenu de baluſtrades. Elle eſt auſſi accompagnée de pilaſtres qui repondent à ceux du portail, & à chaque trumeau, entre toutes les fenêtres, il y a auſſi un pilaſtre dans toute la longueur de la face, avec des ſtatues, couchées ſur les frontons des fenêtres, dont les bandeaux ou chambranles ſont ornés de moulures. Le troiſiéme eſt d'ordre Romain, avec des pilaſtres, accompagnés de tous les ornemens, & diſtribués de même qu'à l'étage de deſſous, les fenêtres auſſi couronnées de frontons, avec des ſtatues, tous les appuis ſoutenus de baluſtres, & dans la friſe des jours en ovale, avec leurs ornemens autour. Toute ſa façade eſt ornée de cadres, chambranles, bandeaux, couronnemens, frontons, ſtatuës, hiſtoires, inſcriptions, armoiries, & dans tous les endroits propres & convenables à chacun de ces ornemens.

La face de derriere eſt ornée des mêmes ordres que les dehors. Ce Palais a été bâti ſur les deſſeins du Scamozzi.

STRUCTURE, Conſtruction, maniere de conſtruire : un bâtiment d'une belle *ſtructure*.

Les *ſtructures* gothiques étoient plus groſſieres, mais auſſi plus ſolides que les modernes.

STUC. Le *ſtuc* eſt une eſpece de mortier, composé de chaux & de marbre pulveriſé : c'eſt avec cette matiere qu'on compoſe certains ornemens qui entrent dans les grandes compoſitions, & qu'on appelle pour cette raiſon, ornemens de *ſtuc*.

Jean da Udiné eſt le premier des Peintres modernes qui les ait employés.

STUCATEUR. Ouvrier qui travaille en *ſtuc*

Les Italiens diſent *ſtucco*, d'où nous avons formé *ſtuc* & *ſtucateur*.

SUELTE. Agile, degagé : figure *ſvelte*. Les Italiens diſent *ſvelto*.

Felibien, ou ſon Imprimeur, écrit *ſuelte* par un u voyelle, c'eſt une faute.

SUEUR [Euſtache le] excellent Peintre François, fut de l'Academie Royale de Peinture & de Sculpture, dès les premiers jours de ſon établiſſement. Il naquit à Paris en 1617, & il commença par ſe mettre ſous la conduite de Vouet, comme tous les jeunes Peintres de ſon tems, & au lieu que les éleves des autres Peintres s'imaginent ne pouvoir mieux faire que d'imiter leur maître, celui-ci, de même que le Brun son contemporain & quelqu'autres encore qui avoient un génie supérieur pout la Peinture, s'est fait considérer pour avoir quitté la maniere de son maître. En effet quoique Vouet fut habile, le *Sueur* avoit un goût bien plus exquis & bien plus délicat.

Le plus considérable ouvrage de le *Sueur* est la vie de Saint Bruno, qu'il peignit dans le Cloître des Chartreux de Paris, dans vingt-deux tableaux, d'une beauté admirable. *Voyez Chartreux.*

Il travailla pendant trois ans à cet ouvrage.

Le tableau de Mai, que le *Sueur* fit pour Notre-Dame en 1650. est encore un de ses plus beaux ouvrages: il a pris pour sujet Saint Paul prêchant dans la Ville d'Ephese & convertissant les Gentils, qui apportent leurs livres de sciences profanes pour être brûlés.

Il a fait un *Christ mourant* pour les Capucins de la ruë Saint Honoré.

Un tableau de la Magdelaine, & un autre du Martire de Saint Laurent pour l'Eglise de Saint Germain l'Auxerrois: outre ceux qu'il a faits pour les Bénédictins de Marmoutier, & où il a représenté l'histoire de Saint Martin.

Il fit sur la fin de sa vie deux tableaux de l'histoire de St. Gervais, & de St. Protais pour servir de cartons pour les tapisseries qu'on voit à Paris dans l'Eglise de St.

St. Gervais. Ces cartons ſont d'une grande beauté.

Ce qu'il y a de plus eſtimable dans la maniere de le *Sueur*, c'eſt qu'elle n'a rien d'affecté. C'eſt la belle nature priſe d'après l'idée qu'il s'en étoit formée, & qu'il varioit en autant de façons differentes que les differens ſujets le demandoient, n'ayant aucune maniere trop marquée : ce qui prouve la force & la facilité de ſon génie, qui ne s'aſſujettiſſant à rien de ce qu'il a vû, ni même de ce qu'il a fait, ſe figure les objets ſelon que le demande la vraiſemblance de l'hiſtoire, peignant ce qu'il voit dans ſon idée, quand il travaille d'invention, comme il peint ce qu'il voit au dehors de lui quand il travaille d'après la nature. Son bon goût lui avoit fait prendre dans l'étude des bas reliefs antiques, ce qu'ils ont de grand, de noble & de majeſtueux, ſans en imiter ce qu'ils peuvent avoir de ſec, de dur & d'immobile, & lui faiſoient tirer des ouvrages modernes ce qu'ils ont de gracieux, de naturel & d'aiſé, ſans tomber dans le foible & le meſquin qu'on leur reproche.

Quelques-uns ont trouvé qu'il lui manquoit d'être allé à Rome. Mais on ne remarque point dans ſes ouvrages ce qui a pû les faire parler de la ſorte : ſes tableaux ayant tout le bon goût, & toute la nobleſſe que l'on peut prendre en Italie.

Il a été vrai long-tems qu'il falloit aller à Rome & y étudier un tems considerable pour réussir dans la Peinture & dans la Sculpture. Mais cette maxime commence à n'être plus si vraie, depuis qu'on a transporté en France & ailleurs une partie des plus beaux tableaux & des plus belles statuës de l'Italie. Si l'on ne les a pas toutes en original on les a du moins fort bien moulées, ce qui suffit pour en prendre le goût & la maniere.

Du moins l'exemple de le *Sueur* fait bien voir que cela n'est pas absolument nécessaire, pour rendre un homme très habile dans son Art.

Il mourut le 30 Avril de l'Année 1655, âgé de 38 ans; il fut enterré à Paris dans l'Eglise de St. Etienne du Mont.

SUR-INTENDANT des bâtimens. C'est une charge fort considerable en France, & dont il n'est pas inutile de remarquer ici l'origine & les fonctions.

Autrefois il y avoit seulement des *sur-Intendans* particuliers pour les Maisons Royales: sous Henri IV. M. d'Amville de Montmorenci étoit *sur-Intendant* des Bâtimens de Fontainebleau, Mr. le Duc de Gesvres étoit *sur-Intendant* de ceux de Monçeau; Mr. de Fourci de ceux de Paris & de St. Germain-en-Laye. Mrs. de Noyers, le Camus & Ratabon l'ont été successivement de Paris, de St. Germain & de Versailles.

La sur-Intendance des Bâtimens de Paris étoit la plus considérable, à cause de la magnificence de ses édifices, & du titre de Capitale du Royaume. Dans la suite les *sur-Intendans* des bâtimens de Paris ont pris la qualité de *sur-Intendans Géneraux des Bâtimens de France.*

Mr. Colbert y joignit l'inspection sur tous les Arts & Manufactures du Royaume, & eût le titre de *sur-Intendant Géneral des Bâtimens du Roi, Arts & Manufactures de France.* Mr. de Louvois, succeda à Mr. Colbert, & eût pour successeur Mr. Colbert de Villacerf, qui mourut en 1669. Mr. Mansart eût alors cette Charge : mais après sa mort arrivée en Mai 1708, le Roi la supprima, & érigea en la place un Directeur, & ordonnateur géneral des Bâtimens, Arts & Manufactures Royales. Mr. le Duc d'Antin fût le premier Directeur, & le seul Directeur que le feu Roi nomma. Mais en 1716, il reprit le titre & les qualités de *sur-Intendant* des bâtimens, Mr. le Duc d'Orleans Regent du Royaume, ayant retabli cette Charge en sa faveur.

SURPLOMB. *L'aplomb* & le *surplomb* sont deux choses contraires.

Un mur est en *surplomb* quand il a de l'inclinaison.

On dit aussi *surplomber* : c'est un verbe neutre qui signifie être en *surplomb* : cette Tour *surplombe*,

SYMETRIE, rapport parfait ; convenance exacte, égalité.

La *symetrie* dans un bâtiment consiste dans le parfait rapport qu'ont les parties droites avec les gauches, les hautes avec les basses, celles de devant avec celles de derriere.

Proportion & *Symetrie* sont des choses differentes. *Voyez* le mot PROPORTION, où cette difference est expliquée.

Trop de *symetrie* seroit un grand défaut dans un tableau.

T

TABERNACLE, boëte de bois doré ou d'autre matiere, faite en petite chapelle, en petit temple, en baldaquin, où l'on renferme le Saint Sacrement.

Chez les Juifs, c'étoit une chapelle portative, faite en forme de tente, & construire de l'assemblage de plusieurs planches de bois de cédre, revêtues de lames d'or : on y enfermoit l'Arche d'alliance.

Ce *Tabernacle*, que Moïse fit construire, avoit trente coudées de long & douze en largeur & en hauteur. Les planches, comme je l'ai dit, étoient révêtues de lames d'or. Vers le fond du *Tabernacle* Moïse avoit fait dresser quatre colonnes de bronze dont les corniches étoient d'argent, & les vases de bronze doré. Les sacrificateurs pouvoient aller dans tout le reste du *Tabernacle*; mais il ne leur étoit pas permis d'entrer dans l'espace enfermé entre ces quatres colonnes, que l'on regardoit comme le Sanctuaire, où la Majesté de Dieu habitoit ; & il n'y avoit que le grand Pontife qui y entroit une fois l'an. Tout le *Tabernacle* étoit appellé Saint, mais cet endroit separé étoit nommé le Saint des Saints.

Il y avoit à l'entrée du *Tabernacle* cinq colonnes d'or posées sur des bases de bronze : proche des colonnes descendoit un voile de lin attaché au haut du *Tabernacle*. Ce voile étoit de couleur de pourpre ou d'écarlate, & brodé de toutes sortes de fleurs, & d'autres ornemens, à l'exception des animaux. Pour le conserver on le couvroit d'un autre voile, fait d'une étoffe propre à resister à la pluie. *Le Saint des Saints* étoit caché au yeux des Sacrificateurs, par un voile de même couleur que le premier. Le haut & les côtés du *Tabernacle* étoient ornés de riches tapisseries ; & les dehors étoient couverts de peaux de chevres, pour le garantir de la pluie & des ardeurs du Soleil.

Le *Tabernacle* étoit dressé au milieu d'une enceinte qui formoit un quarré long de cent coudées, & large de cinquante. Il y avoit de chaque côté de cette enceinte vingt colonnes de bronze, & dix dans le fond sur la largeur : la face étoit aussi large que le fond, mais la disposition en étoit differente, à cause de l'entrée qui étoit ornée de deux colonnes de bronze revêtues d'argent ; il y avoit au dedans trois autres colonnes rangées des deux côtés en ligne droite, pour former un vestibule, proche duquel il y avoit un grand vaisseau de cuivre sur une base de même métal, où les Sacrificateurs prenoient de l'eau pour laver leurs mains & leurs pieds.

Toute cette enceinte étoit environnée d'un grand voile de lin tendu à l'entour, qui lui servoit comme de mur; le voile de l'entrée étoit de lin de couleur de pourpre & d'hyacinte, & embelli de diverses figures: Moïse renferma dans le *Tabernacle* l'Arche d'alliance, la table des pains de proposition, le chandelier d'or. L'Arche d'alliance étoit une espece de coffre d'un bois incorruptible: elle étoit toute couverte de lames d'or, soit en dedans, soit en dehors.

TABLE, se dit en Architecture d'un membre simple, ordinairement quarré long, sans Sculpture, sans moulure.

Table en saillie. C'est celle qui est détachée du parement nud d'une muraille, d'un piédestal &c.

Table fouillée, c'est celle qui au lieu d'être en saillie est au contraire enfoncée: elle est ordinairement bordée d'une moulure.

Table d'attente, bossage qu'on menage dans une façade au dessus de la porte, des fenêtres &c. soit pour y tailler des têtes de Sculpture, soit pour y mettre une inscription.

TADDA [François] célébre Sculpteur d'Italie, fût protegé par Côme de Médicis, grand Duc de Toscane. Ce Prince ayant trouvé l'an 1555 quelques pieces de Porphyre parmi plusieurs morceaux de vieux marbres, voulut en faire un bassin de fontaine, & pour en faciliter le travail, il fit distiller certaines herbes, dont on tira une eau, qui avoit tant de vertu qu'en y trempant les marbres elle leur donnoit une dureté extraordinaire. Par ce moyen *Tadda* fit un très-beau bassin de fontaine; comme le Duc lui avoit donné ce secret, il l'éprouva sur d'autres ouvrages.

Il fit trois ovales, dans l'un desquels il représenta en demi relief une tête de Christ, & dans les deux autres, le Duc Côme de Médicis & la Duchesse sa femme.

Tadda fit d'autres pieces de ce genre avec un pareil succés : mais ce secret se perdit à sa mort.

TAFI, [André] Peintre Italien, né à Florence, vers l'an 1213. Voulant s'adonner à la Peinture, s'associa à quelques Peintres Grecs qui étoient à Florence, sous lesquels il apprit les principes de cet Art ; mais voyant la grande réputation de *Cimabué*, qu'il n'espéroit pas de pouvoir égaler, il lui céda les talens de la Peinture, pour se distinguer dans les ouvrages de Mosaïque, qui étoient peu connus en Italie. Le désir de se perfectionner dans ce genre le fit venir à Venise, pour en sçavoir les secrets de quelques autres Grecs qui travailloient dans l'Eglise de S. Marc. Un de ces Grecs nommé Apollonius lui enseigna en même-temps la maniere de cuire le verre avec les couleurs, & attiré par les caresses de *Tasi*, il le suivit à Florence, où ils acheverent ensemble dans l'Eglise de Saint Jean plusieurs Histoires de l'Ancien & du Nouveau Testament.

Tasi fit un Christ haut de sept coudées, & rendit cette figure si parfaite, qu'elle lui acquit une approbation générale : sa réputation auroit été plus éclatante, s'il ne l'eut obscurcie par son avarice, qui lui faisoit négliger la perfection qu'il eût pû donner à ses ouvrages, en les formant avec plus de soin. Il mourut l'an 1294.

TAILLE, Stature : la taille se prend depuis les épaules jusqu'à la ceinture. Sa beauté consiste principalement dans les épaules que les Peintres doivent faire larges dans les hommes & dans les femmes, mais plus dans ceux-là, que dans celles-ci.

En terme de gravûre, on appelle *taille* l'impression du burin, de l'échope, du cizelet, & des autres instrumens de gravûre.

On appelle *tailles*-douces, ou figures en *tailles*-douces, les Estampes gravées au burin.

On appelle *tailles* de bois les figures gravées sur bois. La *taille* de bois a ses beautés comme la *taille* douce, & d'habiles Graveurs, comme *Albert-Dure* & *Stimmer* l'ont souvent préferée.

La différence essentielle de l'une à l'autre, est que la premiere marque par ses parties élevées, & la seconde par ses parties creuses. *Voyez* GRAVURE.

TALON, ornement d'Architecture qui consiste dans une moulure concave par le bas, & convexe par le haut.

Talon renversé, c'est une moulure dont la partie concave est en haut.

TALUS ou TALUT, inclinaison. Une muraille en *talus*, c'est une muraille diminuée par le haut, & qui va toujours en augmentant par le bas, ensorte qu'elle a beaucoup plus de ventre par le bas, que par le haut.

On dit *taluter*, c'est donner du *talut*.

TASTER, TASTONNER. Les Peintres appellent ouvrage *tâté*, un tableau fait d'une main peu hardie, peu assurée, & travaillé en *tâtonnant*.

C'est le défaut ordinaire des copies, qui n'ont jamais la hardiesse de l'original, & qui sont presque toujours *tâtées*.

Tâtonner a le même sens, mais il est verbe neutre.

On ne dit point *tâtonner* un tableau; un tableau *tâtonné*: on dit *tâtonner* tout court.

Felibien dit qu'un Peintre ignorant, & qui n'a pas des principes sûrs, est toujours obligé de *tâtonner*: il n'y a que la science & le génie qui puissent donner au Peintre une noble liberté, jointe à une élégante précision.

TEINTE, demi-*teinte*, se disent en parlant des différentes nuances du coloris.

Teintes claires ; *teintes* vives ; *teintes* foibles, ou demi-*teintes*.

La dégradation des couleurs se fait par *demi-teintes*.

TEMPESTE, [Antoine] Peintre Florentin, avoit un génie particulier pour représenter des Batailles, des Chasses, des Cavalcades, & pour peindre des Animaux.

Il s'est aussi adonné à la gravûre, & il a publié un grand nombre d'estampes fort estimées : il a gravé jusqu'a dix-huit cens piéces.

TEMPLE, lieu destiné au culte de la Divinité. Il y avoit chez les Anciens des *Temples* de différentes formes, auxquels on donnoit différens noms.

Temple Tetrastyle, c'est celui qui avoit quatre colonnes de front.

Temple Octostyle, c'est celui qui avoit huit colonnes.

Temple Periptere. Voyez PERIPTERE.

Temple Monoptere, c'est celui qui avoit un Dôme porté sur des colonnes à jour, c'est-à-dire, sans murailles, comme le fameux *Temple* d'Apollon à Delphes.

Il y a eu un culte sur la terre avant l'établissement d'aucun *Temple* : on sçait que les Juifs ont été long-tems sans en avoir. Les Payens n'en avoient pas non plus, & faisoient leurs adorations, les uns sur le sommet des montagnes, les autres dans de grandes plaines ; mais on s'apperçût dans la suite que l'application d'esprit qui étoit requise pour invoquer les Dieux, demandoit quelque retraite : c'eſt pourquoi pluſieurs Nations commencerent à ne plus célébrer leurs myſtéres que dans les bois. Delà on vint à enfermer de murailles les endroits deſtinés aux Prieres & aux Sacrifices ; mais ils les laiſſerent découverts, afin qu'on pût voir le Ciel de toutes parts. Herodote prétend que les Egyptiens ont été les premiers peuples qui ayent bâti des *Temples*.

Quant à ce qui regarde la conſtruction des *Temples*, nous trouvons que les anciens Architectes les bâtiſſoient de telle maniere que le peuple y faiſant ſes prieres, avoit le viſage tourné vers l'Occident : c'eſt ce que nous apprenons d'Hygin, qui n'en dit pas la raiſon : mais il ajoute que cette maniere fut bien-tôt changée, & qu'on trouva plus à propos de tourner les *Temples* vers l'Orient, afin de prier les Dieux du côté où le Ciel envoye ſa lumiere aux hommes ſur la terre.

La forme des *Temples* étoit différente ſuivant la nature de chaque Divinité : ceux de Jupiter étoient longs, & pour l'ordinaire découverts, ou du moins fort élevés, pour marquer qu'il étoit ſupérieur aux autres Dieux, & que ſa grandeur ne pouvoit être renfermée. Ceux de Cerés, de Veſta, de Bacchus, du Soleil, & des autres Dieux étoient ronds : ceux de Pluton, & des autres Dieux infernaux, étoient en forme de voûtes ſouterraines. Les endroits mêmes où l'on bâtiſſoit les *Temples*, étoient différents ſelon les différentes Divinités. Les Dieux Tutelaires des Villes avoient les leurs à l'endroit de la Ville le plus élevé, comme pour être en état de la protéger, & de la défendre de tous côtés. Les Dieux qui présidoient aux Vertus, à la Paix, aux Arts, avoient les leurs aux endroits de la Ville les plus peuplés, comme pour inspirer de plus près aux hommes des sentimens honnêtes & favorables au bien public. Enfin pour les Divinités qui n'avoient que l'intendance des plaisirs, comme Venus, ou de la guerre comme Mars & Bellone, ou du feu comme Vulcain, leurs *Temples* étoient hors des Villes : pour marquer que c'étoient-là des choses nuisibles aux hommes, ou du moins dont l'usage ne devoit pas leur être familier. Les *Temples* de Neptune étoient d'ordinaire sur les bords de la Mer, & ceux d'Esculape & des autres Dieux de la Médecine, aux endroits des Villes ou de la Campagne les plus tempérés, les plus agréables, & où l'air étoit le meilleur, afin que tout contribuât au rétablissement des malades, qu'on y envoyoit pour obtenir la guérison.

Les *Temples* les plus fameux de l'antiquité, ont été le *Temple* d'Ephese (*Voyez* Ephese) le *Temple* d'Apollon à Rome, bâti par Auguste sur le mont Palatin. Les portes en étoient d'yvoire : on voyoit au milieu du *Temple* le Soleil assis dans un char d'or massif.

Properce a fait la Description de ce *Temple* dans la trente-uniéme Elégie du

Livre II. Il y avoit dans ce *Temple* un Chandelier de bronze d'un travail merveilleux : il ressembloit à un grand arbre, & il avoit ses branches, d'où pendoient des lampes allumées.

Le *Temple* de Jupiter au Capitole, étoit encore un *Temple* fameux : on y voyoit une Statuë d'or massif de ce Dieu, haute de dix pieds.

Le *Temple* de Minerve à Athenes, où étoit la belle Statuë d'or & d'yvoire de cette Déesse, haute de trente-neuf pieds, & faite par Phidias, étoit un édifice superbe.

TENDRESSE, TENDREMENT, peindre avec *tendresse*.

Peindre *tendrement*, c'est peindre d'une maniere onctueuse & moëleuse ; séche-resse est l'opposé de *tendresse*.

On dit aussi une statuë travaillée avec *tendresse*.

TENIERS. Il y a eu deux Peintres Flamands de ce nom : *Teniers* le vieux, & *Teniers* le jeune.

Le premier a excellé dans les petits tableaux qui font l'ornement du Cabinet des Curieux.

Teniers le jeune avoit la maniere ferme, & le pinceau très-léger. C'étoit un Protée qui avoit le talent de se transformer tantôt en Bassan, tantôt en Paul Veronese. *Voyez* PASTICHE.

TENON, c'est le bout d'une piéce de bois, diminué quarrément, environ d'un tiers de son épaisseur pour entrer dans une mortoise.

Les Sculpteurs appellent *tenons* des bossages ou pierres brutes, qu'ils laissent dans leurs statuës pour en soutenir les parties isolées, qui pourroient se rompre lorsqu'on les transporte : quand les statuës sont en place, on scie les *tenons*.

On laisse des *tenons* encore derriere les feuilles d'un chapiteau pour les conserver.

TERME, Statuë d'Homme, de Femme, de Divinité, dont la partie inférieure va en diminuant, & se nomme gaîne.

Les *Termes* se placent ordinairement dans les jardins.

Quelquefois on place des *Termes* sous des entablemens, où ils font l'effet des Statuës *Persiques* ou *Caryatiques* : on en voit de cette sorte au Couvent des Theatins de Paris.

Terme Marin, c'est celui qui au lieu d'une gaîne, se termine en queuë de poisson.

Terme double, c'est celui dont la gaîne porte deux demi-corps, ou deux bustes adossés : tels étoient les *Hermathenes*.

Il y en a eu de quadruples, ou à quatre têtes, & l'on en voit encore deux de cette espéce à Rome, au bout du pont, nommé pour cette raison *Ponté di quattro capi*.

TERRAIN, se dit en Architecture de tout lieu, de tout espace de terre propre à bâtir.

Terrain spacieux ; *terrain* étroit.

Terrain s'entend en Peinture, sur-tout en parlant d'un Païsage, d'un espace de terre distingué d'un autre & un peu nud, sur lequel il n'y a ni bois fort élevés, ni montagnes fort apparentes.

Les *terrains* contribuent beaucoup à la perspective d'un païsage, parce qu'ils se chassent l'un l'autre, soit par leurs formes, soit par le clair-obscur, soit par la diversité des couleurs, soit enfin par une liaison insensible qui conduit d'un *terrain* à l'autre.

TERRASSE, par rapport à la Peinture, s'entend d'un espace de terre dénué ou peu chargé d'herbes & de plantes, comme sont les grands chemins, & d'autres lieux fort fréquentés.

« On n'employe gueres les *terrasses*, dit » Mr de Piles, que sur le devant du ta» bleau; elles doivent être spacieuses & » bien ouvertes, accompagnées si l'on » veut de quelque verdure, qui s'y trou» ve comme par accident, aussi bien que » de quelques cailloutages, qui étant jet» tés avec prudence, rendent la *terrasse* » plus vrai-semblable. »

Terrasse par rapport à l'Architecture, est un massif de terre élevé, & revêtu d'une forte muraille.

Les *terrasses* de S. Germain & de Meudon sont des ouvrages fort considérables, mais nullement comparables aux fameuses *Terrasses* de Babylone. *Voyez* BABYLONE.

Contre-terrasse, c'est une *terrasse* élevée au-dessus d'une autre.

Terrasse de bâtiment. *Voyez* PLATTE-FORME.

La *terrasse* ou plate-forme de l'Observatoire, est pavée de pierre à fusil, à chaux & à ciment.

TERRASSIER, ouvrier qui travaille aux *terrasses*.

TESTE, [Pierre] natif de Lucques; c'étoit un Peintre d'un grand génie, & qui avoit une profonde connoissance de son Art ; mais son pinceau étoit dur, ses couleurs mauvaises, & sa pratique peu agréable.

L'impétuosité de son esprit ne put jamais se soumettre à l'exactitude des régles, & son feu l'emporta toujours au-delà du vrai.

Ses desseins quoique maniérés, plaisent infiniment par leur légereté, & sont beaucoup plus estimés que ses tableaux : il les a gravés lui-même en partie, le reste a été exécuté par César *Teste*, & par d'autres Graveurs. On y remarque beaucoup de feu, & même assez de gentillesse, mais peu d'exactitude & d'intelligence : il excelloit sur-tout à dessiner des enfans.

TESTE, c'est la premiere & la plus noble partie du corps humain, & celle qui veut être touchée avec plus de soin : voici en quoi consiste sa beauté. Sa forme doit être presque ronde, le front ne doit être ni trop grand, ni trop petit, ni trop plat, ni trop relevé, mais s'arrondir doucement du côté des tempes, ensorte qu'il paroisse uni & sans tache. Les yeux doivent être grands, bien fendus, vifs & doux, placés à fleur de *tête*, couverts d'un sourcil

ſourcil noir, qui commençant auprès du nez, vienne à ſe courber doucement en forme d'un demi-cercle, juſqu'à l'angle extérieur de l'œil. Les jouës doivent avoir un embonpoint convenable, une fermeté délicate, de l'incarnat & de la blancheur, de la gayeté, de l'éclat & de la fraîcheur. Les oreilles, que les habiles Peintres ont coutume de laiſſer découvertes, doivent être petites, vermeilles, arrondies, avec ces tours & ces replis qui en font l'ornement. Le nez doit être un peu aquilin, & taillé de telle ſorte que s'élevant un peu vers le milieu, il diviſe le viſage en deux parties égales. Il faut que la bouche ſoit petite, les lévres vermeilles, délicates & fermées, le menton bien arrondi, le cou blanc & poli, bien droit, & plutôt long que court, principalement dans les femmes. *Felibien.*

TESTE, ornement d'Architecture qu'on place à la clef d'une arcade, au-deſſus d'une porte, d'une fenêtre. *Voyez* MASCARON.

On employe dans ces ornemens non-ſeulement des *têtes* d'hommes, mais des *têtes* d'animaux : ainſi dans certaines boucheries on voit une *tête* de bœuf, ou de bélier : des *têtes* de cerf ſur la porte de certains Parcs, des *têtes* de chien pour les Chenils, des *têtes* de cheval pour une Ecurie, comme à la belle Ecurie de Chantilli.

THEATRE, lieu deſtiné aux Spectacles publics.

Le *Theâtre* des Anciens étoit différent de l'*Amphitheâtre*, en ce que le *Theâtre* étoit en forme de demi-cercle, au lieu que l'*Amphitheâtre* formoit un ovale parfait.

Le *Theâtre* contenoit trois parties, à sçavoir, la ſcene, l'orcheſtre, & les dégrés qui ſervoient de ſiéges aux ſpectateurs.

La Scene en général comprenoit tout le terrain qu'occupoient les Acteurs, tant ceux qui récitoient, que ceux qui danſoient, ou qui repréſentoient ſeulement par geſtes, qu'on appelloit Pantomimes. Elle avoit trois parties, dont la plus conſidérable étoit le Pupitre, en Latin *Proſcenium*, c'eſt-à-dire, le devant de la Scene. le Pupitre étoit le lieu élevé ſur lequel les Acteurs jouoient ; c'eſt ce que nous appellons aujourd'hui le *Theâtre*.

L'orcheſtre, qui faiſoit la ſeconde partie du *Theâtre*, étoit le lieu le plus bas; c'étoit un demi-cercle enfermé au milieu des dégrés : il étoit ainſi nommé, parce qu'aux *Theâtres* des Grecs c'étoit le lieu où l'on danſoit les Ballets, & à leur égard l'Orcheſtre n'étoit proprement qu'une partie de la Scene priſe au général ; mais ſur les *Theâtres* des Romains, aucun des Acteurs ne deſcendoit dans l'Orcheſtre, qui étoit occupé par les ſeuls Sénateurs.

Les dégrés où ſe plaçoient les Spectateurs, formoient la troiſiéme partie du *Theâtre*.

Ces dégrés étoient ſéparés par des paliers de repos qui tournoient en rond, de ſept dégrés en ſept dégrés, ou de neuf en neuf, & par des escaliers pour y monter. Dans les commencemens on n'étoit assis que sur la pierre & le bois dont ces dégrés étoient faits ; mais dans la suite on les couvrit de tapis, & même de coussins.

Valere Maxime nous apprend que jusqu'à l'an de Rome 558. les Sénateurs se plaçoient sur les dégrés avec le peuple ; mais leurs siéges furent séparés par Attilius Serranus, & par L. Scribonius, Ediles.

M. Scaurus Edile, & C. Curion Tribun du peuple, éleverent de très-beaux *Theâtres*, dont on admira la structure ; mais ce ne fut que pour un temps, & quand les jeux étoient finis, on détruisoit ces *Theâtres*, ou du moins les Ediles qui étoient en place, en faisoient élever de nouveaux sur les ruines des anciens, chacun voulant avoir la gloire de construire un nouveau *Theâtre*.

Pompée le grand, fut le premier qui bâtit à Rome un *Theâtre* permanent de pierres de taille, d'une Architecture magnifique, à l'extrêmité duquel il avoit fait construire un petit Temple consacré à Venus, afin que la sainteté du lieu empêchât les Censeurs de faire démolir ce *Theâtre*, si dans la suite ils étoient tentés d'en construire un autre. *Voyez* AMPHITHEATRE.

THEBAIDE, c'est ainsi qu'on appelle un des Cabinets du Palais Bourbon, qui renferme d'excellens païsages. On y voit des déserts & des cellules, habités par les enfans de feuë Madame la Duchesse, qui ſont peints en Hermites ; mais comme l'a remarqué un Ecrivain moderne [M. *Piganiol*] on a peine à s'imaginer que ces teints de Lys & de Roſes qu'on voit ici, reſſemblent aux viſages pâles & décharnés des anciens Anachoretes, & cette prétenduë *Thebaïde* ne reſſemble à l'autre que par le nom.

THEBES, Ville d'Egypte, une des plus fameuſes du monde, qui donna ſon nom à la Thebaïde. Ses cent portes chantées par Homere, ne ſont point une fiction de ce Poëte : elle étoit ſi peuplée, qu'elle pouvoit faire ſortir enſemble dix mille combattans par chacune de ſes portes. On a découvert aux environs de *Thebes*, au rapport de Thevenot, des Temples & des Palais encore preſqu'entiers, où les colonnes & les ſtatuës ſont innombrables : on y admire ſur-tout un Palais, dont les reſtes ſont comparables aux plus beaux édifices d'aujourd'hui.

Selon Thevenot on y voit des portiques d'une hauteur prodigieuſe, des ſphinx d'une matiere précieuſe, plus de cent colonnes entremêlées d'obéliſques qui ſubſiſtent encore, & des Peintures dont l'éclat n'eſt point terni.

Paul Lucas dans ſes voyages, ajoute encore aux récits de Thevenot : voici comme il s'exprime.

« Après avoir marché aſſez de temps » dans les ruines de cette ancienne Ville, » je vis la plus belle choſe qu'on puiſſe ſe » figurer : je demeurai comme interdit à

» l'aspect d'un ouvrage le plus grand & » le plus magnifique du monde : c'est un » Palais grand comme une petite Ville : » quatre avenuës de colonnes conduisent » à quatre portiques. On voit à chaque » porte, entre ces grandes colonnes de » porphire, deux figures de Géans d'un » beau marbre noir, qui ont chacun une » massuë à la main. L'avenuë qui conduit » à chaque porte, est de trois colonnes » disposées en triangle de chaque côté ; » elle est composée en tout de quinze co- » lonnes. Sur le chapiteau de chaque trian- » gle, il y a alternativement un sphinx » & un tombeau qui se suivent, & qui se » succedent. Chaque colonne a soixante » & dix pieds de hauteur ; elles sont tou- » tes d'une seule pierre.... il y en a beau- » coup de renversées.... & dans les qua- » tre avenuës, il faut qu'il y ait plus de » cinq à six mille colonnes. »

Paul Lucas ajoute qu'il découvrit parmi ces ruines douze grandes pyramides, qui ne cédent en rien à celles du grand Caire, outre un grand nombre de bustes d'hommes, de plus de trente pieds de haut.

THERMES : c'étoit chez les Grecs & chez les Romains de grands édifices destinés pour les bains, soit particuliers, soit publics.

Les bains publics étoient bâtis de différentes manieres : voici quelle étoit leur construction ordinaire.

Il y avoit deux grandes sales séparées, l'une pour les hommes, & l'autre pour les femmes. Au milieu de ces sales étoit un grand bassin, entouré de siéges, & à côté étoit la chambre des cuves, soit d'eau tiéde, soit d'eau chaude, soit d'eau froide; desquelles sortoient des tuyaux, qui aboutissoient dans le bassin : ensorte que ceux qui se baignoient n'avoient qu'à tirer le robinet qu'ils vouloient.

Les étuves pour suer étoient proches de-là : leur forme étoit ronde, & elles étoient éclairées par le haut.

Devant la sale du bain étoit une espéce de vestibule, où quand ces bains étoient occupés, ceux qui vouloient se baigner attendoient qu'il y eût des places vuides.

Le pavé des bains étoit ou de poterie, ou de marbre de diverses couleurs.

Le linge n'étant point en usage chez les Romains, ils avoient besoin de se baigner souvent : aussi les bains étoient-ils fort communs à Rome; le seul Agrippa en fit construire cent soixante & dix pour le public, & sous les premiers Empereurs, on en comptoit jusqu'à huit cens.

Il y en avoit douze très-magnifiques, entre lesquels on distinguoit sur-tout celui d'Alexandre Severe, & celui de Tite, & les *Thermes* de Diocletien. La Description qu'André Baccius nous a donnée de ces derniers bains, fournit une idée complette de la grandeur & de la magnificence Romaine dans ces sortes d'ouvrages. On y voyoit entr'autres curiosités, un grand Lac dans lequel on s'exerçoit à nager, des portiques pour les promenades,

des basiliques où le peuple s'assembloit avant que d'entrer dans le bain, ou après en être sorti, des sales où l'on pouvoit manger, des vestibules, & des cours décorées de colonnes, des lieux où les jeunes gens faisoient leurs exercices, des endroits pour se rafraîchir, des étuves, des bois délicieux plantés de planes & autres arbres, des endroits pour l'exercice de la course, d'autres où l'on s'assembloit pour conférer ensemble, des lieux où l'on s'éxerçoit à la lutte, d'autres où les Philosophes, les Rheteurs, & les Poëtes cultivoient leurs talens, &c.

Les peuples du Levant, qui font un très-grand usage des bains, en ont de très-magnifiques, & ils s'entendent beaucoup mieux que nous dans ces sortes de constructions.

THUILLERIES, grand corps de logis qui fait partie du Louvre, auquel il se joint par une grande galerie, qui a ses vûes sur la Riviere de Seine.

Ce superbe édifice fut commencé l'an 1564 par Catherine de Médicis, femme de Henry II. & mere de Charles IX. Il est composé de deux gros Pavillons quarrés, ornés de pilastres composites, & d'un gros Pavillon en forme de Dôme au milieu, sous lequel est le salon & l'escalier qui conduit aux apartemens.

Henry IV. le fit achever, & Louis XIV. en a décoré les dedans. La vûe de ce Palais est sur le jardin qui fut commencé l'an 1700, & qui a reçû sous le régne de Louis XV. tous les embelliſſemens que l'on y voit.

TIMANTE, Peintre Grec très-fameux : c'eſt de lui que Pline a dit, que dans ſes tableaux il laiſſoit plus de choſes à penſer qu'il n'en exprimoit : ainſi dans le Sacrifice d'Iphigenie, il voila le viſage d'Agamemnon, croyant mieux exprimer par-là ſon déſeſpoir, qu'en y traçant les marques viſibles de la douleur.

Pictorem imitare pelaſgum
Qui pavidam Atridæ natam dum ſiſteret Aris,
Mærentes inter proceres, patruumque Patremque,
Deſperans tantos pingendo attingere luctus,
Occuluit velo vultus prudente paternos
Et tacuit Solers, quod pingere dextra negabat.

Pictura.

Une autrefois peignant dans un petit tableau un Ciclope endormi, il s'aviſa pour faire juger de ſa grandeur, de repréſenter autour de lui des Satyres qui meſuroient ſon pouce & ſes doigts avec leur thyrſe.

Nous trouvons encore dans le Poëme de la Peinture, la deſcription de ce tableau.

An

An memorem docti Lepidum Cyclopa Timantis.
Quem tabulâ expressum tenui, cervice reflexâ,
Gramineo dormire toro fingebat. At olli
Ecce superveniunt satyri : pars territa visu
Ponè refert gressum, pars admiratur, & hæret :
Hic stupet, ille fugit : silet hic, tacitè ille susurrat :
Hi pede suspensô adrepunt, Thyrsoque virenti,
Metiri digitos, metiri bracchia certant.

TINTORET, son véritable nom étoit Jacque *Robusti* : il fut surnommé *Tintoret*, parce qu'il étoit fils d'un Teinturier.

C'étoit un Peintre d'un génie & d'une fécondité admirable : on raconte de lui un trait qui suppose une prodigieuse facilité. Les Confreres de S. Roch de Venise ayant voulu faire faire un tableau, Salviati, Frederic Zucchero, Paul Veronese, & le *Tintoret*, se présenterent en concurrence. Les Confreres de S. Roch leur dirent de présenter chacun leur dessein, & qu'on les accorderoit en choisissant le meilleur. Le jour fixé pour l'examen, le *Tintoret*, au lieu du dessein, apporta le tableau même, & sans autre façon le fit mettre en place.

Il a fait une étonnante quantité d'ouvrages, & il n'est pas surprenant que dans le grand nombre, il y en ait quelques-uns de négligés.

Le *Tintoret* mourut à Venise l'an 1594, âgé de quatre-vingt-deux ans.

Voici le jugement qu'Alphonse du Fresnoy porte du *Tintoret*.

« *Tintoret*, grand Dessinateur Praticien, » mais quelquefois grand *Strapasson*, avoit » un génie admirable pour la Peinture: » il seroit à souhaitter qu'il eût mis au- » tant d'affection & de patience dans ses » ouvrages, qu'il y a mis de feu & de » vivacité. Il a fait des tableaux qui n'ont » pas moins de beauté que ceux du Ti- » tien. Sa composition & ses accommo- » demens sont barbares pour l'ordinaire, » & ses contours ne sont pas bien purs: » son coloris & tout ce qui en dépend est » admirable. »

TINTORETTA [Maria] étoit fille du *Tintoret*: elle avoit les talens & la facilité de son pere, & quoiqu'elle soit morte à 30 ans, elle a laissé quantité de portraits d'hommes & de femmes.

TIRANT, longue poutre qui occupe toute la largeur d'un lieu, & qui est arrêtée dans ses extrêmités par des ancres, pour soutenir une ferme de comble, & empêcher qu'elle ne s'écarte.

Il y a aussi des *tirants* de fer; ce sont de grosses & longues barres, avec un trou à l'extrêmité, dans lequel on passe une ancre. Ces barres servent pour empêcher qu'une voûte ne s'écarte, pour retenir un mur, un pan de bois, une souche de cheminée.

TITIEN. Le *Titien* étoit d'extraction noble: il naquit à Cador dans le Frioul, l'an 1477.

Si l'Art de la Peinture consiste principalement dans l'imitation de la belle nature, & dans la séduction du coloris, on peut dire que le *Titien*, a été plus grand Peintre que Raphaël: quelqu'un a dit, *j'aimerois mieux être Raphaël, mais le Titien étoit plus grand Peintre.*

Il a vêcu près d'un siecle, dans l'estime, dans l'opulence, recherché même & honoré des Souverains. Charlequint lui a fait faire trois fois son portrait, & il disoit à cette occasion, qu'il avoit reçu trois fois l'immortalité des mains du *Titien.* Henri III. lorsqu'il passa à Venise alla rendre visite à ce Peintre. Le Titien mourut en 1576. âgé de quatre-vingt-dix-neuf ans. Voici l'éloge que M. de Piles fait de ce Peintre.

« Tout ce qui dépend du Coloris est » merveilleux dans le Titien........ ses » couleurs locales sont recherchées avec » une sçavante fidélité: leur verité est si » grande qu'elles ne laissent aucune idée » des couleurs qui sont sur la palette, & » qu'on ne sçauroit dire que les carna» tions du *Titien* sont faites avec telles » & telles couleurs, mais plutôt que ce

» ſont de veritables chairs, & que ſes » draperies ſont de véritables étoffes. . . . » Il a extrêmement terminé ſes ouvrages, » & il n'a point eû de maniere bien ſen- » ſible. . . . mais il y a dans ſes tableaux » des touches ſi ſpirituelles & ſi confor- » mes aux caractères des objets, qu'elles » piquent le goût des véritables connoiſ- » ſeurs beaucoup plus que les coups fort » ſenſibles d'une main hardie... Si les Pein- » tres de l'Ecole Romaine ont ſurpaſſé » le Titien en vivacité de génie & dans » le *goût du deſſein*, perſonne ne lui diſ- » pute l'excellence du coloris. »

Les deſſeins du Titien ne ſont pas moins eſtimés que ſes tableaux » ſa plume, *dit* » *Mr. Mariette*, ne le céde point à ſon pin- » ceau ; elle exprime avec la même fraî- » cheur les *ſentimens* de la chair. Cette plu- » me qui eſt auſſi moëleuſe qu'elle eſt ex- » preſſive, a ſervi heureuſement le Titien » lorſqu'il a deſſiné des païſages. . Indé- » pendemment de ſa belle façon de feuil- » ler les arbres ſans aucune maniere, & » d'exprimer avec verité les differentes » natures de terraſſes & de montagnes, » & de fabriques ſingulieres, il a en- » core trouvé l'art de rendre ſes païſa- » ges intereſſans par le choix des ſites, » & la diſtribution des lumieres. . . Tant » de grandes parties ont fait regarder avec » juſtice le *Titien*, comme le plus grand » deſſinateur de païſages qui ait encore » paru.

TIVOLI, ville d'Italie dans la campagne de Rome, à ſeize milles de cette Capitale, à douze milles de Freſcati, & à pareille diſtance de Paleſtrine. Cette ville eſt ſituée ſur le ſommet d'une montagne, auprès des hautes montagnes qui ſéparent la Sabine de l'Abruzze. *Tivoli* eſt plus ancienne que Rome : cette ville étoit célébre par ſes richeſſes, ſon commerce & ſes forces. On l'appelloit *la ſuperbe, Superbum Tibur* : & elle a encore aujourd'hui cette deviſe latine, qu'on voit autour des armes & du ſceau de la ville.

Sa ſituation qui lui donne un air frais, & ſain, avec la plus belle vûe du monde, engagea les Romains d'y bâtir grand nombre de maiſons de plaiſance, dont on voit encore aujourd'hui bien des reſtes. La plus belle, la plus grande, & la plus fameuſe étoit celle d'Adrien : *Villa Adriani.* Entre quantite de précieux reſtes qu'on en trouve ſous terre, on admire la hauteur & la ſolidité des voûtes encore entieres, malgré tout ce que le tems, l'air, les pluyes & les guerres ont pû faire pour les détruire. Toutes ces voûtes ſont en plein ceintre, & incruſtées en pluſieurs endroits de petits carreaux verniſſés.

On voit dans la ville quelques inſcriptions & quelques ruines curieuſes. Dans la place il y a deux ſtatuës parfaitement belles, d'un beau marbre granite rougeâtre, moucheté de groſſes taches noires, elles repréſentent toutes deux la Déeſſe Iſis.

Tivoli eſt à preſent une ville mediocre : elle eſt mal percée, les rues ſont fort inégales, & toutes mal pavées. La Caſcade de *Tivoli* eſt ce qui merite le plus la curioſité des voyageurs. C'eſt une chute précipitée du *Teverone*, dont le lit naturellement aſſez médiocre ſe rétrécit en cet endroit, de maniere qu'il n'a qu'environ 40 à quarante-cinq pieds de large. Sa premiere chûte eſt environ à dix toiſes au deſſus du pont : elle peut avoir 140 à 150 pieds de hauteur. Le rocher qui ſert de lit à la riviere, & d'où elle tombe en nape, eſt coupé à fond comme un mur, & les rochers ſur leſquels elle ſe précipite ſont fort inégaux, diviſés en pluſieurs pointes, qui laiſſent entre elles des vuides, & comme des chemins tortus & raboteux, fort en pente, où l'eau convertie en écume ſe répand. Il y a une autre chûte ou caſcade au deſſous du pont, moins conſidérable que la premiere, & une troiſiéme encore plus petite

On voit à la gauche de la riviere ſur une hauteur, les reſtes d'un petit temple rond, d'ordre Corynthien. Ce qui en reſte fait juger que l'Architecture en étoit fort réguliere.

Toute la montagne de *Tivoli* qui regarde la mer, la campagne, & la Ville de Rome eſt pleine de beaux veſtiges d'antiquité.

Il eſt peu d'endroits au monde où l'on trouve en ſi grande abondance toutes fortes de matériaux pour bâtir. La pierre se trouve par tout, de telle grosseur & de telle grandeur qu'on veut. Il n'est pas besoin de creuser des carrieres, il suffit de découvrir la terre : on trouve la pierre à six ou sept pieds. Elle est dure, elle a le grain fin, elle est compacte, pesante, point sujette à se déliter. Elle est grise pour l'ordinaire, & presqu'aussi belle que le marbre.

TOILE. Les anciens Peintres peignoient sur le bois & sur le cuivre avant l'invention de peindre sur *toile*.

Imprimer la *toile* : *Voyez* IMPRIMER.

Peindre sur *toile* ; tableau sur *toile*.

TOISE. Mesure arbitraire, & de differente grandeur selon les lieux.

Toise de *Roi*. C'est la *toise* de Paris qui a six pieds de *Roi*.

Toise quarrée, c'est celle qui étant multipliée par ses deux côtés, a 36 pieds de produit.

Toise cube. C'est celle qui étant mesurée dans toutes ses dimensions, produit 216 pieds cubes.

TOISER, mesurer avec la *toise*.

On *toise* les ouvrages de maçonnerie, de menuiserie pour en prendre les dimensions, & en faire le devis & l'estimation.

Le mémoire ou devis qu'on en fait s'appelle le *toisé*.

TOLEDE, Ville d'Espagne Capitale de la nouvelle Castille. Cette ville est située sur les bords du Tage, qui l'environne des deux côtés. Elle est des plus anciennes, quelques-uns faisant remonter l'époque de sa fondation jusqu'à 440 ans avant J. C.

La situation de Tolede sur une montagne élevée & assez rude la rend inégale : de sorte qu'il faut presque toujours monter & descendre. Les ruës sont étroites ; mais les maisons sont belles. On y voit un grand nombre de bâtimens superbes, & dix-sept places publiques, où l'on tient des marchés. Les deux édifices les plus remarquables sont le Palais ou Château Royal, & l'Eglise Métropolitaine. Le Château Royal est à un coin de la ville, sur le coteau le plus élevé, ou pour mieux dire sur un rocher extrêmement escarpé. On trouve d'abord en montant une grande place publique, environnée de maisons de brique, toutes semblables, ornées de portiques, avec des balcons. De là on entre dans le Château, qui consiste en quatre gros corps de logis, avec des aîles & des pavillons. A l'entrée on traverse une grande cour quarrée, longue de cent soixante pieds, large de cent trente, & environnée de deux rangs de portiques, qui dans la longueur font dix rangs de colonnes, & dans la largeur huit rangs, ce qui fait un très-bel aspect. On monte aux apartemens par un grand escalier qu'on voit au fond de la cour, & qui en tient toute la largeur. Après qu'on a monté quelques marches, cet escalier se sépare en deux, &

l'on trouve d'abord une grande galerie, qui conduit à divers apartemens extrêmement vastes. Ce Château est élevé de quatre-vingt toises au-dessus du niveau du Tage, & l'on y fait monter l'eau par des pompes.

L'Eglise Cathédrale est l'une des plus riches & des plus considérables qui soient en Espagne. Elle est ornée d'une fort belle place qui est au devant, de plusieurs portes de bronze fort exhaussées. & d'un suberbe Clocher très-élevé. Deux rangs de piliers la soutiennent, & l'on y voit quantité de chapelles dorées, & fondées par divers particuliers qui y ont des tombeaux de marbre. Celle qui sert de sépulture aux Archevêques de Tolede est toute de marbre. Le Chœur de cette Cathédrale est de menuiserie, en personages au naturel, & parfaitement bien faits. Le fond est orné de figures de marbre en relief, qui représentent la Transfiguration de Notre Seigneur. On y voit suspendues plus de quarante lampes d'argent, avec plusieurs grands encensoirs de même métal. Les siéges des Chanoines sont séparés les uns des autres par des colonnes de marbre ou de jaspe. Ces stalles sont si spacieuses qu'elles peuvent contenir trois à quatres cens personnes. Les chapelles dont l'Eglise est remplie, sont toutes richement ornées, & d'une belle grandeur.

La plus riche de toutes est celle de *Nuestra Seignora del Sagrario*, qui depuis le niveau du pavé jusqu'à la voûte est toute nicrustée de jaspe. Une grande balustrade d'argent eſt au devant de l'Autel, qu'on a placé dans une grande niche auſſi toute de jaſpe. On voit ſur l'Autel la ſtatue de la Sainte Vierge, de grandeur naturelle, d'argent maſſif, éclairée par un grand nombre de groſſes lampes d'argent; dans la muraille il y a deux tombeaux de jaſpe ſurmontés d'une pyramide, dans leſquels repoſent les fondateurs de cette magnifique Chapelle.

Le principal Autel de cette Cathédrale eſt de ménuiſerie, à grands perſonages dorés. Il eſt fermé d'un grand treillis de bronze, & à chaque côté l'on voit deux chaires de bronze doré, ſoutenuës d'un grand pilier de jaſpe, & ornées de figures en relief. Le *Sagrario* ou la principale Chapelle renferme des richeſſes immenſes.

TOMBEAU. Sépulchre; *tombeau* de pierre; *tombeau* de marbre. *Voyez* MAUSOLE'E.

TON. Dans la Peinture, on diſtingue differens modes comme dans la Muſique.

Ces modes qui ne ſont autre choſe que les differentes eſpéces de couleurs conſiderées ſelon l'amitié ou l'antipatie qu'elles ont entr'elles, s'appellent *tons*.

» Il y a une harmonie & une diſſo-
» nance dans les eſpéces de couleurs, dit
» *Mr. de Piles*. . . . Comme les inſtrumens
» de Muſique, ne conviennent pas tou-
» jours les uns aux autres, par exemple le
» Luth avec le Haut-bois, ni le Clave-

» cin avec la Musette, de la même ma-
» tiere, il y a des couleurs qui ne peuvent
» demeurer ensemble sans offenser la vûe,
» comme le vermillon avec les verds, les
» bleus, & les jaunes.

TOPOGRAPHE, TOPOGRAPHIE. On appelle Peintres *Topographes*, ceux qui font des représentations ou descriptions de Temples, de Palais, de Ports de mer, des villes & d'autres lieux.

Les Anciens appelloient les tableaux de païsages, *Topies*, *Topia* du mot grec τόπος.

Matthieu & Paul Bril, étoient d'excellens *Topographes*

Il y a de fort belles *Topographies* dans la galerie de Saint Cloud.

TORCHIS, espéce de mortier. Le *torchis* se fait avec de la terre grasse détrempée, qu'on mêle avec de la paille coupée.

Les murs des villages, des granges & des maisons de païsans ne sont pour la plûpart que de *torchis*. *Voyez* BAUGE

TORE. Moulure ronde & grosse, en forme de cable ou de gros bâton. Il sert de base aux colonnes.

TORSE. signifie quelquefois tortillé: colonne *torse*. *Voyez* COLONNE.

Torse signifie encore, mutilé, estropié, statuë *torse*; le *torse* antique de Belveder à Rome.

TORTILLIS. On appelle *tortillis* une maniere de Sculpture vermouluë & dechiquetée, faite sur un bossage rustiqué:

comme celle de la Porte St. Martin à Paris, & de quelques encognures du Louvre.

TOSCAN. L'ordre *Toſcan* eſt le plus ſimple de tous les ordres d'Architecture.

Les colonnes *Toſcanes* avec leur baſe & leur chapiteau ont de hauteur ſept diamétres de leur groſſeur, priſe par en bas: le haut doit être diminué d'un quart de ſon diamétre. Le piédeſtal eſt auſſi ſimple que la colonne, & n'a qu'un module ou diamétre de hauteur; la baſe eſt d'un demi diamétre de haut. *Princ. d'Architec. de Felibien.*

L'ordre *Toſcan* fut inventé dans la *Toſcane.* Ces peuples extrêmement jaloux de leur liberté, d'ailleurs ennemis declarés des Grecs, imaginerent un genre de bâtir different de celui de cette nation. Les plus conſidérables édifices qu'ils conſtruiſirent furent des Temples, dont le premier fut conſacré à Janus leur premier Roi, & quelques autres à Hercule, à Lucine, & à d'autres Divinités. On voit en pluſieurs endroits des veſtiges qui font connoître combien cette nation s'étoit adonnée à l'art de bâtir: comme à Luques, où il reſte encore une grande partie d'un temple d'Hercule, & à Florence où l'on voit le Temple de Mars, aujourd'hui l'Egliſe *du Baptiſtaire de St. Jean*, dont les portes de bronze ſont un ouvrage conſidérable de Laurent Gilbert. Outre ces temples on voit encore à Piombino un amphithéâtre, & un autre à l'endroit où étoit l'ancienne Vetulie.

Les Toscans ont toujours eû une maniere de bâtir simple & solide, que les Romains ont imitée dans certains genres d'édifices où elle étoit convenable, comme à un pont antique de Rome, à la sépulture d'Adrien, aujourd'hui le château St. Ange, au temple d'Antonin & de Faustine, à la porte majeure, & à celle de St. Laurent hors des murs, & à plusieurs autres édifices, soit dans Rome, soit en d'autres villes, tels que le pont de Rimini sur le Rubicon, & les deux de Vicence sur les fleuves Restone & Bacchiglione; outre le grand Amphithéâtre de Restone, & plusieurs autres.

L'ordre *Toscan* n'est guéres d'usage que dans les bâtimens rustiques ou dans les édifices qui demandent une extrême solidité, comme les Amphithéâtres

TOUCHE, TOUCHER, se dit du maniment du pinceau; une *touche* délicate; les *touches* admirables du Correge, du Titien; un bras, une tête, un portrait bien *touchez*; le *toucher* du pinceau : la force, la franchise, la délicatesse du *toucher*.

TOULOUSE [l'Hôtel de] c'est un des plus beaux Hôtels de Paris, soit pour l'Architecture, qui est du fameux Mansard, soit pour les tableaux qui sont des plus excellens Maîtres.

On y voit le *David* vainqueur de Goliath peint par le Guide; une Ste. Famille de *Vandeck*; une Charité du même; une Judith devant Holoferne par le *Tintoret*; Esther devant Assuerus, & Agar dans le désert, l'un & l'autre du *Guerchin*; une Charité du même; plusieurs païsages de Jacques *Bassan*; St. Jean dans le désert par le *Carravage*; la mort de Cléopatre du *Valentin*; le portrait de Louis XI, & un autre portrait de femme, par Léonard de *Vinci*; la Véronique, du même; une Nativité du *Bassan*; la Magdelaine du *Guide*; la fuite en Egypte de *Teniers*; une Vierge avec le petit Jesus du *Dominiquain*; Hérodias tenant la tête de St. Jean, par le vieux *Palme*; un Crucifiement par le *Brun*; le Coriolan du *Guerchin*; le *Romulus* sauvé, presenté par *Faustule à Acca Laurentia.* Ce tableau est le chef-d'œuvre de Piétre de *Cortone*; l'enlévement d'Hélene du *Guide*, & plusieurs autres excellens tableaux.

TOUR. Bâtiment rond, quarré, ou, à pans, tantôt à un mur, tantôt isolé.

Tour de Château, *tour* d'Eglise, *tour* de Dôme, *tour* de Moulin.

Tour de Babel, *voyez* BABILONE.

TOURELLE : c'est le diminutif de tour.

TOURMENTER. On dit *tourmenter* des couleurs : c'est les remanier & les frotter après les avoir couchées sur la toile, ce qui en ternit l'éclat. Quand on les a une fois placées le mieux seroit de n'y point toucher du tout, si la chose étoit possible. Mais comme il n'arrive guéres qu'elles faſſent leur effet du premier coup, il faut du moins en les retouchant les épargner le plus que l'on peut, & éviter de les tracaſſer & de les *tourmenter*. De Piles a dit : la fraîcheur des couleurs ſe ternit & ſe perd à force de les *tourmenter* en peignant.

TOURNESOL. Couleur jaune, qui ſe fait avec la fleur de ce nom.

Si on y mêle quelqu'acide, elle devient rouge ; elle ſe change en verd ſi l'on y jette quelqu'Alkali.

Cette couleur ſert principalement pour les deſſeins lavés.

TOUTIN [Jean] Orfévre, excelloit à travailler en émail. Il trouva l'an 1632, le ſécret de peindre en émail, qu'il communiqua à d'autres ouvriers, qui contribuerent enſuite à le perfectionner. Dubié orfévre qui travailloit dans les galeries du Louvre fut des premiers. Morliére natif d'Orleans, mais qui demeuroit à Blois le ſuivit de près, & en même tems pluſieurs ouvriers dans Paris s'appliquerent à cette maniere de peindre. *Voyez* émail.

TRAJANE. La colonne *Trajane* eſt un monument des plus célébres.

Elle fut érigée en l'honneur de Trajan & lui ſervit même de Mauſolée.

Le vif de la colonne eſt haut de cent vingt-huit pieds Romains, l'eſcalier a cent vingt-trois dégrés : elle eſt ornée de bas reliefs qui montent en ligne ſpirale depuis la baſe juſqu'au chapiteau, & dans lesquels sont représentés les belles actions de Trajan.

S'il y a d'excellentes choses dans ces bas reliefs, il y en a quantité de médiocres. On n'y trouve ni ordonnance ni perspective:

C'est Sixte V. qui a fait rétablir ce monument.

TRAIT, terme de Peinture. C'est la ligne que décrit la plume ou le pinceau.

Faire une tête d'un seul *trait*, les *traits* du visage

Felibien remarque que le mot *trait* est plus pittoresque que *Lineament*.

On dit former, ébaucher les *traits* d'un visage, d'une figure, le *trait* d'une perspective.

Dans la voûte de l'Eglise des Carmelites de St. Jaques, il y a un morceau de perspective admirable, dont Désargues a donné le *trait* à Champagne. *Voyez* CARMELITES.

Donner le *trait* d'une perspective, c'est en réduire les proportions rélativement à l'effet qu'elle doit produire.

TRANSFIGURATION. Le tableau de la *Transfiguration* est le chef-d'œuvre de Raphaël. Il avoit été fait pour la France, mais l'Italie fut jalouse de conserver ce trésor.

Il renferme trois groupes: J. C. dans sa gloire compose le premier: les disciples témoins de ce miracle forment le second: le Démoniaque & d'autres personnages font le troisiéme groupe.

Toutes

Toutes les attitudes en ſont admirables.

On trouve la deſcription du Démoniaque dans le *Pictura*.

Sic Raphaël Juvenem Stygii quem ſæva Tyranni
Vincla premunt, ſtimuliſque urget ferus hoſtis acerbis,
Pinxit anhelanti ſimilem: diſtenta rigeſcunt
Bracchia, corda tument; hinc plurimus extat & illinc
Muſculus, ac multo coëuntibus agmine ramis,
Venarum implicitis tollit ſe Sylva lacertis.
Diriguere pedes, marcet cutis arida, crinis
Horret, hiant oculi, patulo ſtant guttura rictu:
Torquentur miſerè vultus, clamare putares.

TRAVAILLER. On dit que du bois *travaille*, qu'un mur *travaille*.

Le bois *travaille* lorſqu'il ſe tourmente, lorſque les panneaux s'ouvrent, ſe cambrent, & que les languettes ſortent de leurs rainures, & les tenons de leurs mortoiſes ; ce qui arrive l'orſqu'on l'a employé trop vert, ou qu'on l'a mis en œuvre dans un lieu humide,

Un bâtiment *travaille*, lorſque les murs quittent leur aplomb, que les planchers s'affaiſſent, que les voûtes s'écartent : ce qui arrive l'orſqu'il eſt mal conſtruit ou mal fondé, ou trop vieux.

TRAVE'E. C'eſt dans un plancher un rang de ſolives poſées entre deux poutres.

TRAVE'E de pont, c'eſt la partie du plancher d'un pont de bois, contenue entre les pieux qui forment les Piles, & faite de poutrelles, qu'on a ſoin de ſoulager par des liens & contrefiches.

TRAVON. On appelle *travons* les maîtreſſes piéces d'un pont de bois, qui en traverſent la largeur, ſoit pour porter les travées, ſoit pour ſervir de chapiteau aux pieux qui forment les piles.

TREILLAGE. Ouvrage fait d'échalats poſés perpendiculairement, & traverſés quarrément par d'autres échalats, qu'on lie avec du fil de fer, & qui forment tantôt des paliſſades, tantôt des berceaux dans les jardins. On les peint ordinairement en verd, & à l'huile, autant pour les décorer que pour les conſerver. Pour les rendre plus ſolides, on y met des barres de fer de diſtance en diſtance, qui en font le bâti.

TREMOLLIERE, [Pierre Charle] naquit à Cholet en Poitou, l'an 1703, d'une famille noble. Il fit ſes premieres études de Peinture ſous Jean-Baptiſte Vanloo. A 24 ans, après avoir remporté pluſieurs prix à l'Académie, il fit le voyage de Rome, en qualité de Penſionaire du Roi, pour l'Académie Françoiſe de Peinture, fondée dans cette Ville par Louis XIV. Après un ſéjour de ſix années il revint en France, paſſa environ 4 ans à Lyon, & ſe rendit à Paris en 1734. Trois ans après il fut reçu à l'Académie, & donna pour ſon tableau de réception, l'arrivée d'Uliſſe dans l'Iſle de Calipſo. *Tremolliere* commençoit à avoir une grande réputation, & promettoit d'égaler les plus grands Peintres, lorſque la mort l'enleva à la fleur de ſon âge l'an 1739.

« Né avec d'heureuſes diſpoſitions » pour la Peinture, il ſçut, *dit un Auteur* » *moderne*, allier aux graces de la compo» ſition, celles du pinceau.... ſon goût » s'étoit formé grand & élevé : une com» poſition élégante, un génie facile, un » deſſein correct.... quels progrès n'au» roit-il pas faits, ſi une carriere plus » ſuivie (*l'Auteur a voulu dire plus longue*) » eut été réſervée à ſes talens, & lui eut » permis d'approfondir les miſteres de » ſon Art, & d'ajouter aux dons de la » nature, les ſecours de l'expérience & » de l'étude. » *Abrégé de la vie des plus fameux Peintres.*

TRE'SOR, eſpéce de Sacriſtie où l'on enferme les Reliques, les Vaſes d'or & d'argent, & les choſes les plus précieuſes d'une Egliſe.

Trésor de S. Denis ; *Tresor* de Lorette. *Voyez* LORETTE.

TREUIL, gros cylindre de bois, qui posé horizontalement, se tourne par le moyen d'une manivelle, & devide un cable destiné à enlever quelque fardeau.

TREVISANI. (Château de) Cette charmante maison, dont nous trouvons le plan dans les ouvrages de Scamozzi, qui a travaillé à l'embellir, & à l'augmenter, est située sur la Riviere de *Piave*, qui descend des montagnes, qui séparent l'Italie de l'Allemagne.

Au-devant de ce Palais, il y a une grande place, environnée de maisons & de boutiques : on voit derriere un magnifique jardin ; à droite & à gauche sont des portiques, où l'on peut se promener. La longueur de la face de ce bâtiment, est divisée en trois parties, dont celle du milieu est en avant corps. La hauteur est distribuée en deux ordres, celui d'en bas est Dorique, celui de dessus Ionique, l'un & l'autre accompagnés de tous leurs ornemens. L'avant-corps du milieu est couronné au haut d'un fronton, ayant aussi tous ses ornemens. Les portiques qui sont à la droite & à la gauche du jardin, sont formés par des arcades, dont les piles sont ornées au-devant de demi-colonnes d'ordre Dorique, avec tous leurs ornemens. Entre les deux grands étages il y a des entresoles.

TRIANGLE, figure à trois côtés. Quand les trois côtés sont égaux, on l'appelle *triangle* équilatéral : quand il n'a que deux côtés égaux, c'eſt un *triangle* iſoſcele : quand il a un angle droit, c'eſt un *triangle* rectangle : quand il a un angle obtus, c'eſt un *triangle* amblygone.

TRIANGLE ſpherique, c'eſt la portion triangulaire d'une ſphere.

Les pendentifs d'un Dôme ſont des *triangles* ſpheriques.

TRIANON, c'eſt un terme générique, qui ſignifie tout Pavillon iſolé, conſtruit dans un Parc ; & détaché d'un Château.

Le *Trianon* de S. Cloud. On l'entend particulierement du magnifique Pavillon que Louis XIV. a fait conſtruire dans le Parc de Verſailles.

« Ce petit Palais, dit Mr Piganiol, eſt » également galant & magnifique : la » ſtructure & les ornemens ſont d'un deſ» ſein exquis. »

La face extérieure de cette maiſon eſt d'environ ſoixante & quatre toiſes. La cour eſt ornée en face d'un beau periſtile, ſoutenu par des colonnes & des pilaſtres de marbre. Les deux aîles du bâtiment ſont terminées par deux Pavillons, & ſur tout l'édifice régne une baluſtrade, le long de laquelle ſont des ſtatuës, des corbeilles, des urnes & des caſſolettes.

L'apartement de feu Monſeigneur, eſt orné de beaux tableaux, & d'une table de porphire de grand prix..... la galerie eſt fort décorée.

Les jardins de *Trianon* ſont agréables & délicieux : le goût & la propreté y régnent par tout. Les baſſins y ſont diſtribués à propos, & ſont ornés de groupes bien choiſis. Les ſtatuës, les urnes, & les autres embelliſſemens y ſont auſſi parfaitement bien employés. On remarque ſur-tout la caſcade, & le groupe de *Laocoon* : ce dernier a été ſculpté par Baptiſte Tuby d'après l'antique.

On trouve auſſi parmi les ſtatuës de ces jardins, quelques antiques, & un grand nombre d'autres choſes curieuſes.

TRIBUNE, galeries élevées dans les Egliſes, en bois, en pierre, en marbre, dont les unes ſont au-deſſus de la principale porte, ſoit en ſaillie, ſoit autrement, les autres pratiquées dans le mur ou adoſſées, & quelques-unes diſpoſées au pourtour de l'Egliſe, comme celles de la Maiſon Profeſſe des Jeſuites, à Paris.

TRIGLYPHE, c'eſt un ornement de la friſe Dorique, qui conſiſte dans une eſpéce de boſſage qui a deux gravures entieres en anglet, appellées *glyphes*, & ſéparées par trois côtes, d'avec les deux demi-*glyphes* des côtés, ce qui forme en tout trois *glyphes* ou canaux, d'où vient le mot de *triglyphe*. *Daviler*.

TROMPE, eſpéce de voûte en ſaillie, ainſi nommée parce qu'elle a la forme d'une *trompe*, ou conque marine. Daviler en rapporte une autre étimologie bien puérile, & bien peu digne d'un homme ſçavant. « Elle eſt ainſi nommée, *dit-il*, ou

» parce que sa figure est semblable à une » *trompe*..... marine, ou parce qu'elle » *trompe* ceux qui la regardent.

Un des plus considérables ouvrages en ce genre, est la *trompe* construite au bout du pont de pierre sur la Saone à Lyon, par le sieur Desargues, célèbre Ingénieur. *Trompillon* se dit d'une petite *trompe*.

TROY, (François de) naquit à Toulouse l'an 1645. Ce Peintre a parfaitement réussi dans les portraits, sur-tout dans les portraits des femmes. Il mourut à Paris le premier Mai 1730. Il a laissé un fils qui a hérité de ses talens, & que le Roi a honoré du titre de Directeur de l'Académie Françoise de Saint Luc, établie à Rome par Louis XIV.

TRUELLE, outil de fer mince & poli, emmanché dans une poignée de bois, & dont on se sert pour unir les enduits de plâtre.

TRUMEAU. La partie d'un mur entre deux croisées, s'appelle *trumeau*.

TSCHELMINAR, c'est-à-dire, les *quarante colonnes*, nom que les Perses donnent à d'anciennes ruines, proche de la Ville de Schiras, dans le Farsistan, Province du Royaume de Perse. Elien témoigne que c'étoit autrefois le Palais de Cirus : d'autres disent que ce fut celui d'Assuerus : il étoit situé sur le penchant d'une montagne, qui faisoit partie de la Ville de Persepolis. Diodore remarque qu'il étoit enfermé de trois murailles, dont la premiere étoit haute de vingt coudées, la seconde de quarante, & la troisiéme de soixante & quinze; que les balustrades & les portes étoient de fonte, & que toute la structure de cet édifice étoit magnifique. Quinte-Curce dit qu'Alexandre, par le conseil d'une Courtisane, y fit mettre le feu après s'être enivré dans un festin.

Ce que le temps nous a laissé d'un si beau Palais, après cet embrasement, est, selon quelques connoisseurs, un des plus beaux restes de l'Antiquité.

On voit d'abord une grande platte-forme ou terrasse, terminée du côté de l'Orient par une montagne, & vers l'Occident par une grande plaine. Sur cette platte-forme il y a plusieurs colonnes qui soutiennent quelques restes de figures ou Idoles, un grand bassin quarré tout d'une piéce, & quantité de ruines de bâtimens, avec des portes ornées de bas-reliefs, & de grands caracteres extraordinaires, qui paroissent avoir été dorés. On y voit encore les restes de plusieurs canaux qui y portoient des eaux, dont les sources sont maintenant perdues sous la montagne. On trouve deux caves taillées dans le Roc, qui servoient de Sépulchres: & l'on assure qu'il y a en ce lieu plus de deux mille figures en bas-reliefs. Quoique ces figures ne soient pas faites avec tout l'art des anciens Grecs, & des anciens Romains, elles peuvent néanmoins passer pour belles, & pour très-curieuses. Beaucoup de voyageurs qui avoient l'idée de tout

tout ce qu'il y a de plus beau en France, en Espagne, en Angleterre, & en Italie, ont assuré que cet édifice étoit une des merveilles du monde, pour sa situation, pour sa matiere, pour son Architecture, pour sa beauté, & pour ses ornemens.

TUER, éteindre, détruire. On dit cette figure en *tuë* une autre : une couleur *tuë* une autre couleur.

Felibien a dit, « Il faut imprimer sa toile de couleurs qui ne viennent pas à *tuer* celles qu'on y mettra ensuite, comme feroit la terre d'ombre.

TUF, pierre rustique qu'on trouve dans un terrain de consistance.

On bâtit ordinairement sur le *tuf* : le *tuf* est même une pierre qui sert à bâtir.

TUILE, carreau de terre cuite, dont on couvre les bâtimens.

Tuile de petit moule : c'est une *tuile* qui porte environ 10 pouces de longueur, sur six de largeur.

On lui donne trois pouces de pureau, ou de débordement. *Voyez* PUREAU. Il en faut environ 300 pour la toise quarrée.

Tuile de grand moule : elle porte 13 pouces de long, sur huit & demi de large : le millier garnit environ 7 toises.

TUILERIE, lieu où l'on fabrique la *tuile*.

TURIN, Ville d'Italie, Capitale du Piémont, située sur le bord du Pô, au pied des montagnes. Sa situation est des plus charmantes : il n'y a rien de plus riant que ses avenuës. Elle l'emporte par-là sur presque toutes les Villes d'Italie, aussi bien que par la magnificence de ses édifices, par la beauté de ses ruës & de ses places, par l'affluence du peuple qui l'habite. L'ancienne partie de *Turin* n'est que médiocrement belle; mais la nouvelle Ville est bâtie superbement; les rues en sont larges & tirées au cordeau; les maisons grandes, hautes & presque toutes uniformes. Les allées de chênes qui sont sur les remparts de la ville, contribuent à rendre cette promenade agréable. La vue en est aussi fort belle, principalement du côté des rivieres; mais la plus belle promenade est dans les avenues de Valentin, qui est une maison de Plaisance sur le bord du Pô, à un mille de *Turin*.

Cette Ville est remarquable par un grand nombre de magnifiques édifices. Outre la Citadelle qui est des plus fortes, le Prince y a un Palais des plus vastes. Ce Palais est en face d'une belle place: on arrive d'abord à une vieille galerie longue de cent pas, où l'on trouve une infinité de piéces rares, dont les plus remarquables sont un petit chariot d'or attelé de six chevaux tout couverts de pierreries, & un petit Château de même matiere avec son artillerie, & toutes ses fortifications très-bien exécutées. De-là on peut aller au Palais neuf. Quatre pavillons en font le plan, avec autant de corps de logis qui les joignent, & dans l'espace desquels est une grande cour, dont l'entrée est une longue galerie, avec une balustrade ornée de plusieurs figures de marbre, qui représentent pour la plûpart les derniers Ducs de Savoye. Cette balustrade que soutiennent de hauts portiques avec leurs colonnes, fait face à la grande place de ce Palais. Au pied du grand dégré, est la figure en bronze d'un des derniers Ducs, sur un cheval de marbre, & plus avant on trouve un fort beau parterre dans un jardin rempli de statuës de diverses matieres, & des plus habiles maîtres. Au sortir de ce Palais, on trouve une grande & belle ruë, qui fait la plus considérable portion de la Ville neuve, séparée de l'ancienne par deux grandes places, bordées d'autant de Palais qu'il y a de bâtimens, avec des portiques sous lesquels on marche à couvert : A cette grande ruë aboutissent presque toutes les plus belles de la Ville vieille.

Il y a à *Turin* une commodité qu'on ne trouve guéres ailleurs : par le moyen d'une riviere qui coule dans le plus haut quartier de la Ville ; on peut tirer un petit ruisseau dans toutes les ruës, & emporter toutes les ordures. On ouvre l'écluse toutes les nuits, & l'eau se distribuë dans tous les quartiers de la Ville : cette eau est encore d'un grand usage dans les incendies ; car en très peu de tems on amasse beaucoup d'eau autour de la maison où le feu a pris.

TUYAU, canal de fer, de plomb, de terre cuite, qui sert pour conduire les eaux.

Les *tuyaux* diſpoſés le long des murs, hors d'œuvre ordinairement pour conduire en bas les eaux pluviales d'un toît, s'appellent *tuyaux* de deſcente.

TUYAU de cheminée, c'eſt le conduit par où paſſe la fumée, lequel s'éléve juſqu'au deſſus du comble.

TYMPAN, terme d'Architecture; c'eſt la partie du fronton la plus conſidérable, ou ſi l'on veut cette partie triangulaire, dont la baſe repoſe ſur l'entablement, les autres côtés étant couronnés de deux corniches, ce qui fait tout le corps du fronton.

Dans les machines hydrauliques on appelle encore *tympans* certaines roues creuſes qui élévent l'eau à la hauteur environ de leur diamétre, & la font couler dans un canal.

V

VADI-GAME, [Vallée de] c'eſt une Vallée d'Egypte fort étroite, ſituée entre deux hautes montagnes paralléles, & célébre par ſes grotes antiques. Ces grotes ſont ſituées à chaque côté de ces deux montages, il y en a deux rangs les unes ſur les autres, & chaque rang eſt de cinquante. Parmi ces grotes il y en a de ſi hautes, que trois piques attachées l'une au bout de l'autre, ne pourroient pas atteindre au haut : elles ſont très-vaſtes, mais très irréguliéres. On ne peut aſſez admirer le caprice des anciens Egyptiens, d'avoir construit des grotes si vastes, si élevées, en si grand nombre, & néanmoins si peu commodes pour ceux qui voudroient y demeurer; car elles sont bâties sur des montagnes escarpées & sablonneuses, & creusées dans des rochers affreux & obscurs. On apprend par l'Histoire écrite par Saïd Ibn-Patrik, que Pharaon & ses prédécesseurs employoient les Israëlites à creuser des montagnes, & à faire des cavernes; d'où il est naturel de conjecturer que ces grotes ont été construites par les Juifs sous le régne de ces Princes, qui imposoient à cette malheureuse Nation les plus rudes travaux: au reste ces montagnes & ces grotes méritent de piquer la curiosité des voyageurs; & quiconque n'a pas vû ces monumens de la tyrannie des anciens Rois d'Egypte, & de l'ardeur infatigable des Juifs, quand il auroit remarqué d'ailleurs tout ce qu'il y a de curieux dans les Villes d'Egypte, pourroit véritablement dire qu'il n'a rien vû.

VAL-DE-GRACE. [Eglise du] Cette Eglise commencée sur les desseins du célébre François *Mansart*, eut été un chef-d'œuvre en son genre; mais on ôta à cet Architecte la conduite de ce bâtiment, qui a quelques défauts, quoiqu'on ne puisse nier qu'il n'ait de grandes beautés. Son Dôme est un des plus beaux & des plus réguliers qui soient dans le monde: la coupe en a été peinte par *Mignard*, & c'est le chef-d'œuvre de ce grand Peintre.

Cet ouvrage est le plus grand morceau de Peinture à fresque qui soit en Europe. Il est composé de près de deux cens figures, dont quelques-unes ont 16 à 17 pieds de hauteur. Le Peintre a essayé d'y représenter la gloire des Saints, & ces joyes inéfables du Paradis, qui selon S. Paul, surpassent tout ce que l'intelligence humaine peut se figurer. On y voit d'abord l'Agneau immolé, environné d'Anges qui se prosternent : au-dessus est un Ange qui tient le livre des sept Sceaux : cinq autres Anges soutiennent une Croix au milieu des airs. Dans le centre paroissent les trois Personnes de la Trinité, assises sur un Trône de nuées : un cercle de lumiere les environne, & l'éclat en est si vif, que les Chérubins qui sont les plus près du Trône en sont éblouïs, & se couvrent de leurs aîles. Là on voit une infinité d'esprits célestes, groupés dans cette lumiere. Auprès de la Croix est la Sainte Vierge à genoux, accompagnée de la Magdelaine, & des Saintes femmes qui suivirent J. C. sur le Calvaire. Toute la Hiérarchie de l'Eglise est représentée dans cet ouvrage, les Anges, les Apôtres & les Confesseurs, les Martyrs, les Peres de l'Eglise, les Fondateurs d'Ordres, entre lesquels S. Benoît tient le premier rang, les Patriarches de l'Ancien Testament, les Vierges, &c.

Dans un groupe on voit S. Louis & Sainte Anne qui conduisent au Trône de l'Eternel Anne d'Autriche, Fondatrice du *Val-de-Grace*. Elle dépose sa Couronne aux pieds du Roi des Rois, & lui consacre le Temple qu'elle vient d'élever. Dans un autre groupe des Anges emportent l'Arche d'Alliance, pour nous apprendre que l'ancienne Loi fait place à la nouvelle. Le Peintre a distribué dans tout ce Tableau, une infinité d'Anges, dont les uns portent des Palmes & des Couronnes aux Vierges & aux Martyrs, & dont les autres allument l'Encens : enfin les Sculptures en bas-reliefs, & les autres ornemens qui accompagnent ces Peintures, en font un des plus curieux & des plus beaux ouvrages qui soient en ce genre.

VALENCE'. [Château de] Ce Château situé dans le Blésois, au milieu de la petite Ville de *Valencé*, a été construit sur les desseins de Philibert de Lorme. Quoiqu'il n'y ait que la moitié de ce bâtiment qui soit achevée, on peut le regarder comme une des plus belles maisons de France : voici la Description qu'en fait Bernier dans son Histoire de Blois.

On arrive au Château par trois avenuës qui conduisent à quatre différentes cours ovales, aux côtés desquelles sont les pressoirs & les ménageries. De ces cours qui font une agréable simétrie, on entre dans le Château, entouré de grands fossés à fonds de cuve. L'entrée est décorée d'un forr grand pavillon, aux deux côtés duquel sont deux grosses Tours, dont l'une communique à un grand corps de logis double. Les Tours & le Pavillon sont bordés de mache-coulis sculptés de beaux ornemens, de même que le corps de logis. La cour est quarrée, & vi-à-vis du Pavillon d'entrée, il y a une muraille à jour, qui a vûe sur un grand vallon, en forme de demi lune. Le côté qui ferme la cour vers le Nord, est un bâtiment qui a ses usages particuliers. La face du grand Pavillon, & celle du grand corps de logis ont du côté de la cour trois galeries les unes sur les autres, qui communiquent à tous les apartemens, & dont les arcades sont ornées de fort beaux Trophées d'armes de bas-relief. Sous ces galeries il y en a une souterraine qui conduit aux offices, qui sont sous le grand corps de logis. Le dedans du Château a un beau vestibule, & un bel escalier qui communique à une grande sale, où il y a d'excellens ouvrages de Peinture & de Sculpture. On y voit des morceaux de Pierre de Cortonne, & de Jean Mosnier : on estime sur-tout une Vierge donnée par Innocent X. à Henri d'Estampes, Commandeur de Malthe, né dans ce Château. On passe du corps de logis par un pont de pierre qui traverse le fossé, sur une belle terrasse ornée de beaux morceaux de Sculpture, laquelle offre à la vûe du côté gauche une perspective de prairies, de côteaux, & de forêts qui la bornent agréablement ; & à la droite est un grand verger, & un clos de vignes, séparés de la terrasse par une longue allée d'ormes femelles.

VALENTIN. Le *Valentin* naquit à Colomiers en 1600. il s'est principalement attaché à la maniere du Carravage. Ses tableaux ont beaucoup de force, mais son pinceau impétueux franchit souvent les régles, & n'est pas toujours conduit par le goût.

Un jour que la débauche & les vapeurs du vin l'avoient extraordinairement échauffé, il se baigna dans une fontaine : ce qui saisit tellement ses sens, qu'il mourut au sortir du bain, dans la trente-deuxiéme année de son âge.

VALERE BARDELLINI [Maison du Sieur] Cette Maison de plaisance, une des plus agréables de l'Italie, est située à *Monsumo*, sur la Montagne *d'Asolo*, & fut bâtie en 1599, sur les desseins de Scamozzi. La face est tournée vers le Midi. De ce côté est un chemin large & spacieux ; on voit aussi dans la Vallée un autre grand chemin venant *d'Asolo*. Cette coline est environnée de plusieurs autres colines, dont une partie est de bonne terre labourée ; sur l'autre il y a plusieurs petits bois, qui par leur singuliere beauté font une couronne à l'entour d'un grand terrain, presque en forme d'Amphitheâtre, tout planté d'arbres & de vignes. A droite & à gauche de cette coline, il y a deux Vallées très-fertiles. Au-devant de la maison, il y a un bel espace qui sert de cour : derriere est un magnifique jardin, & au-delà du jardin, un fort grand vivier rond, dans lequel par un beau Canal, vient l'eau de la Mer, laquelle tourne autour de la coline, & coule à côté du chemin. La forme du bâtiment est quarrée, & sa hauteur est distribuée en deux étages, dont le supérieur qui est le principal, a ses entrées devant & derriere, ornées de colonnes & frontispices d'Ordre Ionique: l'on monte à cet apartement par de beaux escaliers très-commodes, lesquels saillent en dehors, & sous leurs paliers sont des entrées pour l'apartement d'en bas. Dans les quatre angles extérieurs, sont les principales chambres. A chaque côté de la maison il y a une sale, & entre ces grandes chambres & sales, deux autres chambres, ainsi que sur les côtés.

Au milieu de ce bel apartement il y a une grande sale ronde, couverte d'un Dôme élevé au-dessus du toït des chambres, laquelle sale est ornée de pilastres, & d'une corniche régnant tout autour, & servant d'imposte à la voûte: & entre les pilastres il y a quatre grandes niches, dans lesquelles sont quatre portes, qui répondent les unes aux autres, & donnent une très-belle vûe à cette sale, parce qu'étant ouvertes on peut voir tout autour de la maison.

Cette sale qui est fort fraîche, est d'ailleurs éclairée par le haut, le Dôme qui est fort élevé lui donnant un grand jour.

VANDEICK, [Antoine] s'est principalement rendu célébre par la beauté des Portraits qu'il a faits.

Il fut le disciple & l'ami de Rubens : celui-ci l'engagea à faire le voyage d'Italie. Il alla à Venise, à Genes, à Rome, & dans les autres principales villes. Il voyagea aussi en Angleterre & en France. Il a peint la plûpart des Princes de l'Europe, qui l'ont comblé de biens & d'honneur. Charles I. Roi d'Angleterre l'annoblit, & le récompensa magnifiquement.

Van-Deick sur la fin de sa vie, travailloit avec une prodigieuse facilité, & finissoit un tableau dans trois ou quatre séances. Comme Mr de Jabac lui reprochoit un jour le peu de temps qu'il mettoit à ses ouvrages : quand j'étois jeune, répondit *Van-Deick*, je travaillois pour ma réputation, aujourd'hui je travaille pour ma cuisine.

Van Deick mourut à Londres en 1640, âgé de 43 ans. Outre ses portraits dont le nombre est fort grand, il a fait plusieurs autres tableaux de chevalet, qui seuls auroient pû lui mériter la réputation d'un des plus grands Peintres du monde : entr'autres son S. Augustin, son J. C. mort, & cet admirable Crucifix qu'il a fait pour les Capucins de Termonde en Flandres.

Alphonse Dufresnoy préfere les carnations de *Van-Deick* à celles de Rubens, & les tableaux de cabinet du premier, aux ouvrages de ce genre du second.

VASARI, [George] Peintre Florentin, eſt plus connu par les vies des Peintres qu'il a publiées, que par ſes ouvrages de Peinture; cependant c'étoit un homme aſſez ſçavant dans ſon Art: il étoit grand Deſſinateur, aſſez bon Architecte, mais Peintre froid, Praticien médiocre, & mauvais coloriſte.

Il étoit d'Arezzo en Toſcane. Il mourut à Florence l'an 1578, âgé de ſoixante & quatre ans.

VATICAN. Le *Vatican*, ou le Palais des Papes, eſt un édifice aſſez irrégulier, mais très-vaſte. Le Pape Symmaque l'a commencé: preſque tous ſes ſucceſſeurs y ont mis la main: mais Sixte V. eſt celui qui y a fait des travaux plus conſidérables.

Ce palais eſt contigu à l'Egliſe de S. Pierre, & la maſque entierement de ce côté là. On y compte plus de douze mille chambres.

L'Architecture de ce Palais quoiqu'irréguliere, ne laiſſe pas d'avoir des beautés; mais ce qu'il y a de plus curieux au *Vatican*, ſont les Tableaux & les Peintures à Freſque: voici ce qu'il y a de plus conſidérable en ce genre. 1°. La Salle Royale ou la Salle d'Audience pour les Ambaſſadeurs des Rois, peinte à Freſque par *Perin-del Vague*. (C'eſt dommage qu'on voye dans la même ſale trois tableaux, où l'horrible Maſſacre de la S. Barthelemi eſt repréſenté.) 2°. La Chapelle *Pauline* où l'on voit pluſieurs tableaux de Michel-Ange : entr'autres le Crucifiement de S. Pierre, & la Converſion de S. Paul. Les friſes & les voûtes ont été peintes par Zucchero. 3°. La Chapelle de Sixte, où l'on voit le fameux Jugement dernier de Michel-Ange. Un Voyageur moderne (l'Auteur des *délices de l'Italie*) *dit que ce tableau auroit eu l'approbation de tout le monde*, ſi le Peintre eut donné des aîles aux Anges : c'eſt-à-dire, qu'en faveur des Anges aîlés, on eut approuvé la Barque de Caron, les ſpectres, les nudités, les poſtures obſcenes, & les autres indécences de cette compoſition. 4°. Les Batailles de Conſtantin, par Jule Romain. 5°. L'Hiſtoire d'Attila par Raphaël, & un Hercule qui tuë Cacus, du même : enfin les douze Signes du Zodiaque par Perin-del-Vague, le Parnaſſe de Raphaël, l'Incendie du Bourg S. Pierre par le Perugin, une N. D. de Pitié par Pierre de Cortonne, & une infinité d'autres tableaux.

VAUCLUSE. [Fontaine de] Cette célébre Fontaine, ſituée dans le Comtat Venaiſſin, forme dès ſa ſource une riviere capable de porter bateau. Elle ſort d'une caverne profonde qui eſt au pied d'un rocher très-haut, coupé à plomb comme un mur. Cette caverne formée par la nature, ſans aucun ſecours de l'Art, peut avoir cent pieds de large, & environ autant de profondeur. On peut dire que c'eſt une double caverne, dont l'extérieure a plus de ſoixante pieds de hauteur ſous l'arc qui en forme l'entrée, & l'intérieure n'en a que la moitié au plus. C'est de cette seconde caverne que sort cette source abondante, sans jet, sans bouillons : on ne voit qu'une nape d'eau, dont la cruë est imperceptible, & qui ne laisse pas de fournir sans cesse & sans s'épuiser une quantité prodigieuse d'une très-belle eau claire, qui ne teint en aucune façon les rochers entre lesquels elle passe, & qui n'y produit ni mousse ni rouille. On a marqué au fond de la caverne un endroit jusqu'au niveau duquel l'eau s'est élevée une fois. La superficie de cette eau paroît noire, ce qui vient de sa grande profondeur, & de l'obscurité qui régne dans ce lieu. On prétend qu'on a été en bateau au fond de l'antre, & qu'on a voulu sonder la profondeur de la source, sans avoir pû sentir le fond. Si le fait est vrai, cela marque une profondeur très-considérable, ou que la force de l'eau qui pousse avec violence du fond à la superficie, a repoussé le plomb avec la corde qui le tenoit attaché, & ne lui a pas permis d'arriver jusqu'au fond. Cependant il ne paroît aucun mouvement sur la superficie, aucune agitation, aucun jet, pas le moindre bouillon. Ce n'est qu'à quelques pas, hors de la premiere caverne, que l'eau trouvant une pente considérable, se précipite avec force entre les rochers, écume & mugit, jusqu'à ce qu'étant arrivée à un endroit plus uni & plus profond, elle coule tranquillement, & forme une riviere, qui se partage en plusieurs bras, lesquels après avoir recueilli d'autres ruisseaux se rejoignent, & vont se jetter dans le Rhône, environ deux lieuës au-dessus d'Avignon.

Petrarque qui vivoit vers l'an 1300, a fort célébré cette Fontaine dans ses Poësies. Il avoit une maison dans ce canton sur la pointe d'un rocher, & la belle Laure sa maîtresse en avoit une dans le même lieu, fort proche de celle de Petrarque. On voit encore, à ce qu'on prétend, les restes de ces deux maisons, qu'on appelle les *Châteaux des Amans.*

VAUX-LE-VILLARS, beau Château, situé dans l'Isle de France, élection de Mélun, dans la Brie. Cette belle maison fut l'ouvrage, & l'occasion de la perte de Mr. Fouquet, Sur-Intendant des Finances. Ce Ministre n'avoit rien épargné pour lui donner toute la perfection possible. Le Maréchal de Villars en ayant fait l'acquisition changea son ancien nom de Vaux-le-Vicomte en celui de *Vaux-le-Villars.*

La situation de cette maison est très-belle, & des plus avantageuses. Le bâtiment est beau & magnifique, & les apartemens sont enrichis de Peintures de le Brun. Les jardins sont spacieux & agréables, & les eaux charmantes. La grande cascade commence à une grande terrasse revêtue de trois côtés, & accompagnée d'un fossé plein d'eau, d'où s'élevent des gerbes d'espace en espace. Dix-huit corps, avancés sur le devant de la terrasse, occupent la principale face de cette belle cascade. Il ont la forme d'un piédestal : au dessus sont des bassins quarrés qui donnent des gerbes, & tombent dans le grand bassin, chacune par un masque & par une coquille. Entre chacun de ces piédestaux est une chûte d'eau qui tombe par trois differentes reprises, ou napes d'eau, dans le grand bassin. Ce bassin est un quarré fort spacieux, au milieu duquel s'élevent plusieurs jets d'eau sur une même ligne, qui forment avec tout le reste un très-beau coup-d'œil. Les petites cascades sont un réduit fort gracieux, formé par trois terrasses l'une sur l'autre ; la plus haute a dix jets d'eau, cinq de chaque côté. On descend de-là à la seconde par quelques marches de pierre, à côté desquelles sont deux bassins quarrés, remplis par l'eau que jettent six masques. Sur le devant s'avancent deux autres bassins quarrés d'où s'élevent dix jets d'eau qui sont accompagnés chacun d'un Sphinx d'une belle Sculpture. Au milieu est un dégré de plusieurs marches de pierres par lequel on descend sur la troisiéme terrasse ; six masques rendent une grande quantité d'eau dans autant de coquilles, qui forment par une seconde chûte deux bassins, l'un à droite, & l'autre à gauche ; sur le devant sont encore deux autres bassins, d'où s'élevent plusieurs jets d'eau rangés des deux côtés sur une même ligne, & d'une hauteur considérable.

La grotte est un des beaux endroits de toute

toute la maiſon. En haut on voit une très groſſe gerbe d'eau avec un baſſin ; la terraſſe eſt ornée ſur le devant d'une baluſtrade, interrompuë par huit piédeſtaux, chargés d'autant de ſtatuës de très bonne main : au deſſous de la terraſſe ſont autant de figures en relief, montées ſur des pilaſtres. Dans chaque entre-pilaſtre eſt une niche, dans laquelle eſt un rocher qui jette de l'eau de tous côtés dans un grand baſſin, qui occupe toute la face de la caſcade ; à côté ſont les marches qui conduiſent à la terraſſe : elles ſont accompagnées de deux girandoles d'eau, qui forment des baſſins, & de Sphinx d'un beau travail.

UDINE [Jean d'] naquit à *Udine* dans le Frioul l'an 1494. Il avoit un goût particulier pour peindre des animaux, & faire les ornemens qui entrent dans les grandes compoſitions. Il en a exécuté dans tous les genres ſous Raphaël, & ſous d'autres grands Maîtres.

C'eſt le premier des modernes qui ait employé les ornemens de ſtuc, & qui ait trouvé la véritable matiere dont les anciens ſe ſervoient pour ces ſortes de compoſitions.

Il mourut en 1564, âgé de ſoixante & dix ans. Il voulut être inhumé dans l'Egliſe de la Rotonde auprès de Raphaël ſon maître.

VEINE. *Voyez* MOYE.

VELASQUEZ [*Don-Diego*] Peintre Eſpagnol, naquit à Seville en 1594, d'une famille illuſtre, & originaire de Portugal. Il fut l'éleve de François Herrera & de Pacheco, deux peintres fameux du même pays ; il s'appliqua d'abord à des ſujets fort bas, & ne peignit pendant un tems que des Cabarets, des Cuiſines, & d'autres morceaux de ce genre. Mais Pacheco ſon maître lui ayant montré quelques tableaux qu'il avoit fait venir d'Italie, *Velaſquez* ſe tourna auſſi-tôt du côté de l'Hiſtoire, & travailla à de plus nobles ſujets. Ayant quitté Seville il ſe rendit à Madrid, & ne tarda pas à être connu à la Cour, où le Roi le fit ſon premier Peintre : *Velaſquez* mourut à Madrid l'an 1660, âgé de ſoixante & ſix ans.

VELLETRI, petite Ville de la campagne de Rome, fort ancienne, celébre autrefois, aujourd'hui preſque dépeuplée, quoique des plus jolie. Ses rues ſont belles, & ſes maiſons bien bâties ; celle des Seigneurs Ginetti eſt un véritable Palais, & un des plus beaux édifices d'Italie.

Le Cardinal Ginetti l'a fait faire par Martin Lunghi, fameux Architecte. On dit qu'il a couté plus de cinq cens mille écus Romains. Ce Palais eſt à trois étages : il a un eſcalier de marbre qu'on regarde comme le plus bel ouvrage en ce genre qui ſoit dans le monde ; les apartemens ſont beaux & bien diſtribués : ils ont de la grandeur & de la nobleſſe. On n'a rien épargné pour les rendre magnifiques : les ſtucs, les ſtatuës, les Peintures, l'or, y brillent de toute parts; les ameublemens sont des plus riches, quoiqu'ils soient d'un goût antique. Le jardin est si spacieux, qu'il s'étend bien au-delà des murailles de la ville; tout en est du plus grand goût: grandes & belles allées, parterres diversifiés de fleurs & de gazons, piéces d'eau, jets & cascades, statuës de marbre & de bronze, le tout distribué avec choix & avec discernement. Les eaux qui y coulent en abondance y sont conduites par un aqueduc de cinq à six milles de longueur, qui, à ce qu'on assure, passe au travers d'une montagne.

VENISE. Cette ville merveilleuse que Sannazar dit avoir été construite par les Dieux, est bâtie au milieu de la mer, ou plutôt au milieu de plusieurs marais que forment les eaux, & qu'on appelle *Lagunes*

Toutes les maisons sont fondées sur pilotis, & la ville est partagée par plus de deux cens canaux dont les uns sont flanqués de quais qui forment de petites ruës, & dont les autres occupent tout l'espace qui est d'un rang de maisons à l'autre. La place de St. Marc est un très beau lieu: à un des bouts de la Place est l'Eglise de St. Geminien, & à l'autre la superbe Eglise de St. Marc: les Procuraties qui sont de très beaux édifices regnent de deux côtés.

Cette place a deux cens quatre-vingt pas de long, & cent dix de large

L'Eglise de St Marc est un bâtiment quarré d'une structure grecque, fort spacieux, & enrichi de marbre & de *Mosaïque*. [*Voyez Mosaïque*,] sur le portail sont quatre chevaux de bronze, que les Vénitiens rapporterent de Constantinople lorsqu'ils la prirent.

Le Palais de St. Marc qui joint l'Eglise est un bâtiment gothique qui ne laisse pas d'avoir ses beautés, sur tout le côté du Canal.

La Bibliothéque qui est vis-à-vis le Palais est ornée de plusieurs Peintures du Titien, & d'autres grands Maîtres. On y voit plusieurs statuës antiques telles que le Ganimede, une Venus, un Apollon, & deux Gladiateurs : ce sont d'excellentes piéces, sur-tout le Ganimede.

Outre les Peintures du Palais on voit d'excellens tableaux dans une infinité d'endroits ; les plus estimés sont les nôces de Cana de Paul Veronése, dans le réfectoire de St. George Majeur : la présentation de la Vierge du Titien, dans l'école de la Charité : le Martire de St. Pierre & de St. Paul, dans l'Eglise de St. Jean, & le Martyre de St. Laurent aux Jésuites, qui sont deux tableaux du même Titien.

Il y a à *Venise* deux Academies de Peinture.

» Les Peintres, dit Misson, y ont tou- » jours des nudités choisies de l'un & de » l'autre séxe, & qui sont souvent en- » semble sur le même théâtre. . . . Tout

» le monde peut entrer là, & vous ne
» sçauriez croire avec combien de har-
» diesse ces petites créatures soutiennent
» les regards du tiers & du quart.

Un des morceaux les plus curieux d'Architecture qui soient à *Venise* est le pont de *Rialto*, qui est sur le grand canal, & au centre de la ville, dans le quartier qui lui donne son nom. Ce pont n'avoit été que de bois jusqu'à l'année 1587, que la République le fit bâtir en pierre, sous le Doge Paschal Cigogne. Il est d'une seule arche, si grande qu'une Galere, quand le Mats est baissé, y peut passer les rames étenduës. Les fondemens furent posés des deux côtés sur dix milles pilotis d'ormes; le ceintre de l'Arche n'est qu'une moyenne portion d'un grand cercle. On ne voulut pas l'élever à proportion du diamétre afin que la montée du pont fut moins difficile: mais cette Arche unique est fort large, & toute bâtie de grandes pierres de taille dures comme le marbre. Ce pont soutient sur ses penchans deux rangs de boutiques, dont la charpente faite en berceau, & couverte de plomb, fait un agréable effet: il reste entre ce double rang de boutiques un passage assez large dans le milieu, où l'on monte par plusieurs marches jusqu'au haut, qui est percé des côtés en forme d'un portique. On découvre de-là à droite & à gauche le grand Canal, & l'on y trouve une entrée dans les deux corridors, qui regnent d'un bout à l'autre, de chaque côté du pont, derriere les deux rangs de boutiques : une grosse balustrade soutenue par de belles consoles fait l'appui des deux corridors : le tout est d'une Architecture fort réguliere, & ce pont a coûté deux cens cinquante mille ducats.

Le terrain est si précieux à Venise qu'il ne faut pas s'étonner si presque toutes les ruës y sont si étroites, que dans la plûpart des plus passantes on ne peut marcher que deux de front. Cependant comme elles sont toutes pavées de brique posées de champ, & qu'on n'y voit ni carosses, ni chevaux, ni voitures, on y marche fort à son aise. Les bouts des ruës ont été tenus assez larges, & on a ménage un grand nombre de petites places, outre celles que chaque Eglise a devant son Portail.

La Place de St. Marc est une des plus magnifiques de l'Europe, non seulement à cause de sa grandeur, mais encore par la somptuosité des bâtimens qui l'accompagnent ; cette place est faite en potence, ou plûtôt ce sont deux places differentes, dont la premiere, qui est la moins grande, est tournée vers le midi & regarde la mer : c'est sans difficulté le plus bel aspect de Venise. La mer bat cette place, dont la rive est bordée d'un quai magnifique. C'est sur ce quai que sont dressées deux très hautes colonnes, d'une piéce chacune, éloignées l'une de l'autre de plus de soixante pas. Sur celle qui est à droite on voit le Lion aîlé de St. Marc, fait de bronze : & sur l'autre la ſtatuë de St. Théodore, premier Patron de Veniſe. L'Architecte qui éleva ces deux colonnes, après qu'elles eûrent été long-tems ſur cette rive, ſans qu'aucun ingénieur eût oſé faire cette entrepriſe, demanda pour toute récompenſe à la république qu'il fut permis de jouër à toutes ſortes de jeux de hazard ſur les marches qui environnent le piédeſtal de chaque colonne : ce qui lui fut accordé.

Le grand canal eſt bordé de maiſons, dont l'Architecture extérieure a beaucoup d'apparence & de Majeſté, mais dont les derrieres ſont fort vilains, & les dedans aſſez peu commodes.

L'Arſenal de Veniſe fait le ſujet de l'admiration des étrangers, & le fondement de toutes les forces de l'Etat. Son enceinte eſt très vaſte : on lui donne deux milles de circuit. Il occupe toute l'extrêmité orientale de la ville, dont il eſt même en quelque ſorte ſéparé par un canal qui l'environne de trois côtés : du côté du Nord il regarde les Lagunes. Il eſt fermé de murailles très hautes, flanquées de petites tours, où l'on fait une garde exacte, ſur-tout pendant la nuit. Dans un grand nombre de ſales on voit une quantité prodigieuſe de toutes ſortes d'armes, pour les troupes de terre, pour les Vaiſſeaux & pour les Galeres : il y en a dans une ſale pour dix mille hommes, dans une autre pour vingt-mille, dans une autre pour trente mille, & dans une autre pour quarante. Il en eſt de même pour les armemens de mer : une ſale tient de quoi armer vingt Galeres, une autre peut en armer trente, & une autre quarante. Toutes les piéces qui compoſent une Galere ſe trouvent dans des lieux marqués, & Henri III. dans le ſéjour qu'il fit à Veniſe eût le plaiſir d'en voir faire & équiper une ſous ſes yeux pendant le tems de ſon dîner. Sous ces mêmes ſales, il y a des magazins ſéparés pour toutes ſortes d'attirails, & d'équipages de guerre. On y compte plus de huit cens piéces de canon, des boulets, des mortiers, des bombes, des grenades à l'infini. Tout y eſt en ſi grande quantité qu'on pourroit aiſément équiper dans cette Arſenal cent Galeres, & armer cent mille combattans : il y a dans l'Arſenal trois vaſtes baſſins qui communiquent avec les Lagunes & tout autour ſont quantité de loges ou remiſes, aſſez grandes pour contenir deux bâtimens à couvert : c'eſt-là qu'on fabrique les Galeres.

VENIUS [Otho] Peintre Hollandois, iſſu d'une famille conſidérable de la ville de Leyde, naquit l'an *1556*. Ses parens le faiſant étudier, lui firent enſeigner en même tems le deſſein : mais les troubles de Hollande firent qu'à l'âge de quinze ans on l'envoya à Liége pour continuer ſes exercices. Le Cardinal de Groosbeck, Prince & Evêque de cette ville lui donna des lettres de recommandation pour Rome, où il fut reçû dans la maiſon du Cardinal Madrucci. Il s'adonna à l'étude de de la Philosophie, de la Poësie & des Mathématiques, s'exerçant aussi à la Peinture par le conseil de Thadée Zuchero qui voulut bien l'instruire lui-même. Il fit de si grands progrès sous un tel Maître qu'il acquit une grande réputation en Italie; il demeura sept ans à Rome pendant lesquels il fit plusieurs ouvrages, & de-là étant passé en Allemagne il entra au service de l'Empereur, puis à celui du Duc de Baviere & de l'Electeur de Cologne. Mais tous les avantages qu'on lui proposa dans ces Cours Etrangeres ne furent point capables de l'y arrêter longtems. Il vint offrir son travail au Prince de Parme qui gouvernoit alors les Païs-bas.

Le Prince le jugeant capable de servir l'Etat en des emplois de la plus grande importance, lui donna la Charge d'Ingénieur dans les Armées, & celle de Peintre du Roi d'Espagne: après la mort du Prince de Parme, *Venius* se retira à Anvers, où il fit quantité d'excellens tableaux, qu'on voit encore dans les principales Eglises.

Quelque temps après, l'Archiduc Albert qui avoit succedé au Prince de Parme l'appella à Bruxelles, & lui donna l'Intendance des Monnoies.

Parmi ces occupations embarassantes, il ne laissa pas de continuer à peindre, & il fit les Portraits de l'Archiduc & de l'Infante Isabelle, qui furent envoyez au Roi d'Angleterre. Pour faire connoître ſon érudition auſſi bien que l'excellence de ſon pinceau, il mit en lumiere pluſieurs ouvrages qu'il a enrichis de figures & de Portraits de ſon deſſein

Ces ouvrages ſont *Bellum Batavorum cum Rom. Ex Cornelio Tacito*, lib 4 & 5. *cum* Iconibus. *Hiſt. Hiſp. Infant. cum Iconibus. Concluſiones Theologicæ*, notis & *figuris diſpoſitæ &c. Horatii Flacci Emblemata cum notis Latinè, Italicè, Gallicè, & Flandricè, in uno volumine. Vita Sancti Thomæ Aquinatis, triginta duabus imaginibus illuſtrata.*

Tous ces ouvrages ont été imprimés par F. Foppens à Bruxelles.

Venius dédia ſes emblêmes moraux à l'Infante Iſabelle Claire Eugenie qui l'obligea d'en faire de pareils ſur l'Amour Divin, que *Venius* lui dédia auſſi, ſous le titre de *Amoris Divini Emblemata.*

Le Roi de France ayant été informé du merite de *Venius*, lui fit faire des offres avantageuſes pour l'attirer en France ; mais ce fut inutilement : jamais *Venius* ne voulut quitter ſon païs, ni le ſervice de ſon Prince.

Il mourut l'an 1622 à Bruxelles à l'âge de ſoixante dit-huit ans ; laiſſant deux filles qui ſe ſont appliquées avec ſuccés à la Peinture.

Venius a eu la gloire d'avoir été le Maître de Rubens.

VENTRE. Le *bombement* d'un mur, qui boucle & ſort de ſon aplomb, s'appelle *ventre* : cette muraille fait *ventre.*

VENTRIERE. C'eſt une groſſe piéce

de bois équarrie, qu'on met devant une rangée de pal-planches, afin de mieux couvrir un ouvrage de maçonnerie, soit contre l'effort du courant de l'eau, soit contre la poussée des terres.

VERD, couleur très-douce & très-amie de l'œil.

Verd d'Iris. C'est un des plus beaux *verds* que les Peintres puissent employer.

Il y a differentes manieres de le composer: une des meilleures est celle dont voici la recette. Pilez de l'Alun, & concassez de la graine d'Avignon, mêlez-les ensemble avec de l'eau, & faites bouillir le tout jusqu'à ce que l'eau soit bien jaune. Ensuite pilez les fleurs d'Iris dans un mortier, & versez-y un peu de cette eau jaune, selon que vous voudrez rendre le *verd* clair ou brun: puis exprimez ce suc avec une étamine qui soit faite de poil de chevre (car le linge en prendroit toute la couleur) & versez ce suc dans de grandes coquilles, qu'on expose à un Soleil ardent, car ce *verd* se moisit à l'ombre, & devient trop gluant.

Verd de vessie, c'est le suc du fruit de Rhamnus, auquel on mêle un peu d'alun, & qu'on garde dans une vessie qu'on pend en quelqu'endroit pour faire sécher la couleur.

Vers de gris. C'est un mineral qui sort du cuivre; il est d'une couleur agréable: mais on ne l'employe jamais que seul, ou tout au plus on en mêle un peu dans les noirs. Il est la peste de toutes les autres couleurs, & s'il en entroit la moindre goutte dans l'imprimure d'une toile, il seroit capable de gâter tout un tableau.

VERET [Château de] situé dans la Touraine, est une maison fort agréable, soit pour sa situation, soit pour la commodité de ses apartemens. Les quatre angles du bâtiment sont occupés par autant de tours rondes à l'antique. Les dedans sont bien entendus; la cour est quarrée, spacieuse, belle : sur la principale porte est la figure équestre à demi-bosse de François premier. Les cuisines sont grandes, & la voûte en est d'un grand goût. Ce qu'on appelle la *sale des Saints* est un endroit où l'on a peint tous les Saints guerriers, illustres dans l'Histoire : c'est l'ancien Duc de Mazarin qui a fait faire ces Peintures dévotes. Le salon est un beau morceau; les Peintures du plat-fond avoient été commencées par Jouvenet: mais elles n'ont pas été finies. Ce qui en existe est d'une grande beauté : ces Peintures représentent le ciel, & la Cour Céleste. Les jardins sont vastes & spacieux, le parterre est orné de plusieurs statuës de differens Papes : l'on voit Saint Pierre au milieu. Ces ornemens singuliers entroient dans le plan de dévotion de ce Duc, dont la pieté étoit plus sincere qu'éclairée. Le Parc est sur une éminence : il est grand, bien percé, & l'on y a pratiqué d'espace en espace des berceaux qui font un fort bel effet : ce Château a été bâti originairement par Jean de la Barre Comte d'Estampes, premier Gentilhomme de la Chambre.

VERGER [le] Château en Anjou. Le bâtiment est des plus reguliers, & des plus vastes : il consiste en six corps de logis qui forment deux grandes cours quarrées; les angles sont occupés par des tours. Le Château est entouré d'un fossé fort haut, revêtu de brique, sur lequel est un pont-levis. La face de ce côté-là est fermée par un mur à crenaux; la porte est accompagnée de deux tours sur lesquelles il y a une terrasse. Des deux côtés du Château sont des parterres fermés par sept pavillons, joints par un mur couvert de charmille : cette maison apartient aux Princes de Guimené, & a été construite par le Maréchal de Gié.

VERITE'. On entend par ce mot l'expression propre du caractère de chaque chose.

Il y a beaucoup de *verité* dans les tableaux du *Titien* : toutes ses expressions sont pleines de *verité*.

VERLATI (maison de plaisance du Comte de) construite en partie sur les desseins de Scamozzi, qui y fit des changemens & des augmentations considérables en 1590.

Cet édifice est un peu élevé de terre pour la salubrité des apartemens d'en bas; sa face regarde vers le sud, & au milieu est l'entrée par où l'on arrive dans un grand vestibule ou salon, flanqué à droite & à gauche, d'une grande sale ou chambre, à côté de laquelle est une autre moindre , & derriere celle - ci d'autres plus petites. Par le milieu du bout du vestibule on descend dans la Cour par un grand degré, lequel est orné de six colonnes avec leur entablement, & un fronton au haut répondant à celui de devant. A chaque côté de ce bâtiment il y a une entrée pour les carosses ; derriere ces entrées il y a des places pour faire le vin , & à côté des passages , avec de petits escaliers , servant pour monter aux apartemens d'en haut & descendre à ceux qui sont sous terre, comme caves, cuisines, dépenses, offices, &c. Sur le derriere de cet édifice est une grande & spacieuse cour verte, de forme quarrée , dont on peut faire un jardin si l'on veut. Au bout de cette cour , à chaque côté, il y a un pavillon , au milieu duquel est un passage, où aboutit par les deux côtés la rue ou chemin ; à un des côtés de ce passage sont de petits logemens pour les Jardiniers & autres gens ; à l'autre côté est une porte pour entrer dans les jardins ; ces portes sont ornées de colonnes : plus avant est la basse cour, avec les granges , les écuries , les étables, &c.

La hauteur de l'édifice est distribuée en deux ordres, comprenant chacun un grand & un petit étage ; celui d'en bas est dorique à bossages , & celui de dessus est ionique ; la longueur de la face est divisée en trois, dont la partie du milieu, qui est un peu plus grande que les autres, est en avant corps, & ornée au second étage de six colonnes, accompagnées de tous leurs ornemens : l'entablement regne tout autour de l'édifice. Au dessus de l'entrée, il y a une grande fenêtre en arcade, & l'avant corps est couronné en haut d'un fronton, aussi accompagné de tous ses ornemens. Le dedans de cette maison est orné de Peintures, de la main des plus habiles Maîtres.

VERMANDER, (Charle) naquit d'une famille Noble de Flandre dans la terre de Meulebrac, dont son pere étoit Seigneur. Ses parens le firent élever avec soin, & comme il fit voir un grand penchant pour la Peinture, ils le mirent sous la discipline de Lucas de Heer, Peintre fort célébre en ce temps-là ; puis chez Pierre Udalric, où il fit plusieurs tableaux de l'Histoire Sainte. Il s'exerçoit en même temps à composer des Comédies : car la Poësie étoit encore un de ses talens.

A vingt-six ans il alla à Rome, où après avoir travaillé trois ans, il passa en Allemagne, & fit à Vienne plusieurs Arcs de Triomphe pour l'entrée de l'Empereur Rodolphe ; ensuite il retourna à Meulebrac sa patrie. Les guerres de Religion le contraignirent de se retirer dans Courtrai, où il a peint des Tableaux d'Eglise, sur-tout à Sainte Catherine.

Comme il s'en retournoit à sa terre de Meulebrac, il fut volé & dépouillé tout nud.

Quelque-temps après, il s'embarqua ſur un Vaiſſeau qui le mena à Harlem, où il rétablit ſes affaires, & gagna beaucoup de bien; il y peignit entr'autres tableaux, l'Hiſtoire de la Paſſion que Geyen a gravée. Il établit dans la même Ville d'Harlem avec Goltzius & les Corneilles, une Académie de Peinture.

Parmi un grand nombre d'ouvrages en Vers & en Proſe que *Vermander* a publiez, on eſtime ſur-tout ſon Traité de la Peinture, & les Vies des Peintres Flamands. Il mourut en 1607, âgé de cinquante-huit ans. Il fut inhumé à Amſterdam.

Il eut un fils appellé auſſi Charles, qui hérita d'une partie des talens de ſon pere, & que le Roi de Dannemarck attira à Coppenhague, où il a vêcu en grande eſtime.

VERMEYEN, [Jean Corneille] Peintre, né dans un Village près de Harlem, étoit attaché à l'Empereur Charle-Quint, qu'il ſuivit dans pluſieurs voyages, entr'autres dans celui de Tunis, dont il a peint l'expédition en pluſieurs ſujets, qui ont été exécutés magnifiquement en tapiſſeries. Il a beaucoup travaillé à Arras dans le Monaſtere de Saint Gervais, à Bruxelles, & dans pluſieurs autres Villes des Païs-bas.

Vermeyen avoit la barbe ſi longue, qu'on rapporte qu'elle deſcendoit à terre, ce qui le fit ſurnommer le barbu. Il mourut à Bruxelles en 1559, âgé de 59 ans, & il fut inhumé dans l'Eglise de S. George.

VERMILLON. *Voyez* CARMIN.

VERNEUIL, Château à douze lieuës de Paris, sur le bord de l'Oyse. C'étoit une des maisons de plaisance de Henri IV. qui la donna à Henri de Bourbon, un de ses fils naturels : depuis la mort de ce Duc, *Verneuil* a passé dans la Maison de Condé.

Ce Château est environné d'un large fossé, revêtu de pierres de taille, & flanqué aux quatre coins de petites platteformes, qui s'avancent comme des bastions. La cour est fermée par quatre grands corps de bâtimens, qui en occupent les quatre faces. Chacun de ces corps est terminé par deux pavillons, ornés de frontons, de trophées d'armes, & de statuës. La principale entrée consiste dans un vestibule qui s'avance sur le devant, & qui est formé par quatre hautes arcades, soutenues par des colonnes & par des pilastres, & ornées de six niches remplies par autant de statuës. Sur ce premier vestibule s'en éléve un autre, ouvert de quatre côtés, qui communique à droite & à gauche à une galerie découverte, ornée d'une balustrade de pierre. Au-dessus enfin s'éléve une coupe ronde, bien percée, & dont le comble est terminé par une lanterne. Les jardins sont agréables, & en bon air. La face du Château du côté du parterre a aussi un corps avancé au milieu terminé par un grand fronton en demi-cercle orné de trophées,

& dont le comble est chargé d'un petit pavillon, qui couronne tout l'édifice.

VERNIS. Les Peintres se servent de différens *vernis* pour donner du lustre à leurs tableaux. Les uns le font avec la *therébentine* & la *sandaraque*, les autres avec l'esprit de vin, le mastic, la gomme laque, la sandaraque, ou l'ambre blanc.

On se sert de ce dernier pour l'appliquer sur les mignatures, & sur les estampes.

Mais c'est une fort mauvaise pratique de *vernir* les estampes. La seule maniere de les conserver est de ne les point exposer à l'air, à moins de les bien couvrir d'un verre ou d'une glace.

Le *vernis* le plus prompt à sécher est celui qui se fait avec la therébentine & l'esprit de vin, quantité égale.

Le *vernis* le plus estimé est celui de la Chine. On en a inventé en France qui approchent du beau laque de ce Royaume. Sans parler du beau *vernis* de *Martin*, il y a quarante ans qu'un Liégeois nommé Dagly en trouva un, qu'il fut quarante ans à chercher & à perfectionner. Ce *vernis* quoi qu'inférieur à celui de la Chine, a cependant une propriété que l'autre n'a pas; car il peut s'appliquer sur toutes sortes d'étoffes, sur de la toile & sur du cuir: il se lave comme celui de la Chine.

On se sert pour les estampes à l'eau forte de deux sortes de *vernis*: du *vernis* dur, & du *vernis* mol. Callot fut le premier qui employa le *vernis* dur, & il trouva qu'il étoit beaucoup plus propre pour les ouvrages qu'il faisoit, que le *vernis* mol ; en effet l'aiguille & l'échope gravent plus nettement sur le *vernis* dur, & d'ailleurs celui-ci est moins sujet à se gâter, lorsqu'en travaillant on passe la main dessus. Outre cela on a l'avantage de n'y mettre l'eau forte que quand on veut, & l'on peut laisser un an tout entier une planche avec le *vernis* dessus, sans y toucher, ce qui ne se peut faire avec le *vernis* mol sur lequel l'eau forte ne mord pas, à moins qu'on ne la mette aussi-tôt qu'on a gravé. *Felibien.*

Vernis d'Estampe, c'est un *vernis* blanc qu'on met sur les estampes, pour les conserver : le meilleur qu'on puisse employer, est celui dont je vais donner la recette.

Prenez trois onces de sandaraque, deux onces de Karabi, deux gros de gomme lique en larmes, deux gros de gomme de nitre qu'il faut éplucher & piler dans un mortier, à la réserve de la gomme de nitre qu'il faudra mettre par petits morceaux dans le matras, dans lequel il y aura une pinte du meilleur esprit de vin qu'on pourra trouver, & qu'on fera bouillir, après avoir bien bouché le matras, pendant l'espace de cinq heures : ensuite on passera cette liqueur à travers un linge, qui par le moyen d'un entonnoir entrera dans une phiole que l'on bouchera ensuite avec le liége & la vessie de cochon :

on se servira de ce *vernis* pour mettre des couches sur des estampes, observant de laisser sécher la premiere, avant d'en mettre une deuxiéme : on en mettra deux seulement par jour ; après que l'on en aura mis dix ou douze cela suffira, & l'on aura les estampes d'une blancheur & d'une beauté extraordinaire. Lorsque vos couches seront séches vous pourrez encadrer vos estampes avec un verre blanc par dessus, afin de les préserver de la poussiere & du mauvais air. Au reste je ne conseille point, ainsi que je l'ai dit, d'appliquer aucun *vernis* sur les estampes.

VERONE, Ville de l'Etat de Venise. Cette ville dont la situation est des plus riantes, est située sur les bords de l'Adige qui la traverse. Ses remparts & ses murailles sont d'une prodigieuse épaisseur, avec tours & bastions, & de larges fossés, outre trois Châteaux qui la commandent, dont celui de S. Pierre est le plus fort. Le pont qui est au pied de ce Château est des plus remarquables pour son Architecture & ses belles pierres, qui lui servent aussi de pavé, parce qu'il soutient un aqueduc. Au bout de ce pont du côté de la Ville, on voit un grand portail fort ancien, orné de quelques morceaux de Sculpture, qu'on croit être une partie du Theâtre, qu'on dit avoir été bâti au pied du Château : ce Theâtre fait l'une des trois belles antiquités qu'on trouve à Verone. La seconde est un Arc de Triomphe, & la troisiéme un Amphitheâtre que le Conſul Flaminius fit conſtruire, & qui eſt le plus entier de tous ceux qui nous reſtent de l'Antiquité. Il eſt de forme ovale, & conſtruit de pierres quarrées. On voit à la face du dehors pluſieurs colonnes, quelques reſtes de ſtatuës, & des portiques d'ordre Dorique, Ionique, & Corinthien, d'une hauteur exceſſive. On comptoit dans cet Amphitheâtre quatre rangs de portiques & de colonnes, entrelaſſées de Statuës de Nymphes. On y entroit par dix-huit grandes portes, & il y avoit quarante-deux rangs de ſiéges, où plus de vingt mille perſonnes pouvoient être aſſiſes fort à leur aiſe. La ceinture, le mur de face, ou le mur extérieur, ſont entierement détruits, à l'exception de ſept trumeaux qui ſubſiſtent encore : tout cela fut renverſé en 1183, par un tremblement de terre. Deſgodetz, habile Architecte, qui nous a donné les dimenſions de cet Amphitheâtre, prétend que le diamétre de l'arene, priſe dans la longueur, eſt de deux cens trente-trois pieds de France : que l'autre diamétre ſur la largeur, eſt de cent trente-ſix pieds huit pouces : que l'épaiſſeur du bâtiment, ſans le corridor extérieur, eſt de cent pieds quatre pouces, & qu'avec l'épaiſſeur du mur & du corridor aux deux bouts de l'Amphitheâtre, il eſt de cent vingt pieds dix pouces : de ſorte que la longeur du tout eſt de quatre cens ſoixante & quatorze pieds huit pouces. Chaque dégré ou rang de ſiéges a près d'un pied & demi de haut, & à peu près vingt-ſix pouces de large. L'élévation du tout eſt de quatre-vingt-treize pieds ſept pouces & demi.

La Maiſon de Ville de *Verone* eſt un ſuperbe édifice. Sa façade qui regarde une belle place, eſt enrichie des Statuës des hommes les plus illuſtres que *Verone* ait produits. On n'y a pas ſans doute oublié Catulle, Pline, Vitruve, Fracaſtor, &c. Trois grandes aîles, avec une cour au milieu, forment le plan de ce Palais. Ses ſales & ſes grands apartemens renferment des Peintures fort eſtimées.

Il y a cinq portes à *Verone*, & non-ſeulement elles ſont fortes, mais encore ornées de Sculptures, de Statuës, de colonnes, & d'autres ouvrages de marbre. Outre l'Amphitheâtre dont j'ai parlé, on y voit quantité d'auguſtes reſtes de l'antiquité, comme des ruines de Bains, d'Aqueducs, de Temples, de Colonnes, &c.

Le Cabinet du Comte Maſcardo eſt une des choſes les plus curieuſes qu'on puiſſe remarquer à *Verone*. On y voit une galerie & ſix chambres toutes remplies de ce que l'Art & la nature produiſent de plus merveilleux. Il y a des tableaux d'excellens Maîtres, des livres, des pierres précieuſes, des animaux, des plantes, des métaux, en un mot tout ce qu'on peut imaginer de plus curieux, ſoit pour l'antiquité, ſoit pour la rareté, ſoit pour la délicateſſe, & l'excellence de l'ouvrage.

VERONESE, [Paul] ainſi appellé parce qu'il étoit de Verone, eut pour Pere

Gabriel Caliari, assez bon Sculpteur.

Il s'établit à Venise, & c'est dans cette Ville qu'il a fait tant de beaux ouvrages qui le mettent au rang des plus grands Peintres.

« On voit dans ses ouvrages, dit Mr » de Piles, un grand faire par tout. » Son exécution est ferme, son pinceau lé» ger.... il mettoit beaucoup d'esprit, de » vérité, & de mouvement *dans ses ou» vrages*.... son talent étoit merveilleux » .... & son génie lui auroit fait produi» re toujours de belles choses, si ses soins » avoient toujours secondé son génie.... » son tableau des noces de Cana est très» distingué entre ses autres ouvrages : il » est le triomphe de Paul *Veronese*, peu » s'en faut qu'il ne soit le triomphe de la » Peinture. »

Paul *Veronese* mourut à Venise en 1588, âgé de 58 ans. Il fut enterré à S. Sebastien : on mit cette Epitaphe sur son tombeau.

Paulo Calario Veron. Pictori,
Naturæ æmulo, artis miraculo,
Superstite fatis famâ, Victuro.

VERRE. On peint à l'huile & en détrempe sur le *verre*, comme sur la toile ; mais la maniere la plus belle d'y travailler, est de peindre sous le *verre*, ensorte qu'on voye les couleurs au travers du *verre* : pour cela on garde une conduite dans le travail toute contraire à celle qui se pratique d'ordinaire ; car il faut coucher d'abord les *rehauts* & les couleurs, que l'on met ordinairement à la fin ; & celles qui servent de fond & d'ébauche dans les autres Peintures, se couchent ici les dernieres.

L'invention de peindre le *verre* au feu, est dûe aux François & aux Flamands.

On employa d'abord des couleurs en détrempe & sans apprêt qu'on appliqua sur le *verre* blanc ; mais le peu de durée de ces ouvrages fit recourir à d'autres couleurs plus fortes, que l'on passa au feu, & qui s'incorporerent avec le *verre*.

Les commencemens de cet Art furent assez grossiers, & il ne se perfectionna que dans le quinziéme siécle, lorsque la Peinture & les autres Arts sortirent de la Barbarie.

C'est une erreur de croire que ce secret soit aujourd'hui perdu;mais comme on l'a fort négligé, peu de gens le connoissent: voici en quoi il consiste.

On prend du *verre* de Lorraine, qui tire un peu sur le jaune, & qui résiste mieux au feu ; on dessine dessus avec du noir la figure qu'on veut peindre. Ce noir est une composition de paille de fer : on laisse sécher l'ouvrage pendant deux jours, ensuite on lave ce dessein avec une composition de gomme Arabique bien séchée, d'urine, & de noir : on le laisse reposer deux jours, après quoi on couche fort promptement avec le pinceau des couleurs détrempées dans la gomme : le bleu, le vert, le pourpre, & les autres couleurs s'appliquent immédiatement ſur le côté deſſiné du *verre*, excepté le jaune qui ſe met derriere : car cette couleur qui eſt fort pénétrante, traverſe toute l'épaiſſeur du *verre*, & ne s'attache point à la ſuperficie ſur laquelle on la couche, mais paſſe à l'extrêmité.

On obſerve de ne point mettre du jaune à côté du bleu : en effet ces deux couleurs ſe fondent enſemble au feu, & il en réſulte une couleur verte.

Enfin pour cuire les couleurs on met le *verre* au feu : on a un fourneau quarré de brique, d'environ un pied & demi de haut, ſur autant de large, avec une ouverture au bas, à ſix pouces du fond, pour mettre le charbon. On attache en-dedans une grille au milieu, & l'on pratique en-dehors, un peu au-deſſus de l'endroit où eſt la grille, une petite ouverture d'environ deux pieds de large, qui répond perpendiculairement à l'ouverture du bas.

Enſuite on poſe ſur la grille du fourneau une poële de terre quarrée, de telle grandeur qu'il y ait au moins trois doigts de diſtance entre la poële & les parois du fourneau. Sur cette poële on met un lit de plâtre en poudre bien ſaſſée & recuite dans un fourneau de potier à la hauteur d'environ un demi doigt. Par deſſus ce premier lit on en met un ſecond de vieux morceaux de *verre*, de même hauteur ;

ſur celui-ci on met un troiſiéme lit de plâtre, puis un quatriéme de *verre*, enfin un cinquiéme de plâtre, enſorte qu'il y a trois lits de plâtre, & deux de *verre*. Sur le dernier lit, on étend les piéces de *verre* peintes & préparées. Entre chaque piéce de *verre*, on met un nouveau lit de plâtre de demi doigt, & la derniere eſt couverte d'un lit pareil.

Nota qu'on pratique dans la poële une ouverture qui répond à l'ouverture ſupérieure du fourneau, pour y faire paſſer les morceaux de Peinture qu'on veut cuire.

On obſerve de couvrir la poële avec des tuiles luttées hermétiquement de terre graſſe, enſorte que l'air n'y entre point par en haut: après quoi on commence à échauffer le fourneau par dégrés. Dabord on l'échauffe en-dehors avec du charbon qu'on allume aux environs de l'orifice d'en bas: deux heures après on pouſſe la braiſe en-dedans, mais ſur les bords ſeulement: une heure après on avance le feu juſque ſous la poële, en entretenant pendant deux heures le même dégré de chaleur ſans l'augmenter, ni le laiſſer affoiblir: enſuite on l'augmente peu à peu pendant deux heures: après quoi l'échauffant toujours par dégrés, on fait un feu très-fort avec du charbon de jeune bois, juſqu'à ce que la flâme ſorte par tous les coins du fourneau, & par l'orifice ſupérieur; car on tient fermé l'orifice d'en bas, excepté lorſqu'on fait le feu en-dehors, comme je l'ai dit. On entretient ce feu pendant trois bonnes heures dans la même vivacité ; mais sur la fin on tire quelques essais ou *épreuves*, c'est-à-dire, quelques-unes des piéces de *verre* pour voir si la cuisson est à son point. Quand elles sont à peu près au dégré de cuisson, on insinuë dans le fourneau par l'orifice d'en bas des petits bâtons de bois fort sec : ce dernier feu doit être le plus violent, & doit couvrir toute la poële : alors on peut juger que l'opération est achevée, & c'est le moment pour retirer les piéces de *verre*.

Toutes les couleurs qu'on employe dans la Peinture du *verre* sont minérales, les autres ne résisteroient pas au feu.

Le noir comme je l'ai dit, se fait avec de la paille, ou de l'écaille de fer, qui tombe de l'enclume des maréchaux lorsqu'ils travaillent le fer. Il faut qu'elle soit bien broyée : on y mêle un tiers de rocaille, qui sont de petits grains ronds, verts & jaunes, qu'on trouve chez les Merciers : on y joint un peu de cuivre brûlé pour l'empêcher de rougir au feu.

Le blanc se fait avec du sable blanc de riviere, que l'on fait rougir dans un creuset, & que l'on éteint avec de l'eau commune pour le calciner. Ensuite on le pile dans un mortier de marbre : on le broye après cela de nouveau sur un marbre, & y joignant une quatriéme partie de salpêtre on fait calciner le tour. On pile cette compoſition, & on la calcine pour la ſeconde fois à un feu vif. Pour l'employer on y mêle une égale portion de plâtre en poudre bien cuit, autant de rocaille, & l'on broye le tout ſur une platine de cuivre.

Le jaune ſe fait avec de petites lames d'argent qu'on fait cuire dans le creuſet, en y mêlant du ſalpêtre : enſuite on l'éteint dans de l'eau. On le pile dans un mortier de marbre, après quoi on le broye ſur un marbre, pendant ſept ou huit heures, le détrempant avec l'eau, où il aura été éteint. Lorſqu'on l'a broyé on y mêle neuf fois autant d'ocre rouge, & on broye le tout pendant une heure.

Pour faire le rouge, on employe la litharge d'argent, la paille de fer, la gomme arabique, le poids d'un écu de chacune, la ferrette d'Eſpagne, demi écu, rocaille, trois écus & demi, ſanguine, trois écus. Il faut broyer la rocaille, la paille de fer, la litharge & la ferrette enſemble, une bonne demie heure ſur la platine de cuivre. la ſanguine ſe pile à part dans un mortier de fer bien net : quand on l'a retirée, on pile dans le même mortier la gomme Arabique, afin qu'elle tire ce qui reſte de ſanguine. Il faut qu'elle ſoit aſſez ſéche pour pouvoir être miſe en poudre : après quoi on mêle la gomme & la ſanguine, & on les verſe ſur la platine où ſont les autres drogues : on broye le tout le plus promptement qu'il eſt poſſible ; car la ſanguine ſe gâte en la broiant trop. Quand cette compoſition n'eſt ni trop molle ni trop dure, on la met dans un verre de fougere : on y verſe un peu d'eau claire, & on détrempe cette matiére avec le doigt, enſorte qu'elle devienne auſſi liquide & auſſi claire qu'un jaune d'œuf delaié. On laiſſe repoſer le tout pendant trois jours ſans le remuer : après quoi on verſe doucement dans un verre le plus pur de la couleur qui ſurnage, en prenant garde de la troubler : on laiſſe repoſer deux autres jours la liqueur extraite, & on la met dans un godet de verre un peu creux qu'on poſe ſur du ſable dans une terrine, ſous laquelle on met de la braiſe pour faire ſécher la couleur lentement.

Cette couleur détrempée dans de l'eau ſert pour les carnations : celle qui demeure au fond du verre n'eſt bonne que pour les draperies.

Le verd ſe fait de cuivre brûlé une once, de ſable 4 onces, de la mine de plomb une once : l'on broye le tout dans un mortier de bronze, & on le mêle au feu de charbon vif environ une heure. L'orſqu'il eſt refroidi, on le broïe de nouveau dans le même mortier : puis y ajoutant une quatriéme partie de ſalpêtre, on le remet au feu pendant deux heures. On le broïe de nouveau, & y ajoutant un ſixiéme de ſalpêtre on le remet au feu pendant deux bonnes heures, après quoi on tire la couleur avec une cueillere de verre, car elle eſt fort gluante &

difficile à détacher : il faut un feu violent & un creuset bien lutté pour ces calcinations.

Le bleu & le violet se font de la même matiere que le verd : seulement au lieu de cuivre brulé pour le bleu, on prend du safre, & pour le violet du safre & du perigueux, même quantité.

La Rocaille jaune se fait avec de la mine de plomb trois onces, du sable une once, que l'on calcine comme pour faire le verd : pour faire la rocaille verte, il ne faut qu'une once de mine de plomb, & trois onces de sable.

Les François & les Flamands, se sont le plus distingués dans ce genre de Peinture ; Claude de Marseille, le frere Guillaume, Desangives Pinaigrier, & Jean Cousin ont fait des vitrages admirables soit pour le bon goût du dessein, soit pour l'aprêt des couleurs.

L'industrie a fait trouver dans ces derniers tems, une maniere si naturelle d'imiter avec une estampe la Peinture sur *verre* que les yeux y sont tous les jours trompés. Voici en quoi consiste l'art de cette innocente imposture.

Prenez un *verre* blanc de la grandeur de votre estampe, & mettez-y dessus deux couches de vernis, que vous ferez de cette maniere. Prenez quatre onces de therebentine de Venise, une once & demie d'esprit de vin, une once & demie d'esprit de therebentine, deux gros de mastic en larmes ; faites bouillir le tout dans un pot vernissé l'espace d'une heure, & l'appliquez, lorsqu'il sera froid, sur le verre : la premiere couche étant presque séche vous en mettrez une seconde ; ensuite lorsque celle-ci sera presque séche, on couche l'estampe dessus bien proprement, l'ayant auparavant preparée de cette sorte.

Prenez de l'eau forte dans un plat ou quelque vase de terre, ou de verre, assez grand, & son fond assez de niveau & uni pour contenir l'estampe du côté de la Gravure, flottante sur l'eau-forte ; puis vous l'essuîrez entre deux linges bien doucement, & vous la laverez ensuite deux ou trois fois dans de l'eau claire, & l'essuîrez avec un linge comme nous venons de dire : après quoi vous l'appliquerez sur le verre, faisant ensorte qu'elle y soit collée également par tout, & qu'il n'y ait aucun pli ni élevure de papier, ce qui gateroit tout ; alors vous tremperez le bout du doigt, & humectant l'estampe par derriere, vous en ferez sauter le papier avec le bout du doigt en frottant, & il ne restera que l'impression, sur laquelle vous pourrez peindre par derriere avec des couleurs à l'huile les plus vives & les plus legeres, ou même avec des couleurs dont les Vitriers qui peignent en recuire, se servent avec la gomme, ce qui a plus d'éclat, & vous aurez le plaisir d'avoir des Peintures que la poussiere ni rien ne pourra gâter ; il ne faut pour cela sçavoir ni dessiner, ni peindre, ce qui est bien propre à ceux qui n'ont jamais appris cet Art, & qui ont passé l'âge de l'apprendre.

VERRERIE. Lieu où se font les glaces, les vases & tous les ouvrages de verre.

Les plus celebres *verreries* sont celle de Venise, de Cherbourg, de Berlin, de St. Cloud & de Nevers.

VERROCHIO [André] celebre Sculpteur de Florence, vivoit dans le XVI siécle. Il possedoit la Peinture, la Gravure, la Musique, les Mathématiques même, & sur tout la Sculpture, en laquelle il excella le plus. Le premier de ses ouvrages fut une danse d'enfans autour d'un vase d'argent, qui fut si estimée que le Pape en ayant oüi parler, le manda à Rome, pour lui faire faire quelques figures d'argent dans sa chapelle; il s'y rendit, & contenta parfaitement le St. Pere. Lorsqu'il fut de retour à Florence, il fit pour Laurent de Médicis deux têtes de métal en demi relief, l'une d'Alexandre le Grand, & l'autre de Darius. Ce Prince les envoya comme un rare présent à Mathias Corvin, Roi de Hongrie. Laurent lui fit faire encore dans l'Eglise de St. Laurent les tombeaux de Jean, de Pierre, & de Côme de Médicis.

Pour montrer qu'il sçavoit aussi bien manier le crayon que le marteau, il fit à la plume un combat d'hommes nuds, qui fut admiré de tout le monde. Il se mit ensuite à peindre des chevaux, qu'il

représenta

repréſenta fort naturellement, en toutes ſortes d'attitudes : mais quoique les ouvrages de ſon pinceau fuſſent conduits avec beaucoup d'art & de jugement, on y remarquoit toutefois dans le coloris cette rudeſſe, qui reſſent la ſtatue, & qui eſt le défaut ordinaire de ceux qui ſe mêlent de ſculpter & de peindre.

Comme il reconnut lui-même ce défaut & qu'il ſe vit contraint de céder pour la Peinture à Léonard de Vinci ſon diſciple ; il reprit ſes premieres études, & fit cet enfant de bronze pêchant à la ligne, qui eſt un des beaux ornemens de la vigne de Médicis. Le Sénat de Veniſe ayant reſolu en ce tems-là de faire jetter en bronze une ſtatuë équeſtre de Barthelemi de Bergame, pour honorer la mémoire de ce vaillant Géneral de ſes armées, il appella *Verrochio* pour en faire le modele, ce qu'il exécuta ſi heureuſement, que les Vénitiens avouerent que leur ville n'avoit rien de comparable à cet ouvrage. Mais comme il s'y appliquoit avec une ardeur extraordinaire, il fut attaqué d'une maladie qui termina tous les travaux de ſa vie dans la cinqnante-ſixiéme année de ſon âge; ſon corps fut porté à Florence & fut inhumé dans l'Egliſe de ſaint Ambroiſe.

VERSAILLES. Ce Château, quoique défectueux dans pluſieurs de ſes parties, ſur-tout du côté de la façade qui regarde Paris, eſt cependant dans ſa totalité le plus riche, le plus ſomptueux & le plus délicieux Palais qui ſoit dans le monde.

Comme on ne peut rien ajouter à la description si éxacte qu'en donne Mr. Piganiol, je me contenterai de donner ici l'extrait de cet article de sa description des environs de Paris. C'est le droit de tous les faiseurs de Dictionaires de profiter du travail d'autrui toutes les fois qu'ils le peuvent, & il seroit à souhaitter qu'ils ne copiassent jamais que d'aussibons livres.

L'élevation en glacis du terrein sur lequel le Château est bâti, l'inégalité des Cours & des bâtimens qui se resserrent en s'éloignant de cette Place, font que le Château, vû de cet endroit & de l'avenue de Paris, semble former une espéce de décoration de théâtre en perspective. De cette place on monte dans l'avant-cour du Château, qui est décorée d'une magnifique grille de fer, enrichie d'enroulemens, le long de laquelle on trouve deux guérites qui servent de piédestaux à deux groupes de statues d'une excellente main. Cette avant-cour qui est en forme de demie-lune a quatre-vingt cinq toises de long, & quatre gros pavillons aux quatres coins qui flanquent deux aîles. De l'avant-cour on entre dans une grande Cour qui a pareillement une belle grille, ornée comme la premiere, & le long de laquelle on voit aussi deux guérites avec des groupes de pierre. Deux pavillons flanquent les deux aîles du Château, & ont en face chacun un balcon de dix toises de long, soutenu par six colonnes, & orné d'autant de statues de pierre. De cette vaste cour on monte à la petite par cinq dégrés : celle-ci est pavée de marbre.

La face & les aîles de l'ancien Château sont bâties de briques & de pierres de taille : les trumeaux qui sont entre les croisées sont ornés de bustes antiques de marbre, posés sur des consoles de même matiere. Au devant de la façade est un balcon soutenu par huit colonnes de marbre d'ordre Dorique. Au côtés de la façade on voit deux statuës de très-bonne maniere : le long de la balustrade de l'ancien Château, tout autour de la cour de marbre, il y a dix-huit statuës de pierre, qui ont chacune huit pieds de haut, & qui sont de la main des plus fameux Sculpteurs du siécle de Louis XIV. Ensuite l'apartement des bains se presente. On trouve d'abord une piéce décorée de huit colonnes de marbre d'ordre Dorique, & ornée de quatre statuës de marbre. On entre après cela dans plusieurs autres piéces non moins décorées : enfin on arrive à la chambre des bains, dont la cheminée est ornée d'un tableau d'Audran, où Vulcain présente à Venus les armes qu'il a forgées pour Enée : après cette chambre est le cabinet des bains, où est une grande baignoire de marbre très-spacieuse, & d'une singuliere beauté. Au sortir de l'apartement des bains on trouve à main droite, en entrant dans la cour du Château, trois arcades de face, avec des portes de fer doré : & l'on entre dans un vestibule à compartimens de marbre qui a trente-neuf pieds de large, sur treize de profondeur. On monte par trois dégrés sur le premier palier du grand escalier, qui est tout incrusté de marbre ; sur ce palier s'éleve un perron à pans d'onze dégrés qui sont tout de marbre. Dans la face du palier qui est au dessus du perron, il y a une niche surbaissée dans laquelle est un bassin de marbre soutenu par deux Dauphins de bronze, & au dessus est un groupe de marbre blanc & antique. Les deux rampes qui composent l'escalier ont chacune dix pieds de large, & vingt & un dégrés de marbre ; les appuis sont de même matiere, & sont supportés par des balustrades de bronze ciselées & dorées au feu. Les deux paliers sont à compartimens de marbre, & ont chacun dix pieds de large. Sur ces paliers on a élevé des colonnes & des pilastres de marbre Ionique, dont les bases & les chapiteaux sont de bronze doré. Sur les grandes faces de cet escalier ; on voit quatre morceaux de fresque peints par Vander-Meulen.

Avant que de parler des grands apartemens où conduit le grand escalier, je vais donner une description succinte de la chapelle, dont la tribune se présente dans cet endroit.

Rien n'est traité avec plus de majesté que la décoration intérieure & extérieure de cet édifice

L'Architecture en est belle & élégante, & les ornemens de Sculpture & de Peinture y ſont repandus avec beaucoup de goût & de jugement. La principale face de cette Chapelle eſt au couchant, & tient à l'aîle du Château qui regarde le nord. Son chevet eſt à l'Orient ; elle eſt bâtie de pierre de liais : ſa longueur depuis la principale porte juſques hors d'œuvre de la Rotonde eſt de cent trente-cinq pieds & demi, & dans œuvre depuis la même porte juſqu'au grand Autel de cent quatre pieds onze pouces & un quart. Sa largeur hors d'œuvre eſt de ſoixante huit pieds huit pouces, & dans œuvre de cinquante-cinq pieds & demi pouce. La hauteur de l'édifice ſous la clef de la voûte eſt de ſoixante & dix-neuf pieds. Trois ordres de fenêtres l'un ſur l'autre reglent l'ordonnance de l'Architecture, & de la Sculpture du dehors ; à la face du Nord il y a deux corps d'Architecture qui ont leur ſaillie en dehors, dans l'un eſt le clocher, & dans l'autre qui eſt le plus grand eſt la Chapelle de la Vierge. Toute cette Architecture eſt couronnée par une corniche Corynthienne, ornée de modillons, dont les caiſſes ſont remplies par des roſes. Au deſſus regne une baluſtrade ; les pilaſtres qui en retiennent les travées ſervent de Socle à vingt-huit ſtatuës de pierre, qui ont chacune neuf pieds de haut. Au deſſus de l'attique eſt un Socle orné de poſtes en bas reliefs : & ce Socle porte vingt-ſix vaſes en torches enflammées. Le comble eſt droit ; ſix arreſtiers de métal doré & autant de lucarnes de même matiére l'ornent infiniment. Quatre de ces arreſtiers, deux au Nord & deux au midi, forment à chacune de ces deux faces du comble une eſpéce d'avant-corps. De l'enfaitement qui eſt auſſi de métal doré, avec des ornemens à jour, pend une belle campane dorée pareillement. La lanterne porte ſur la charpente du comble. Elle a quatorze pieds de diamétre & trente-ſix de haut La baluſtrade, les colonnes qui forment ſes arcades, l'obéliſque, la pompe & la croix ſont dorées. Sur les poinçons il y a deux groupes d'enfans de métal doré, qui ont ſix pieds de haut.

Le pavé de la Chapelle répond à cette magnificence. Il eſt fait de grands carreaux de marbre en compartimens. Le maître-Autel eſt conſtruit de marbre rare, & de bronze. La Tribune qui regne au pourtour de la Chapelle a neuf pieds & un quart de large. Elle eſt décorée de ſeize colonnes cannelées & Corynthiennes Leur fut eſt de vingt-trois pieds & demi de haut : le ſocle, la baſe, le chapiteau & l'entablement ont douze pieds & demi. Rien n'eſt comparable à l'élégance & à la legereté de ces colonnes. Les appuis de cette Tribune ſont de marbre, ſupportés par des baluſtrades de bronze doré.

Aprés avoir parlé de la Chapelle, il faut dire quelque choſe des apartemens.

Les plus considérables sont : la sale de l'abondance, d'où l'on passe dans le cabinet des curiosités & des antiques : c'est un salon de figure octogone, éclairé par un Dôme, & qui renferme toutes les curiosités qui peuvent concourir à former un des plus riches cabinets qu'il y ait, sur tout pour ce qui regarde les médailles ; la seule suite des Rois de Syrie est un morceau unique.

Le salon de la guerre, & le salon de la paix : ce sont deux piéces fort vastes, & très richement decorées, qui sont aux deux extrêmités de la grande galerie. Cette derniere piéce est le plus superbe morceau en ce genre qui soit dans le monde. Elle a trente-sept toises de long sur sept de large : on y compte dix-sept croisées du côté des jardins, & autant d'arcades decorées de glaces du côté de l'apartement du Roi. Les arcades & les fenêtres sont separées par vingt-quatre pilastres de marbre. La voûte est peinte par le Brun : je parlerai de ces peintures à la fin de cet article.

De la galerie on passe dans l'apartement du Roi ; tout y ressent la magnificence & la grandeur, jointes à l'élégance & à la propreté.

Les jardins ne le cédent point au Château pour la magnificence & pour les ornemens, & leur distribution, fort supérieure en son genre à celle des bâtimens, est d'une beauté, d'une noblesse, & d'une élegance, dont rien n'a jamais approhé

En voici les principales parties. Je suis l'ordre dans lequel Mr. Piganiol les a placées dans sa description.

Le parterre d'eau. Il est formé par deux grands bassins, à plusieurs jets, environnés chacun de huit groupes en bronze. Aux angles de ce parterre sont deux autres bassins de marbre, dont les jets forment des napes d'une beauté singuliere : ces bassins sont aussi environnés chacun de douze groupes de bronze.

Le bassin de Latone : du milieu duquel s'éleve un groupe magnifique, où Latone, Apollon & Diane sont représentés.

La fontaine de la pyramide. Elle est composée de quatre bassins les uns sur les autres : on voit encore ici deux autres bassins ornés de Tritons & de syrenes.

La cascade qui est à la tête de l'allée d'eau est un grand quarré qui reçoit la décharge de la fontaine de la pyramide. La principale face plus exhaussée que les autres, est d'un excellent bas relief : tous ces ouvrages de Sculpture sont du fameux Girardon.

L'allée d'eau. C'est un canal étroit en forme d'allée, partagé par deux bandes de gazon, sur chacune desquelles sont sept groupes de trois enfans chacun, posés au milieu d'un bassin de marbre blanc, & qui en soutiennent un autre, d'où sort un bouillon d'eau qui forme une petite nape.

La fontaine du Dragon. C'est un grand

baſſin qui a près de vingt toiſes de diamétre.

Le baſſin de Neptune, c'eſt une grande & magnifique piéce d'eau ornée de vingt-deux grands vaſes de métal, qui contiennent chacun un jet d'eau qui s'éléve très-haut.

Le baſſin d'Apollon : il eſt au bout de la grande allée en face du Château, c'eſt un quarré long, qui a environ ſoixante toiſes en un ſens, & quarante-cinq dans l'autre. On y voit *Apollon* ſur ſon char, auquel ſont attelés quatre beaux chevaux de bronze. Ce Dieu eſt environné de Tritons, de Baleines, & de Dauphins de même métal.

Le grand Canal. Il a 800 toiſes de long, ſur 32 de large. A la tête eſt une grande piéce d'eau qui s'y joint & qui eſt de figure octogone : vers le milieu il eſt traverſé par un autre Canal d'environ 120 toiſes de long, dont les deux bras conduiſent l'un à Trianon, l'autre à la Ménagerie. A l'extrêmité du grand Canal eſt une autre piéce d'eau beaucoup plus grande que celle qui eſt à la tête.

La piéce des Suiſſes. C'eſt une belle piéce d'eau qui reſſemble à un étang plûtôt qu'à un baſſin.

Le Labyrinthe. Il eſt formé par une infinité d'allées & de boſquets entrelaſſés. On y rencontre un grand nombre de fontaines, ornées d'un baſſin de rocaille avec les figures de quelques Fables d'Eſope, & un Quatrain qui expoſe la Fable ; les

Quatrains ſont de Benſerade, Poëte foible, mais Poëte de la Cour, & le plus accrédité des beaux eſprits de ſon temps.

Le boſquet de la Salé du bal, le boſquet des Dômes, & le boſquet d'Encelade : on voit au milieu de ce dernier la Statuë giganteſque de ce Titan, d'où ſort un jet d'eau d'une hauteur & d'une groſſeur extraordinaire.

La Colonade. C'eſt un periptere magnifique, formé par 32 colonnes de marbre rare, jointes par des arcades. L'ouvrage eſt couronné par une corniche, au-deſſus de laquelle eſt un ſocle chargé de vaſes de marbre blanc, terminés par des pommes de pin.

Au milieu de ce periptere eſt un beau groupe de marbre blanc qui repréſente l'enlévement de Proſerpine, & qui eſt porté ſur un piédeſtal, enrichi d'excellens bas-reliefs. Cet ouvrage admirable dans toutes ſes parties, eſt du fameux Girardon.

J'omets dans cette deſcription plus de cent ſtatuës répanduës dans ces vaſtes jardins, dont pluſieurs ſont antiques, & qui ſont pour la plûpart des chef-d'œuvres. Je n'ai point parlé non plus de l'Orangerie, édifice ſuperbe, & qui ſeul feroit un des plus beaux Palais du monde; elle conſiſte dans trois galeries, dont celle du fond forme un des plus ſpacieux vaiſſeaux qui ſe voye.

Je ne puis finir cet article ſans dire quelque choſe des Tableaux & des Peintures du Château ; je n'entreprendrai point de les décrire toutes, je dirai ſeulement que les plus habiles Peintres du ſiécle de Louis XIV. ont concouru à orner ce magnifique Palais.

La Chapelle a été peinte par Antoine *Coypel*, par *la Foſſe*, par *Jouvenet*, par *Boulongne* le jeune, par Louis *Sylveſtre* & par *Santerre* : le grand eſcalier par le *Brun* & par *Vandermeulen* : la petite galerie & les deux ſalons qui la terminent par *Mignard*, & la grande galerie par le *Brun*. Ce morceau admirable conſiſte en neuf grands tableaux, & en dix-huit de moyenne grandeur, où les principaux événemens du régne de Louis XIV. ſont traités ſous des figures allégoriques.

Le plus grand qui eſt au milieu de la voûte, repréſente le Roi qui prend le timon des affaires : on y lit ces deux inſcriptions.

Le Roi prend lui-même la conduite de ſes Etats & ſe donne tout entier aux affaires. M. DC. LXI.

L'ancien orgueil des puiſſances voiſines de la France.

SECOND TABLEAU.

Réſolution priſe de faire la guerre aux Hollandois. M. DC. LXXI.

TROISIE'ME TABLEAU.

Le Roi arme ſur mer & ſur terre. M. DC. LXXII.

QUATRIE'ME TABLEAU.

Le Roi donne ses ordres pour attaquer en même temps quatre des plus fortes places de la Hollande. M. DC. LXXII.

CINQUIE'ME TABLEAU.

Passage du Rhin en présence des ennemis. M. DC. LXXII.

Prise de Mastrick. M. DC. LXXIII.

SIXIE'ME TABLEAU.

Ligue de l'Allemagne & de l'Espagne avec la Hollande. M. DC. LXXII.

SEPTIE'ME TABLEAU.

La Franche-Comté soumise pour la seconde fois. M. DC. LXXIV.

HUITIE'ME TABLEAU.

Prise de la Ville & de la Citadelle de Gand en six jours. M. DC. LXXVIII.

Les mesures des Espagnols rompuës par la prise de Gand.

NEUVIE'ME TABLEAU.

La Hollande accepte la Paix, & se détache de l'Allemagne & de l'Espagne.

Telles ſont les inſcriptions des neuf grands tableaux.

Je ne m'arrêterai point à rapporter celles des huit autres.

Je remarquerai ſeulement que le Brun a fort bien fait de marquer avec tant de préciſion les événemens qu'il repréſente : en effet ces ſujets ſont traités d'une maniere ſi énigmatique, qu'il ſeroit fort difficile de les reconnoître ſans cette ſage précaution.

VESTA, (Temple de) aujourd'hui l'Egliſe de S. Etienne à Rome, ſur le bord du Tibre, proche le Temple de la Fortune Virile. L'ordre de ce Temple eſt Corinthien : les entre-colonnes n'ont qu'un diamétre & demi, & la hauteur des colonnes, y compris la baſe & le chapiteau, eſt d'onze diamétres. Les baſes n'ont point de plinthe ; mais la marche où elles poſent leur en ſert ; ce que l'Architecte a fait à deſſein que l'entrée de ſon portique reſtât plus libre, parce que les colonnes y ſont fort preſſées. Le diamétre de la Nef, y comprenant l'épaiſſeur des murs, eſt égal à la hauteur des colonnes. Les chapiteaux ſont taillés à feuilles d'olive ; on n'y voit plus rien de la corniche ; mais *Palladio* l'a ſuppléée dans le plan qu'il nous a donné de cet édifice, & en a ajoutée une de ſon deſſein. Les ornemens de la porte & des fenêtres ſont d'un bon goût, quoique ſimples. Sous le portique, & au-dedans du Temple, les fenêtres ſont ſoutenuës par des cimaises qui vont régnant tout autour, & forment comme une espéce de piédestal, ou d'embasement au mur, & à la couverture. Ce mur, sous le portique, est fait d'une maçonnerie de pierres, divisées par carreaux, depuis la corniche de l'embasement, jusqu'au sofite, & est tout uni par dedans, avec une autre corniche à dos de celle qui est sous le portique, d'où commence la voûte.

A Tivoli, à cinq ou six lieues de Rome, sur la Cascade du Teverone, on voit un autre Temple de *Vesta*, dont la forme est ronde. Les habitans croyent que c'étoit autrefois la demeure de la Sibylle Tiburtine, mais cette opinion n'a aucun fondement : il est bien plus vraisemblable que c'étoit un Temple dédié à la Déesse *Vesta* : cet édifice est d'ordre Corinthien. Les entre-colonnes ont deux diamétres : le pavé est élevé au-dessus du rez-de-chaussée à la hauteur d'un tiers des colonnes : les bases n'ont point de socle. Le but de l'Architecte, en le supprimant, a été de rendre la promenade sous le portique plus libre. Les colonnes sont précisément aussi hautes que le diamétre de la Nef en large, & panchent en-dedans vers le mur du Temple, de telle sorte que le vif du haut des colonnes tombe à plomb sur le vif du pied de leur fût en-dedans. Les chapiteaux sont taillés à fleur d'olive, & très-bien exécutés, d'où l'on peut conjecturer que cette fabrique a été faite dans un ſiécle de goût. L'ouverture de la porte & des fenêtres eſt plus étroite par le haut que par le bas, ainſi que Vitruve enſeigne qu'on les doit faire, au Chapitre VI. de ſon ſixiéme Livre : toute la maçonnerie de ce Temple eſt de pierre Tiburtine, incruſtée de ſtuc ſi proprement, qu'il ſemble être tout de marbre.

VICENCE, Ville de l'Etat de Veniſe, eſt une des plus anciennes Villes de l'Europe. Elle a quatre milles de circuit : l'on y compte cinquante-ſept Egliſes, & ſept Places publiques. La maiſon de Ville eſt un bel édifice. Les chambres & les ſales de ce Palais ſont très-vaſtes. La Tour de ſon horloge eſt ſurprenante pour ſa hauteur.

Ses dehors ſont très-agréables. En ſortant de la Ville par la porte *du Mont*, on trouve d'abord un grand portique tout de marbre, enrichi de colonnes & de figures, qui donne entrée à un eſcalier de plus de cinquante dégrés de marbre. Quand on y eſt arrivée, on découvre à gauche quelques maiſons de plaiſance, à travers les colines agréables, qui font pluſieurs petits vallons dont l'aſpect eſt charmant. Entre ces lieux de plaiſance on remarque ſur-tout la maiſon du Marquis de Caprara. Le bâtiment eſt quarré : au centre eſt un ſalon, accompagné de quatre apartemens aux quatre coins : ils ſont des plus réguliers, & ornés de belles Peintures.

VIENNE, Capitale de l'Autriche, &

en quelque ſorte de l'Allemagne, depuis que les Empereurs y font leur réſidence, eſt conſidérable non-ſeulement par ſon étenduë, mais par ſes fortifications qui ſont fort belles, par ſes Fauxbourgs qui ſont bien bâtis, & par pluſieurs Palais qui la décorent. Celui du Prince de Leichtenſtein, & celui du Prince Eugene, tiennent ſans contredit le premier rang parmi ces Palais. Le bâtiment qui devroit être le plus ſuperbe, j'entends le Palais de l'Empereur, ne répond nullement à la Majeſté du Prince qui l'habite. Cet édifice eſt pitoyable : les murailles y ſont auſſi épaiſſes que celles des plus forts remparts : les eſcaliers y ſont pauvres & ſans ornemens : les appartemens bas & étroits, avec des platfonds couverts de toiles peintes : les planchers d'ais de ſapin, tels qu'ils ſont chez les moindres bourgeois : en un mot un particulier médiocre à Paris, auroit peine à ſe contenter d'une maiſon auſſi mal ajuſtée. Pour tout jardin il n'y a qu'un petit enclos ſous les fenêtres de l'appartement de l'Impératrice, où l'on plante quelques fleurs, & où l'on cultive un peu de verdure.

VESTIBULE, c'eſt dans une grande maiſon un lieu ouvert, un eſpace vuide, au bas d'un eſcalier.

VIGNE, c'eſt ainſi que les Italiens appellent leurs maiſons de plaiſance.

La *vigne* Borgheſe; la *vigne* Matthei.

Les *vignes* les plus agréables de Rome &

& des environs, sont : la *vigne* Farnese ; la fameuse *vigne* Borghese : voyez *Villa-Borghese*. La *vigne* Justiniani ; la *vigne* Ludovisia : voyez *Villa-Ludovisia*. La *vigne* Matthei ; la *vigne* Medicis : Les jardins du Pape à Monte Cavallo, & à Belvedere : la *vigne* Pamphile, &c.

Mais ces lieux tout agréables qu'ils sont, n'approchent pas de l'élégance & de la magnificence de nos Maisons Royales.

VILLA-BORGHESE, maison de plaisance en Italie, à deux milles de Rome, & qui tire son nom de la famille à qui elle apartient, est un lieu des plus agréables pour sa situation, & pour ses ornemens. La maison est presque toute revêtuë en-dehors de bas-reliefs antiques, disposés avec tant de symétrie, qu'on les croiroit faits exprès pour le lieu où ils sont appliqués. Entre le grand nombre de statuës dont les apartemens de ce petit Palais sont remplis, on admire surtout le Gladiateur, la Junon de Porphyre, la Louve de Romulus, les Bustes d'Annibal, de Séneque, & de Pertinax, l'Hermaphrodite, & le vieux Silene qui tient Bacchus dans ses bras. Le David qui tuë Goliath, l'Enée qui emporte son pere Anchise, & la Métamorphose de Daphné, sont trois morceaux du Cavalier Bernin qu'on peut comparer aux antiques dont je viens de parler. Les Peintures n'y ſont pas moins excellentes que les ſtatuës. Le Saint Antoine du Carrache, & le Chriſt mort de Raphaël ſont ce qu'il y a de plus conſidérable parmi ces tableaux.

« Si toutes les magnificences Royales, » *dit un Ecrivain moderne*, qu'on peut voir » ailleurs, ne ſont pas ici ſi ſplendide- » ment étalées, on y trouve des beautés » plus douces & plus touchantes : des » beautés tendres & naturelles, qui font » plus naître d'amour, ſi elles n'inſpirent » pas tant de reſpect. . . . comme Rome » eſt la ſource des ſtatuës & des Sculp- » tures antiques, il faut que le reſte du » monde céde en cela au Palais *Borgheſe*. » On ne peut rien ajouter aux beautés » de ſes promenades : il y a un Parc, » des grotes, des fontaines, des volie- » res, des cabinets de verdure, & une » infinité de ſtatuës antiques & mo- » dernes.

VILLA-IMPERIALE, maiſon de plaiſance du grand Duc de Toſcane, au voiſinage de la Ville de Florence.

Avant que d'arriver à cette maiſon, on rencontre deux réſervoirs partagés par un pont, à chaque extrêmité duquel il y a ſur des piédeſtaux des écuſſons ſculptés, & d'un beau travail. Un peu plus loin ſont deux autres réſervoirs plus grands que les premiers de figure ſemi-circulaire, partagés en deux par un pont. Leur partie ſupérieure eſt ornée de rocailles, de pétrifications, & d'autres raretés natu-

celles qui ſervent de baſe à deux figures giganteſques qui repréſentent la Riviere d'Arne & celle d'Arbia, qui tiennent chacune une grande urne inclinée, d'où ſortent les eaux qui rempliſſent les réſervoirs. Il y a encore entre les réſervoirs ſupérieurs & inférieurs, la Statuë d'Homere, de Virgile, du Dante, & de Pétrarque, ſur des piédeſtaux magnifiques. les ornemens ſervent à décorer l'entrée d'une magnifique allée qui a près d'un mille de longueur, & qui eſt plantée de ciprès & d'autres arbres, leſquels font un ombrage charmant. Au bout eſt un boulingrin rond enfermé d'une baluſtrade de pierre, avec des ſtatuës de très-bonne main, qui ſemblent accompagner deux ſtatuës de marbre plus grandes que nature, dont l'une repréſente Athlas qui porte le globe de l'Univers ſur ſes épaules, & l'autre un Jupiter armé de la foudre. C'eſt au bout de cette délicieuſe avenuë que s'éléve *Villa-Impériale*, qui étoit la maiſon de plaiſance de la Grande-Ducheſſe Marie-Madelaine d'Autriche, femme du Grand-Duc Côme II. Elle a appartenu enſuite à la Grande-Ducheſſe Victoire, qui l'a augmentée du côté du Midi de deux ſalons, & de deux apartemens meublés magnifiquement, & ornés de tableaux de grand prix, de porcelaines, de vaſes précieux, de bronzes antiques, de cabinets de la Chine, & d'autres raretés diſpoſées dans un ordre galant, & d'un goût merveilleux.

Ce palais eſt accompagné de deux jardins, l'un rempli de fleurs de toute eſpéce, diſpoſées de différentes manieres, & entre-mêlées de fontaines & de jets d'eau, & l'autre rempli d'orangers, de citroniers, & de bergamotiers qui rendent ce lieu charmant par leur fraîcheur, & par leur parfum. Les boſquets ſont ornés de cabinets, de ſtatuës, de jets d'eau, de caſcades, en un mot de tout ce qui flatte la vûe & l'odorat.

La colline qui s'éléve derriere ce Palais eſt ornée d'un beau Monaſtere de Religieuſes Franciſcaines. C'eſt dans ce canton délicieux qu'on recueille ces vins exquis, renommés par-tout le monde, & connus ſous le nom de *Verdée*. Cette colline & tous ſes environs ſont encore remplis de quantité de Palais, ou de maiſons de campagne d'une grande beauté.

VILLA-LUDOVISIA, Maiſon de plaiſance en Italie, au voiſinage de Rome. Elle eſt ſituée ſur une éminence, & appartient à la Famille *Ludoviſio*. Elle conſiſte en deux corps de logis, d'une belle Architecture, & plus remarquables encore par les raretés qu'ils renferment. On y voit un très-beau tableau de la Vierge par Guido Rheni, le tableau & le buſte de Gregoire XV. & celui du Cardinal *Ludoviſio* ſon neveu. Ce qu'il y a de plus beau dans cette maiſon, eſt un bois de lit ſur lequel ſont enchaſſées pluſieurs ſortes de pierres précieuſes, & qui a couté, dit-on, vingt mille pistoles. Les quatre piliers sont d'un jaspe d'Orient très-poli; mais le chevet surpasse le reste, tant par la matiere que par l'ouvrage. Au milieu sont les Armes de la famille *Ludovisio*, dont les blazons sont représentés par des pierres de différente couleur. On y voit des grappes de raisin blanc & noir de grosses Amethystes, les unes en tables, les autres rondes en forme pyramidale, & un oreiller sur lequel Phaëton est représenté dans son char, dont les rouës sont de pierres fort brillantes. Au reste, selon le témoignage de Misson, ce lit est aujourd'hui fort délabré. Près du corps de logis où est ce lit singulier, il y a des fontaines & des jets d'eau, sous des arbres touffus. Quand on a passé dans l'autre corps de logis en traversant le jardin, on y trouve plusieurs chambres remplies de diverses curiosités, entr'autres des statuës de deux anciens Gladiateurs qui sont assis, de quatre piéces fort estimées de Guido Rheni; sçavoir, un S. François, une Lucrece, une Judith, la Conversion de S. Paul, & de plusieurs autres tableaux du Titien, de Raphaël, de Michel-Ange, & du Carrache. Il y a aussi une tête de marbre de Scipion l'Afriquain, un buste de Seneque qui passe pour un excellent morceau, un buste de Ciceron, des Tableaux de mosaïque d'un goût singulier, deux Statuës d'Apollon en marbre blanc, celle d'un Gladiateur mourant, qui est connuë sous le fameux non du *Mirmille mourant*, & qui eſt la piéce dont les connoiſſeurs font le plus de cas. On y voit auſſi une Horloge de cuivre doré, ayant la figure & la taille d'un homme de bout. De l'apartement où ſont ces curioſités, on deſcend dans une galerie baſſe fort longue. Elle eſt embellie de quantité de ſtatuës, parmi leſquelles on remarque celles de Junius Brutus, de Neron, de Domitien, & un bas-relief admirable de la tête d'Olympias, mere d'Alexandre.

VILLA-MERGELLINA, Maiſon de plaiſance en Italie, au bord de la Mer, près de la Ville de Naples. Frederic Roi de Naples en fit préſent au fameux Sannazar. Sannazar aimoit fort cette maiſon, & il eut tant de chagrin lorſqu'elle fut ruinée par Philbert Prince d'Orange, Général de l'Armée de Charle-Quint, qu'il abandonna ce lieu aux Religieux Servites, qui ont là une belle Egliſe, ſous l'invocation de la Ste Vierge, *de Partu Virginis*, le même titre du beau Poëme Latin que Sannazar a fait ſur ce ſujet. Le tombeau de ce grand Poëte eſt derriere le Maître-Autel de cette Egliſe. Il eſt tout entier de marbre blanc, du plus beau & du plus fin qu'il y ait: Son buſte qui eſt au-deſſus eſt orné d'une couronne de laurier. Il y a un excellent bas-relief où l'on voit pluſieurs figures de Satyres & de Nymphes qui jouent. Ce bas-relief eſt accompagné de deux grandes Statuës de marbre, l'une d'Apollon, l'autre de Minerve. Comme quelques personnes ont été scandalisées de voir des statuës profanes dans une Eglise, & sur le Tombeau d'un Poëte Chrétien, leurs noms ont été changés, & l'on a donné à Apollon celui de David, & à Minerve celui de Judith. Tout ce superbe Mausolée, qui est un des plus beaux qu'il y ait dans le monde, est de la main de Santa-Croce: voici l'Epithaphe qui décore ce Tombeau.

Da Sacro cineri flores: hic ille Maroni

Sincerus Musâ proximus, ut tumulo.

Pour entendre cette Epithaphe, il faut remarquer que le Tombeau de Virgile est dans le voisinage.

VILLE, enceinte fermée de murailles, qui renferme plusieurs quartiers, des ruës, des places publiques, & d'autres édifices.

Vitruve qui a parlé fort au long de l'Architecture des *Villes*, veut qu'on ait principalement égard à sept choses. 1o. Que l'on choisisse un lieu sain, qui pour cela doit être élevé selon lui, afin qu'il soit moins sujet aux brouillards. 2o. Que l'on commence par construire les murailles & les tours. 3o. Qu'on trace ensuite les places des maisons, & qu'on prenne les alignemens des ruës: la meilleure disposition selon lui, est que les vents n'enfilent point les ruës. 4o. Qu'on choisisse la place des édifices communs à toute la *Ville*, comme les Temples, les Places publiques, & qu'on ait égard en cela à l'utilité & à la commodité du public. Ainsi si la *Ville* est un Port de Mer, il faut que la place publique soit près de la Mer : si la *Ville* est éloignée de la Mer, il faudra que la place soit au milieu : que sa grandeur soit proportionnée au nombre des habitans, & qu'elle ait en large les 2 tiers de sa longueur. 5°. Que les Temples soient disposés de telle sorte que l'Autel soit tourné à l'Orient ; qu'ils ayent en largeur la moitié de leur longueur. 6°. Que le Trésor public, la Prison, & l'Hôtel de *Ville* soient sur la place. 7°. Que le Theâtre soit bâti dans un lieu sain, que les fondemens en soient bien solides, que sa hauteur ne soit point excessive, de peur que la voix ne se perde, que les entrées & les sorties soient spacieuses & en grand nombre, que chacune ait un dégagement, & qu'elles ne rentrent pas l'une dans l'autre : qu'on prenne garde de ne pas choisir un lieu sourd, & qu'on distribuë même dans la sale, en de petites cellules pratiquées exprès, & à égale distance, des vases d'airain renversés, d'où la voix des Acteurs & le son des instrumens reflêchissent sur la Scene, comme d'un centre commun.

VILLE-NEUVE-LE-ROI, village de l'Isle de France, à trois lieues au dessus de Paris. Ce village est remarquable par la belle maison de campagne qui a appartenu

tenu à Monſieur Pelletier Contrôleur général. Cette maiſon mérite bien qu'on en donne une deſcription un peu détaillée.

Une large avenuë d'ormes, accompagnée de contre-allées, & longue de cinq cens toiſes, ſe termine à une grande eſplanade, qui conduit par une porte grillée à deux avant-cours. D'un côté s'éleve un mur contre lequel on a planté une allée d'arbres, pour cacher la difformité de quelques maiſons du village; de l'autre regne une terraſſe bien revêtue, de laquelle on découvre une vaſte plaine & pluſieurs villages, ce qui fait un payſage des plus agréables. Une grande grille ſépare les avant-cours de la cour du château. Ce bâtiment frappe les connoiſſeurs par la régularité & la nobleſſe de ſon architecture. Il eſt composé d'un corps de logis en face, & de deux aîles en retour. Par un perron de cinq dégrés on monte à un ſalon orné de peintures qui repréſentent des chaſſes. Il partage les deux grands appartemens bas qui ſont agréablement & commodément diſtribués. Au bout de celui qui eſt à gauche on trouve une galerie ornée de livres & de portraits d'un grand nombre de Sçavans. Cette Bibliotheque annonce le goût du Miniſtre à qui elle a appartenu. La chapelle eſt grande & richement ornée. Le tableau de S. Louis qu'on voit ſur l'Autel eſt de le Brun, & c'eſt un de ſes meilleurs ouvrages. L'eſcalier du Château répond à la propreté & à la magnificence du bâtiment, & conduit aux appartemens hauts. Un grand & beau salon qui répond à celui du rez-de-chaussée, partage ces appartemens, qui sont au nombre de six. La galerie occupe toute l'aîle droite du Château. On y voit l'Histoire de Moïse peinte par Bourdon. Les vûes en sont fort étendues, & l'on est enchanté par la multitude & la variété des objets qu'on découvre. Du salon d'en bas on descend dans un parterre orné de fleurs & d'arbustes. Une belle terrasse regne à main droite, & un grand bassin d'eaux jaillissantes orne le milieu de ce parterre. On passe ensuite sur une autre terrasse qui a deux cens toises de long, & d'où l'on découvre une vuë enchantée. De-là on descend dans un autre parterre, dont le dessein & les ornemens plaisent infiniment, & au bout duquel est une fontaine jaillissante. Ici commence un Parc de cent vingt arpens. A main gauche se présente un espalier de six cens toises de long, exposé au midi, & tapissé d'excellens muscats & de pêches exquises. Un vaste boulingrin s'offre ensuite du même côté, & au bout est un grand potager, fourni de tout ce qu'on peut souhaiter en fait de légumes & de fruits. De l'autre côté, c'est-à-dire à main droite, est un bois percé de plusieurs allées, qui font voir en détail tous les objets qui s'étoient d'abord offerts à la vuë tout-à-la-fois. Au bout de ce bois est une autre fontaine, qui coule ensuite dans une rigole, qui conduit jusqu'au bout du Parc, où regne une vaste

& magnifique terrasse, ornée de plusieurs rangées d'arbres, qui n'ôtent rien à la beauté de la vuë. On sort du Parc par une grande porte grillée, & l'on entre dans une large avenue, accompagnée de contre-allées, qui a huit cens toises de long, & qui conduit jusques sur le bord de la Seine.

VINCENNES, Maison Royale à une lieuë de Paris. Rigord nous apprend dans la vie de Philippe Auguste que ce Prince fit enfermer le bois de *Vincennes* de murailles l'an 1183. & c'est ce que l'on appelle encore aujourd'hui le vieux Parc : il y fit mettre une partie des bêtes fauves, que le Roi d'Angleterre lui avoit envoyées. On voit dans un Cartulaire manuscrit de l'Eglise de Paris, que dès l'an 1270. il y avoit à *Vincennes* une Maison Royale, *Manerium Regale* : il y a beaucoup d'apparence qu'elle avoit été bâtie par Philippe Auguste, après qu'il eut fait environner de murailles le bois qui étoit auparavant ouvert de tous côtés. C'est sans doute dans ce Palais que moururent les Rois Louis le Hutin, & Charle le Bel son frere. On ne sçait pas jusqu'à quel tems a subsisté cet ancien Château ; mais une inscription en vers François, gravée en grosses lettres sur une table de marbre noir, élevée contre le mur de la porte de la haute tour du côté gauche, nous apprend que cette tour fut commencée sous Philippe de Valois l'an 1337: que le Roi Jean, 24. ans après, c'est-à-dire l'an 1361. reprit l'ouvrage ; que Charle V. l'acheva, & que ce même Roi fit bâtir aussi une sainte Chapelle dans l'endroit où est aujourd'hui le Cloître des Chanoines. François I. & Henri II. en ont depuis fait élever une autre, vis-à-vis le donjon, qui est beaucoup plus belle que n'étoit l'ancienne. Louis XIII. fit démolir quelques anciens bâtimens, & en fit élever un nouveau, composé de deux pavillons destinés pour loger le Roi & la Reine. Ces deux grands corps de logis sont dans la cour de saint Mandé, & n'ont été achevés qu'au commencement du Regne de Louis XIV.

L'Avenue du Château de *Vincennes* commence au Trône, & est formée par quatre rangs d'ormes plantés dans un terrein qu'on a rendu de niveau, & qui est soutenu en quelques endroits par un mur fort épais & fort haut. Tout le bâtiment est un quarré long, entouré de fossés secs, qui sont revêtus & très-profonds. Le Château est composé de plusieurs tours quarrées, dont la plus haute s'appelle le Donjon, & a son fossé particulier & son pont-levis. La Chapelle est d'un assez beau dessein gothique, avec quantité de pyramides & d'autres ornemens. Les peintures des vitres de cette Eglise sont d'un beau travail. Les nouveaux bâtimens consistent ainsi que je l'ai dit, en deux gros pavillons décorés de pilastres. Les dedans ont de la grandeur & de la beauté, & les platfonds sont ornés de peintures. La grande porte par laquelle on entre dans le Parc est un morceau d'architecture estimé des connoisseurs. Il est en forme d'arc de triomphe, & orné de colonnes & de statues. Il est placé au milieu d'une grande cour, dont les côtés sont bornés par les deux corps de logis dont j'ai parlé, & par une galerie découverte, soutenue sur des arcades rustiques. La Ménagerie est à l'entrée du Parc; c'est un gros bâtiment où l'on nourrissoit autrefois des Lions, des Tygres, des Léopards, &c. Le Parc a quatorze cens soixante arpens d'étendue. Il est en face du Château, & en fait un des plus beaux ornemens. Depuis quelques années on l'a replanté entierement. Dans l'enclos du Parc est un petit bois qu'on appelle le bois de Beauté, situé sur une colline qui regarde la riviere de Marne. C'est ici qu'étoit anciennement le Château de Beauté, cette simple, mais agréable maison de plaisance de plusieurs de nos Rois.

Les Minimes ont une maison dans l'enceinte du Parc, qui leur a été donnée par Henri III. Le fameux tableau du Jugement Universel, peint par Jean Cousin, est ce qu'on remarque de plus curieux dans cette maison.

VINCI [Leonard de] c'est des Peintres modernes celui qui a pénetré plus avant dans les profondeurs de son Art. C'est ce qui paroît dans le docte Traité qu'il a composé sur la Peinture, Livre plein de recherches, où il semble avoir épuisé la matiere.

Il poussa la pratique presqu'aussi loin

que la Théorie.

C'étoit un excellent Deſſinateur & un Peintre judicieux, expreſſif, naturel, plein de vérité, de nobleſſe & de majeſté.

C'eſt de lui qu'étoit cette fameuſe Cêne de Milan, qu'on peut regarder comme une des merveilles de la Peinture. Les Dominiquains pour qui ce tableau fut fait, l'ont laiſſé détruire. L'eſtampe que Soutmen en a gravée, ne rend pas les beautés de l'original; mais on en voit à Paris une excellente copie à S. Germain l'Auxerrois, dans la chambre où s'aſſemblent les Marguilliers. On dit que François I. la fit faire. Ce qu'il y a de sûr, c'eſt que ce Prince étant à Milan, fut ſi frappé de la vuë de ce tableau, qu'il voulut faire tranſporter en France le mur ſur lequel il étoit peint; mais comme on lui eut repréſenté les difficultés de cette entrepriſe, il fit tirer pluſieurs copies de ce tableau.

Leonard de *Vinci* mourut en France l'an 1520, âgé de 75. ans.

François I. alla voir ce grand homme, lorſqu'il étoit mourant. Les efforts que fit Leonard de *Vinci* pour lui marquer ſa reconnoiſſance & ſon reſpect, ayant précipité ſa mort de quelques inſtans, il expira dans les bras mêmes de ce bon Prince.

VITRUVE. (M. Vitruvius Pollio) célebre Architecte, vivoit ſous l'Empire d'Auguſte, vers le commencement de l'Ere Chrétienne. Il étoit de Verone, ſelon la plus commune opinion. Il compoſa un excellent Traité d'Architecture, diviſé en deux Livres, & le dédia à Auguste. Nous en avons diverses Editions. Celle que Guillaume Philander publia dans le XVI. siécle, & qu'il dédia au Roi de France François I. a été fort estimée. Cet ouvrage a été traduit en dernier lieu & enrichi de notes sçavantes, par Claude Perault de l'Académie Royale des Sciences, & Médecin de la Faculté de Paris, la premiere Edition en fut faite en 1673. & la seconde en 1684. chez Jean-Baptiste Coignard.

VOLET, petite voliere où l'on éleve des pigeons, & qui n'a qu'une petite ouverture qu'on ferme ordinairement avec une jalousie. On appelle encore *volet* la fermeture de bois qu'on applique sur une fenêtre en dedans.

Volets brisés : ce sont ceux qui se plient & qui se doublent.

Volets à deux paremens : ce sont ceux qui ont des moulures dedans & dehors.

VOLIERE, lieu garni de treillages de fil de fer, où l'on éleve & l'on enferme des oiseaux de toute espece.

VOLTERRE (Daniel) Ricciarelli, Peintre & Sculpteur, naquit à Volterre ville de Toscane, qui lui a donné son nom. Il fut disciple de Michel-Ange, & il fit de très-beaux ouvrages à Rome. Il quitta depuis la peinture pour se faire Sculpteur en bronze. Il a fait le cheval de la Place Royale, qui porte la statue de Louis XIII. Il étoit destiné pour porter celle de Henri II. mais la mort empêcha Volterre d'achever cet ouvrage. Elle arriva en 1566. Daniel étoit né en 1509.

VOLUTE, enroulement en ligne spirale ; c'est un des principaux ornemens des chapiteaux Ionique, composite & Corinthien. Ce dernier a seize *volutes* angulaires, huit grandes & huit petites. Le chapiteau Composite en a huit, & l'Ionique quatre seulement.

Le mot de *volute* vient de *volvere*, tourner. *Volute* saillante : c'est celle dont les circonvolutions se jettent en dehors. *Volute* rentrante : c'est celle dont les enroulemens rentrent en dedans, au lieu de sortir en dehors. *Volute* évidée, c'est celle dont les circonvolutions sont détachées entr'elles par un vuide à jour. *Volute* fleuronnée : c'est celle qui est enrichie d'un rainceau d'ornemens.

VOS [Martin de] Peintre Flamand, étoit d'Anvers. Il apprit la peinture sous son pere ; il se mit ensuite dans l'Ecole de Floris, & il y fit de tels progrès, qu'à l'âge de 23. ans il fut reçu membre de l'Académie d'Anvers. Ce fut alors qu'il fit pour l'Eglise de N. D. de cette ville les tableaux qu'on y voit encore.

Après s'être fait une grande réputation en Flandres, il résolut de voir l'Italie. Il alla à Venise, à Rome & à Florence ; il en rapporta des desseins fort curieux de vases antiques, dont les Romains & les Grecs se servoient dans leurs festins, dans les sacrifices & dans les funerailles. A son retour il fit part de ses richesses à son pays,

& dans les repréſentations de banquets qu'il fit, il trouva le moyen de faire entrer avec ſuccès ces vaſes antiques qui donnerent beaucoup de relief à ſes tableaux.

De *Vos* avoit le coloris agréable, le deſſein libre, & l'ordonnance judicieuſe.

Il a fait d'excellens éleves, entr'autres Vinceſlas Cobergher. Il mourut à Anvers l'an 1604. âgé de 70. ans.

VOUET (Simon) étoit de Paris. » La » France lui a obligation, dit M. de Piles, » d'avoir détruit une maniere fade & bar» bare qui y regnoit. »

La Peinture eſt ſi déchue dans notre ſiécle, qu'il ſeroit à ſouhaitter que le Ciel ſuſcitât encore aujourd'hui quelque homme de goût & de génie, pour la tirer, ſinon de la barbarie, du moins de cette fadeur dans laquelle elle eſt retombée preſqu'univerſellement.

Pour juger du mérite de *Voüet*, il faut moins le comparer aux Peintres François qui l'ont ſuivi, qu'à ceux qui l'ont précédé. Comparé à ceux-ci, c'eſt un fort grand Peintre: mais ce n'eſt qu'un Peintre médiocre en comparaiſon des Pouſſin & des le Brun. *Vouet* mourut en 1641. âgé de cinquante neuf ans. Perſonne n'a tant travaillé en France que ce Peintre; il a la gloire d'avoir eu pour éleves tous les Peintres qui ſe ſont diſtingués en France dans le dernier ſiécle. Les principaux ouvrages de *Vouet* ſont la Chapelle de l'Hôtel *Seguier*, aujourd'hui l'Hôtel des Fermes, la gâlerie de l'Hôtel de Bullion en quinze tableaux, qui représentent l'Histoire d'Ulisse, une des galeries du Palais Royal, où sont représentés les Hommes illustres du dernier siécle, la Chapelle du même Palais, une galerie au Château de Chilli, le tableau du grand Autel de S. Eustache, qui représente le martyre de S. Agnès, l'Assomption à S. Nicolas des Champs (c'est peut-être son plus bel ouvrage) la Nativité aux Carmelites de la rue Chapon, le tableau de S. François de Paule dans l'Eglise des Minimes de la Place Royale, la flagellation de Notre-Seigneur, la sainte Famille, le crucifîment. Le Roi possede ces trois derniers tableaux, avec quatorze du même Auteur.

VOUSSOIR; on appelle *voussoirs* les pierres d'assemblage qui forment une *voûte* ou une arcade. » Chaque *voussoir*, » dit Felibien, a six côtés; lorsqu'il est » taillé, le côté qui est creux, & qui doit » contribuer à former le ceintre de la » voûte, se nomme *Douelle intérieure* ou » *intrados*. Le côté qui lui est opposé, & » qui fait le dessus de la voûte, s'appelle » *Douelle extérieure* ou *extrados*. Les côtés » qui sont cachés dans le corps de la voû» te se nomment les lits de la pierre, & » les autres faces qui sont les bouts du » voussoir s'appellent *les têtes de la pierre.* »

VOUTE, corps de maçonnerie ceintré par son profil, où les pierres se soutiennent l'une l'autre par leur arrangement.

Voute en berceau, c'est celle qui forme un

demi cercle entier. *Voyez* ARC. BERCEAU.

Voûtes à lunettes : ce sont celles dans les côtés desquelles on fait des ouvertures ceintrées, pour y pratiquer des jours.

Voûtes en arc de cloître, c'est lorsque deux voûtes en berceau s'assemblent pour retourner en équerre, ce qui fait que l'arc qui va d'une encognure à l'autre est moitié creux, & moitié à arrête.

Voûtes d'ogives; ce sont des voûtes, soit gothiques, soit à la moderne, qui ont des nerfs ou corps saillans, ornés de diverses moulures, lesquels portent & soutiennent les pendentifs, ou portions de *voûtes*.

Voûte en *cul de four*, c'est une *voûte* spherique dont la concavité est tantôt toute ronde, tantôt ovale, tantôt à pans, elle ressemble assez à la concavité d'un four. On voit à l'Observatoire de très-belles *voûtes* de ce genre.

Voûte en trompe. *Voyez* TROMPE.

Maitresses voûtes : on appelle ainsi les grandes *voûtes* d'un bâtiment, à la différence des petites *voûtes* qui leur sont subordonnées.

Pour ce qui est des proportions des *voûtes*, il faut que leur hauteur soit proportionnée au lieu, avec peu d'ornemens, mais toujours de grande maniere. Il faut que les grandes piéces ayent de grands compartimens, & les petites de moindres parties. Les corniches doivent avoir peu de saillie, parce qu'elles cachent trop les *voûtes*, & ce retranchement de saillie doit ſe prendre ſur chaque moulure en particulier. Quand on décore les *voûtes*, ſoit par des Peintures, ſoit par d'autres ornemens, il faut éviter la confuſion, & tâcher que le mélange de la Peinture & de la Sculpture ſoit fait à propos. Tout l'art conſiſte dans la belle proportion qu'a un ornement avec un autre, qui fait que le fort ne détruit pas le foible, & que tout a ſon effet. Pour ce qui eſt des couleurs dont on orne les quadres, le blanc, avec quelques filets d'or ou de bronze eſt le plus convenable, avec des ſujets d'hiſtoire dans les panneaux.

Il nous reſte de très-beaux fragmens de *voûtes* antiques, telles que ſont celles du Pantheon, du Temple de la Paix, & des deux petits Temples, derriere Sainte Françoiſe : & celles des Thermes de Tite, d'Antonin, de Diocletien, & pluſieurs autres, où l'on remarque encore qu'il y avoit des ornemens de bronze encaſtrés.

VOYER, c'eſt un titre que prennent les Tréſoriers de France, dont une des principales fonctions eſt de veiller à l'entretien des *voies*, ou chemins, ponts & chauſſés, &c.

C'étoit anciennement une des grandes Charges du Royaume, poſſédée par un grand Seigneur, qui prenoit le titre de *grand Voyer*.

Cette Charge a été ſupprimée ſous Louis XIII. & a fini dans la perſonne de M. le Duc de Sully.

W

WARIN [Jean] Sécrétaire du Roi, Intendant des Bâtimens de Sa Majesté, & Conducteur Général des Monnoyes de France, s'est distingué dans le XVII siecle par son habileté dans son art. il étoit né à Liége de Pierre *Warin*, sieur de Blanchard, Gentilhomme du Comte de Rochefort, Prince du St. Empire : Jean *Warin* fut donné à ce Prince à l'âge de douze ans, pour être son page. Son inclinanation naturelle, le portant à dessiner, il y réussit en peu de tems & parfaitement. Comme le dessein méne naturellement à la Sculpture & à la gravûre il se rendit également habile dans ces trois arts : de plus étant fort industrieux, il imagina plusieurs machines très ingénieuses pour monnoyer les médailles, qu'il avoit gravées. Le Roi Louis XIII informé de sa capacité le fit travailler, & lui donna bientôt la Charge de Garde général des Monnoyes de France. Ce fut en ce temslà qu'il fit le Sceau de l'Academie Françoise, qui représente d'une maniere si frappante le Cardinal de Richelieu, & qui est travaillé avec tant d'art que cet ouvrage sera toûjours regardé comme un chef-d'œuvre. Le Roi Louis XIII ayant résolu de faire la conversion générale de toutes les espéces legeres d'or & d'argent dans toute l'étendue de son Royaume, *Warin* fut choisi pour avoir la conduite de cette refonte, & fit tous les poinçons, & les carrés de toutes les Monnoyes. Le Roi créa à cet effet deux Charges pour lui; l'une de Directeur général des Monnoyes, l'autre de Graveur généraldes poinçons pour les Monnoyes. Toutes celles qu'il a executées sont d'une si grande beauté que beaucoup de curieux les ont conservées, & les gardent comme des médailles qui ne cédent point aux médailles antiques les plus estimées. Ses piéces de huit & de dix pistoles peuvent aussi être mises au rang des plus beaux médaillons. Toute la Monnoye fabriquée pendant la minorité du Roi Louis XIV, & qui est de la même beauté que celle qui porte l'empreinte de Louis XIII, est aussi de cet habile Graveur. Il fit outre cela toutes les médailles qui regardent Louis XIII, & celles de la Reine Anne d'Autriche son épouse, pendant la Régence, aussi bien que celles du Roi, après sa minorité, pour la cérémonie de son sacre, & pour divers autres événemens de son regne. Les médailles placées dans les fondemens du frontispice du Louvre, de l'Observatoire, & de l'Eglise du Val-de Grace, celles de Monsieur Frere unique du Roi, du Prince de Condé, du Cardinal Mazarin, de la Reine de Suede, de M. Colbert, & de plusieurs autres personnes de considération, sortirent de la main de *Warin*. Il fut aussi habile Sculpteur: témoin le Buste du Roi Louis XIV, en marbre qui se voit dans les grands apartemens de Versailles, & qui fut son coup d'essai, la figure de Sa Majesté, aussi en marbre de sept à huit pieds de haut, & un autre Buste du Roi en bronze, dont la beauté égale tout ce qu'il a fait. On admire encore le petit Buste du Cardinal de Richelieu, du poids de 55 louis d'or. *Warin* mourut à Paris au mois d'Août 1672, âgé de 68 ans, lorsqu'il travailloit à l'histoire métallique du Roi.

WATTEAU [Antoine] Peintre flamand, naquit l'an 1684, il étoit fils d'un Couvreur de Valenciennes. Son pere ayant reconnu en lui de grandes dispositions pour la Peinture, le mit chez un maître de dessein : mais ne se trouvant pas en état de continuer cette dépense il l'en retira, & déclara à son fils qu'il pouvoit prendre parti par-tout où bon lui sembleroit, & qu'il étoit trop pauvre pour pourvoir à sa subsistance. *Watteau* partit pour Paris, & entra au service d'un nommé Metayer, Peintre médiocre, chez qui il ne gagnoit que trois livres par semaine. Dégouté de la vie misérable qu'il menoit chez ce corsaire qui avoit chez lui une douzaine d'esclaves, qu'il traitoit fort rudement, il se présenta à Gillot, Peintre un peu plus suportable que Metayer, & il fut reçû parmi ses éléves. Enfin s'étant brouillé avec Gillot il entra chez Audran, Peintre assez estimé, qui lui procura une situation plus douce, & qui lui donna de meilleurs principes. Ce fut là, qu'à ses momens perdus il fit le premier tableau qui l'a fait connoître. Ce tableau représente un départ de troupes, & ne fut payé que 60 livres. La Fosse, Peintre celebre de l'Academie, l'ayant vû, en fut si content, qu'il présenta *Watteau* à ses confreres, qui s'empresserent de le recevoir parmi eux. Ce Peintre a joui d'une grande réputation pendant sa vie. Mais sa réputation est aujourd'hui fort déchue, la plûpart de ses tableaux n'ont pû se soutenir, ce qu'on attribue à la négligence avec laquelle il peignoit.

» Ses tableaux, dit M. Gersaint se ressentent de l'impatience & de l'inconstance qui formoient son caractère. . . pour se débarasser plus promptement d'un ouvrage commencé. . . il mettoit beaucoup d'huile grasse à son pinceau, afin d'étendre plus facilement sa couleur. . pour ses desseins. . . rien n'est au dessus dans ce genre, pour la finesse, les graces la legereté, la correction, la facilité, l'expression. *Catalogue raisonné du cabinet de M. de Lorengere.* Il faut beaucoup rabattre de cet éloge. C'est un reste de l'ancien préjugé, & ce préjugé est pardonnable à M. Gersaint ancien ami de *Watteau*. *Watteau* mourut le 18 Juillet 1721, agé de 37 ans.

WAUVERMENS [Philippe de] Peintre Hollandois, mort vers l'an 1670, dans la plus haute estime. Ils a particulierement réussi dans les païsages qu'il diversifioit toûjours agréablement, tantôt par des chasses, tantôt par des altes & des campemens, dans lesquels il faisoit toûjours entrer des chevaux, qu'il peignoit dans la derniere perfection. Voici le jugement que M. Gersaint porte de ce grand Peintre dans son *Catalogue raisonné du cabinet de M. de Lorengere* : cet article merite d'être extrait dans son entier.

» Quand on fait attention au *beau-fini* » que *Wauvermens* a mis dans ses tableaux, » on a de la peine à s'imaginer comment » il a pû en faire une aussi grande quan- » tité : Teniers & *Wauvermens*, voilà les » deux Peintres (*Flamands*) qui ont le » plus travaillé... cependant leur manie- » re est très opposée. L'une (*celle de Te-* » *niers*) paroît bien plus facile, & d'une » plus prompte exécution : & l'autre par » la beauté du travail & la fonte des cou- » leurs semble avoir exigé beaucoup plus » de soin & de tems. Il falloit que *Wau-* » *vermens* eut acquis une si grande pra- » tique dans sa maniere de peindre, que » ses tableaux ne lui coûtoient apparem- » ment aucune peine à pousser à ce *grand-* » *fini*... Il est vrai qu'en les examinant » avec attention, on y reconnoît un pin- » ceau facile, *gras*, & *nourri*, bien éloi- » gné de la sécheresse, & de la peine que » l'on remarque ordinairement dans les » ouvrages de ceux qui se sont appliqués » à les finir avec autant de soin.

» *Wauvermens* a quelquefois poussé ce *grand-fini* un peu trop loin. Ce défaut » est plus sensible dans les terrasses, qui » souvent tiennent plus de la nature du » velours, que de celle de la terre : il

» sçavoit cependant fort bien par une tou-
» che spirituelle, tirer à l'effet quand il
» le vouloit : mais il cherchoit à satisfai-
» re le goût dominant de sa nation, qui
» a plus de penchant pour les piéces ar-
» rêtées. Nous avons de lui quelques ta-
» bleaux, où il a plus donné à l'effet qu'*au*
» *fini*, qui sont merveilleux, & souvent
» préférables aux autres.

WEELS, ville d'Angleterre, bien bâtie, bien peuplée, & dans une agréable situation. Sa Cathédrale est une Eglise d'une grande beauté ; sa principale façade où est le portail est d'une Sculpture admirable, & surprend agréablement la vûe par la quantité prodigieuse de statues qu'on y voit en cinq rangs de niches, avec tous les accompagnemens, & les embélissemens de la Sculpture. Cette façade est flanquée de deux tours, qui s'élevent assez haut, & le milieu de la croisée de l'Eglise est chargé d'une autre tour ou clocher, un peu plus haut que les deux autres. Toutes trois se terminent en plate-forme, & sont d'une belle Architecture. Le Palais de l'Evêque n'est pas loin de l'Eglise : il est placé comme un Château dans un enclos de murailles environnées d'un fossé.

WEST-MINSTER, anciennement Ville d'Angleterre & située à un mille de Londres, dont elle étoit entiérement séparée, n'est aujourd'hui qu'un quartier de cette vaste Capitale ; mais quoiqu'elle y soit jointe par une suite de maisons &

d'hôtels non interrompuë, & qu'on la comprenne ordinairement sous le nom de Londres, elle ne laisse pas de faire une ville, ou du moins une communauté à part, qui a ses priviléges & ses droits séparés, aussi bien que sa jurisdiction.

Tout l'espace de terrein qui étoit entre *West-Minster* & Londres a été rempli depuis le Regne de Charles I, par de belles & de magnifiques maisons qu'on y a bâties, & ces deux villes n'en font plus qu'une.

L'Eglise & le vieux Palais sont ce qu'il y a de plus remarquable à *West-Minster* : cette Eglise qui est des plus anciennes reconnoît pour son fondateur Sebert, Roi des Saxons Orientaux, qui la fit construire dans le septiéme siécle. Dans le onziéme St. Edouard la fit rebâtir à neuf. Dans le treiziéme le Roi Henri III démolit l'ouvrage d'Edouard, & fit commencer le grand édifice que l'on voit aujourd'hui, & qui ne fut fini qu'au bout de cinquante ans. C'est un grand vaisseau long & étroit, d'Architecture gothique, fort élevé, construit en croix, long de cinq cens pieds, sur cent pieds environ de largeur. Aux deux côtés de la façade qui est à l'Occident paroissent deux tours quarrées & étroites qui ne s'élevent pas plus haut que le toit. On entre, comme je l'ai dit, dans un vaisseau long & étroit, dont la voûte est soutenue sur deux rangs de gros piliers. Cette Eglise a un grand nombre de Chapelles où l'on voit les tombeaux de plusieurs Rois. La principale de ces Chapelles est celle que fit construire Henri VII vers le commencement du seiziéme siécle, & qu'il choisit pour être le lieu de sa sépulture & des Rois ses successeurs. On y voit son magnifique tombeau qui est de bronze massif. Cette Chapelle où l'on n'a rien épargné de tout ce qui pouvoit contribuer à en faire une piéce achevée à coûté quatorze mille livres sterlins, somme très considérable en elle-même, & bien plus considérable encore pour ces tems-là.

L'Eglise de *West-Minster* est le lieu où se fait ordinairement la cérémonie du couronnement des Rois d'Angleterre. Il y avoit autrefois près de ce lieu un Palais, qui fut réduit en cendres sous le Regne de Henri VIII. L'on ne pût sauver qu'une grande sale, & quelques chambres. C'est dans cette sale que s'assemble le Parlement, & que se tiennent quelques Cours de Judicature. Cette sale est voûtée, & la voûte est lambrissée d'une espéce de bois, qui croît en Irlande, & où les araignées ne s'attachent jamais.

WINDSOR, maison de plaisance des Rois d'Angleterre, dans la Province de Berkshire, sur la Tamise. Elle prend son nom du Bourg où elle est située, & où depuis Guillaume le Conquérant, les Rois d'Angleterre ont toujours eû une maison de plaisance. Ce fut dans le XIV siécle que le Roi Edouard III bâtit le Château que l'on voit aujourd'hui à *Windsor*, &

où divers Rois ses successeurs ont ajoûté de tems en tems diverses choses pour l'embellir. C'est la plus belle maison Royale qu'il y ait en Angleterre. Elle est située sur une hauteur, & composée de trois grands corps de logis partagés par deux cours. Les dehors en sont antiques & peu réguliers : mais les apartemens sont superbes. La Reine Elisabeth y fit faire une terrasse qui donne sur la Tamise, & que Charle II a considérablement augmentée.

A l'entrée de la premiere cour on voit la vieille Chapelle, qui est une piéce magnifique, commencée par Edouard III, & finie environ cent ans après par Edouard IV, vers l'an 1470. Il y a aussi une Chapelle neuve au bout du Château : mais la vieille est celle où les Rois tiennent le Chapitre de l'Ordre de la Jarretiere. Elle a servi de sépulture à quelques Rois, comme à Henri VI, à Edouard IV, à Henri VIII, & à Charle I.

Au milieu du Château entre les deux Cours, s'éleve un gros bâtiment fort haut en forme de Donjon, qu'on appelle Winchester - ToWer. Du reste cette maison n'a ni jardins, ni fontaines, ni avenuës. Tout ce qu'on y trouve d'ornement extérieur se réduit à un grand & vaste Parc rempli de bêtes fauves. Il est vrai qu'on y jouït d'une vûe charmante, qui s'étend sur une belle & agréable campagne : en sorte qu'on ne peut nier que *Windsor* ne soit un agréable séjour : mais l'Art pourroit y ajoûter beaucoup.

WISCHER [Corneille] fameux Graveur Hollandois, étoit en même tems un excellent dessinateur. Il s'est non seulement appliqué à copier les ouvrages des maîtres Flamands, & à exécuter leurs sujets, mais il en a inventé lui-même d'une très belle ordonnance. Son burin étoit aussi sçavant que gracieux.

» Il a mis dans ses portraits, dit Mr. » Gersaint, une finesse & une verité ex- » traordinaire, & il a sçû réunir à un haut degré.... l'effet & l'esprit, avec la pureté & la netteté du burin.... ses desseins sont aussi admirables, & touchés *d'une main sçavante.*

Il y a eu deux autres Graveurs Hollandois de ce nom, Louis & Jean : quoiqu'ils n'ayent pas la réputation de Corneille, leur nom ne laisse pas d'être celébre.

WURTZBOURG, ville Episcopale de Franconie, dont l'Evêque est Prince de l'Empire, & est Souverain. Le Palais Episcopal est un édifice d'une prodigieuse étenduë, & d'une très belle proportion. M. de Boffrand Architecte du Roi, connu par plusieurs excellens ouvrages d'Architecture, & par un traité qu'il vient de publier sur les principes de cet Art, a conduit ce grand édifice, & en a fait tous les plans.

» Ce bâtiment a cent toises de long, « sur cinquante toises d'épaisseur, distri- « bué à une cour d'entrée, un corps de lo- « gis double entre ladite cour & les jar-

« dins placés sur les bastions & fortifica-
« tions de la ville, deux corps de logis
« en aîle sur la cour, deux autres corps
« de logis formant les faces latérales de
« ce bâtiment, entre lesquels & les murs
« en aîle sur la cour d'entrée, il y a de
« chaque côté deux autres cours renfer-
« mées par des corps de logis. La cour
» d'entrée est séparée par une grille, d'u-
« ne grande place, formée par des maisons
« de particuliers.

» Le corps de logis au fond de la cour
« est distribué à un vestibule, dont la voû-
« te est portée par des colonnes quadru-
« plées. Il sert en même tems de sa-
« le des Gardes, & est ouvert sur un grand
« escalier de part & d'autre : lesquelles
« trois parties contiennent ensemble qua-
« rante-six toises de long sur douze toi-
« ses de largeur dans œuvre. Le vestibu-
« le a trente & un pieds de hauteur sous
» voûte, & les grands escaliers ont trei-
« ze toises de hauteur sous la calotte de
« la voûte : ils sont entourés au rez-de-
« chaussée & au premier étage de gale-
« ries : sçavoir celle du rez-de-chaussée
« voûtée en voûte d'areste de pierre de
» taille, & celle du premier étage por-
« tée par des colonnes & pilastres de mar-
« bre. Les marches & les balustrades sont
« de même marbre du pays, qui est beau,
« bien solide, & n'est pas cher, étant
« près la ville, & étant scié par des mou-
« lins à eau, dont on se sert également
« pour scier tous les bois.

« Ladite ſale des Gardes communique « à un ſalon octogone, qui diſtribue à « deux grands apartemens, qui occupent « toute la face ſur le jardin, & partie des « faces latérales. On entre en caroſſe dans « ce ſalon aſſez grand pour en contenir « ſept ou huit à ſix chevaux, l'uſage étant « en Allemagne de deſcendre à couvert « juſqu'aux perrons des apartemens, & « non à des perrons en ſaillie & à décou- « vert dans les cours, pour n'être pas « expoſé à la pluie en deſcendant de ca- « roſſe.

« On arrive auſſi à couvert aux grands « apartemens par des périſtiles de colon- « nes qui ſont dans les corps de logis en « aîles ſur la cour d'entrée ; & dans les » corps de logis qui entourent les quatre « cours à côté il y a des galeries par leſ- « quelles à tous les étages on arrive de mê- « me à couvert au principal corps de lo- « gis. Ces galeries ſont échauffées par des « poëles, qui échauffent également tous « les apartemens.

« Tout le rez-de-chauſſée de ce bâtiment « eſt voûté. La ſale des Gardes & le ſa- « lon ont au rez-de-chauſſée trente & un « pieds de haut ſans voûte, & les grands « apartemens vingt-huit pieds de hauteur. « Aux autres corps de logis ces étages ſont « dans leur hauteur ſeparés en deux pour « les apartemens des Seigneurs & des Of- « ficiers de la Cour, n'étant pas néceſſaire « que ces apartemens, dont les piéces ne « ſont pas ſi grandes, ayent la même éle- « vation.

« Le

« Le grand apartement du rez-de-chauf-
« fée à gauche eft terminé par une Cha-
« pelle Palatiale, dont l'entrée par le de-
« hors eft au milieu de la face latérale
« du Palais : les bas côtés de cette Cha-
« pelle en font le tour, tant au rez-de-
« chauffée qu'au premier étage, dont les
« voûtes font portées par des colonnes.

« Le grand apartement du rez-de-chauf-
» fée à droite eft terminé par une fale
« ovale au milieu de la face latérale : elle
« eft d'ufage pendant l'été pour y être frai-
« chement : elle eft precedée au bout de
« l'apartement par des cabinets & gale-
» ries de livres & de tableaux.

« Le premier étage du principal corps
« de logis fur les jardins eft diftribué com-
« me au rez-de-chauffée à deux aparte-
« mens : au bout duquel du côté gau-
« che on va de plein pied aux tribunes
« de la Chapelle, & au bout de l'apar-
« tement à droite, au deffus de la fale
« d'été eft une fale de Mufique.

« Ce Palais eft conftruit dans fes fales
« extérieures, & dans les parties inté-
« rieures qui font ornés d'Architecture,
« de pierres de taille, avec beaucoup de
« folidité : les murs de face au rez-de-
« chauffée font ornées de colonnes & de
« pilaftres d'ordre Dorique. Le premier
« étage d'ordre Ionique, & le troifiéme
« étage aux avant-corps du milieu de la
« cour & du jardin, au portail de la Cha-
« pelle & à l'avant-corps de la fale de
« mufique, d'ordre Corinthien : ces qua-

« tre avant-corps sont terminés par des
« Dômes.

« Le salon du milieu au premier éta-
« ge a quatorze toises de long sur onze
« toises de large, & onze toises trois pieds
« de hauteur sous plancher comprenant
« deux étages. On a facilement dans ce
« pays là des bois de sapin de ces lon-
« gueurs. Ils sont droits, legers, & ne
« plient pas comme le chêne par sa pe-
« santeur spécifique : ce salon est orné de
« colonnes & de pilastres de marbre d'or-
« dre Corinthien.

« Sous les deux grands apartemens,
« ayant vuë sur le jardin, est une cave
« dans toute leur longueur & largeur.
« Dans ce pays on ne fonde pas les murs
« de refend dans les caves : on les fait
« porter sur les voûtes des souterrains,
« qui les portent très solidement. Ces ca-
« ves fort spacieuses donnent la commo-
« modité d'y faire entrer & tourner les
« voitures chargées de grands foudres de
« vin, attelées de six ou de huit che-
« vaux, que l'on décharge sur les chan-
« tiers où ils doivent être placés. Ces caves
« sont pavées proprement de pierres de
« taille qu'on entretient en les lavant sou-
« vent, & qui sont posées en pente vers
« des citernes ou bassins, qui reçoivent
« le vin de ces grands tonneaux, s'ils ve-
« noient à se crever, ensorte que le vin
« repandu ne se perd point. » *Livre d'Architecture par le sieur Boffrand p. 94*

X

XISTE. C'étoit chez les Grecs une Académie, un lieu d'exercice, consacré à divers usages. On le nommoit autrement *Palestre* : voici qu'elle étoit la forme & la destination de ces sortes de colleges.

Premierement on faisoit l'alignement d'une place quarrée, ayant de circuit deux stades, qui font deux cens cinquante pas. Trois de ses faces avoient des portiques simples, avec des grandes sales dessous, où les Philosophes, & autres gens de lettres se rangeoient pour disputer, & s'entretenir ensemble. A la face, qui devoit être tournée au Midi, les portiques étoient doubles, de peur que les pluyes d'hiver ou d'orages ne pussent passer jusques au second, & qu'en Eté l'on eût aussi le moyen de s'éloigner davantage du soleil. Au milieu de ce portique, il y avoit une grande sale, d'un quarré & demi de long, où l'on donnoit leçon aux enfans, au côté de laquelle étoient les écoles de jeunes filles; sur le derriere étoit le lieu où les Athlétes alloient s'exercer à la lutte : plus avant, tout au bout de la façade du portique, on avoit les bains d'eau froide. A main gauche de la sale des jeunes gens, les Lutteurs s'alloient frotter d'huile, pour se rendre les membres plus souples & plus robustes, & proche delà étoit la chambre froide où ils venoient se dépouiller : on entroit ensuite dans la chambre tiéde, dans laquelle on commençoit à faire du feu, & se tenir un peu chaudement pour entrer après dans l'étuve, où le poële étoit d'un côté, & de l'autre le bain d'eau chaude. L'Architecte ayant bien consideré que la nature ne passe jamais d'une extrêmité à l'autre que par des milieux temperés, voulut, à son imitation, que pour aller d'un lieu froid en un autre chaud, le passage se trouvât tiéde. A l'issue de tous ces apartemens, il y avoit trois portiques, l'un du côté de l'entrée, vers le levant ou le couchant : les deux autres étoient à droite & à gauche, tournés l'un au Septentrion, & l'autre au Midi; celui du Septentrion étoit double, & large comme la hauteur de ses colonnes : l'autre, qui regardoit au Midi, n'étoit que simple, mais beaucoup plus ample que le précédent, & pour faire son compartiment, on laissoit tant du côté du mur que de celui des colonnes, dix piés de largeur, pour un chemin, en forme de levée, de laquelle on descendoit deux marches, par un escalier de six pieds, qui entroit dans un parterre couvert, ayant au moins douze pieds de profondeur, où les Athlétes alloient s'exercer en Hiver, sans recevoir aucune incommodité de ceux qui s'assembloient sous le portique, pour les regarder : Les Spectateurs de leur côté avoient aussi de l'avantage de bien voir, à cause de l'enfoncement du terrain, où combattoient les Athlétes. Ce portique s'appelloit proprement le *Xiste*. On avoit soin en bâtissant les *Xistes*, de ménager entre deux portiques quelques bosquets, & des allées d'arbres, pavées à la Mosaïque. Proche du *Xiste*, à la face du portique double, on faisoit les alignemens des promenades découvertes, qu'on nommoit *Péridromides*, dans lesquelles en Hiver, lorsque le tems le permettoit, les Athlétes alloient s'exercer. Au côté de ces édifices étoit une place où le peuple venoit se ranger, pour voir plus commodément le jeu des luttes. A l'imitation de cette espéce de bâtiment, quelques Empereurs Romains, pour se faire aimer du peuple, bâtirent des Thermes, où tout le monde pouvoit aller, & prendre le plaisir des bains.

Z

ZEUXIS naquit à Heraclée dans la Macédoine, environ 400 ans avant J. C. C'est le premier des Grecs qui se soit signalé dans l'Art de Peinture. Il eut pour Maître Apollodore, Artiste fort médiocre ; mais ce n'est pas le seul Peintre médiocre qui en ait formé d'excellens.

Il donnoit libéralement ses tableaux : la vanité influoit beaucoup dans sa générosité, ne les donnant à ce qu'il disoit lui-même, que parce qu'il ne croyoit pas qu'on pût les payer.

Les peuples d'Agrigente lui ayant demandé un Portrait nud d'Helene, il exigea qu'ils lui envoyaſſent les cinq plus belles filles de leur païs pour lui ſervir de modéle.

Tout le monde ſçait le fameux démêlé qu'il eut avec Parrhaſius, & comment il fut vaincu, preſque avant que d'entrer en lice.

Quoique ſes ouvrages fuſſent univerſellement admirés, perſonne n'étoit plus touché de leur mérite que *Zeuxis* même, & il étoit bien éloigné de la façon de penſer de certains hommes qui ne ſont jamais contens d'eux.

On prétend qu'ayant peint une vieille toute ridée, cette figure comique fit une telle impreſſion ſur ſes ſens, & le fit tant rire qu'il en mourut.

ZUCCHERO. Thadée & Fréderic *Zucchero* étoient freres. Thadée n'a gueres travaillé qu'à Rome & à Caprarole : il mourut fort jeune.

Fréderic voyagea en Eſpagne, en France, & en Angleterre, où il fit le Portrait d'Elizabeth. Il a fait auſſi celui de Marie Stuart, ce qui ſemble ſuppoſer qu'il fit le voyage d'Ecoſſe, à moins qu'il ne l'ait peinte lorſqu'elle étoit en France, ou lorſqu'elle fut priſonniere en Angleterre.

Il eut part auſſi bien que le *Mutian* à l'établiſſement de la célébre Académie de

S. Luc, fondée à Rome par Grégoire XIII. Il en fut elû Prince.

Il mourut à Ancone l'an 1602, âgé de soixante & six ans. Son frere avoit été enlevé dès l'année 1566, à l'âge de trente-sept ans.

ZUMBO, [Gaëtano Julio] Gentilhomme Sicilien, naquit à Siracuse l'an 1656. Il avoit un génie prodigieux pour les beaux Arts, particulierement pour la Sculpture, à laquelle il s'attacha. L'étude continuelle des ouvrages antiques & des excellentes Peintures qui sont à Rome, & dans toute l'Italie, échauffa cette disposition qu'il avoit à imiter ce que la nature produit de plus parfait : de sorte qu'avec le secours de l'anatomie, qu'il apprit avec plus de précision qu'il n'est même nécessaire à la Sculpture, il se rendit, sans avoir d'autre maître que son propre génie, l'un des premiers hommes qui ayent jamais paru en cet Art. Il ne se servit dans tous ses ouvrages d'autre matiere, que d'une cire peinte, qu'il préparoit d'une façon particuliere. Ce secret à la vérité ne lui fut pas particulier : Warin & le Bel l'avoient pratiqué avant lui; mais les morceaux qu'il fit avec cette matiere excellerent sur tous les autres en ce genre, pour leur perfection. Le Grand-Duc de Toscane qui avoit appris les applaudissemens que *Zumbo* avoit reçus à Bologne, fut ravi de le voir arriver à Florence, & charmé d'un mérite si rare, il chercha à se l'attacher par une pension considérable, & par des marques d'une distinction particuliere. Pendant le tems qu'il fut au service de ce Prince, il fit pour lui en cire deux ouvrages de cinq ou six figures chacun, & deux pour le Prince Ferdinand. Parmi ces quatre sujets, il y en a un d'une invention particuliere, & qui demanda dans le Sculpteur une force surprenante d'imagination : c'est celui qu'on appelle *la Corruzione* : ce sont des figures coloriées au naturel, qui représentent un homme mourant, un corps mort, un qui commence à se corrompre, un autre corrompu, & enfin un cadavre plein de pourriture & mangé de vers, que l'on ne sçauroit regarder sans être saisi d'une espéce d'horreur, tant l'ingénieux Sculpteur y a sçû mettre de vérité. Ces ouvrages frapperent si fort le Grand Duc, qu'il les jugea dignes de tenir leur rang dans son superbe Cabinet, parmi les statuës antiques, & les plus rares tableaux qu'il possédoit. Après quelques années de séjour à Florence, *Zumbo* résolut de passer en France : ainsi il demanda son congé au Grand Duc, qui n'ayant pû le dissuader de ce voyage, lui dit obligeamment en le congédiant, *vous pouvez trouver un Maître plus grand que moi, mais jamais personne qui sache mieux que moi ce que vous valez. Zumbo* avant que de faire le voyage de France, passa à Genes, où il employa quatre ou cinq années à travailler une Nativité du Sauveur, & une Descente de Croix, qu'on peut dire ses chefs d'œuvres. Il s'associa en cette Ville avec un Chirurgien François, nommé Des Noues, dans le dessein de représenter en cire des corps Anatomiques : le Chirurgien disséquoit, & le Sçavant Sculpteur représentoit. Son plus beau morceau dans ce genre fut un corps de femme avec son enfant, qui parut avec tant de vérité, & des couleurs si naturelles, que les Spectateurs les plus habiles y furent trompés : l'ouvrage étoit sur sa fin, lorsque des raisons d'intérêt brouillerent les deux associés. *Zumbo* piqué des mauvais procédés de son confrere, l'abandonna, & passa en France. Arrivé à Marseille il y montra ses deux merveilleux ouvrages de la Nativité & de la Descente de Croix dont M. de Montmort, Intendant des Galeres, fut si étonné, qu'il en écrivit en Cour : il reçût ordre d'y envoyer cet étranger. *Zumbo* voulut aussi porter à Paris quelques morceaux semblables à ce qu'il avoit fait en Anatomie à Genes. Mr de Montmort lui donna un jeune Chirurgien galerien, pour l'aider, & il lui fit disséquer plusieurs têtes, que l'Hôpital de Marseille eut ordre de lui fournir : Ce fut sur ces têtes naturelles qu'il forma une belle tête Anatomique, que l'Académie des Sciences approuva avec les éloges que l'on voit dans l'Histoire de cette Académie, année 1701. Tous les Curieux voulurent la voir, & Philippe, petit Fils de France, Duc d'Orléans, Prince plein de goût, ne dédaigna pas d'aller chez *Zumbo* examiner à loiſir cet ouvrage ; mais peu de tems après la France perdit ce grand homme, & la mort l'enleva à la fortune, au mois d'Octobre de l'année 1701. Cette tête Anatomique dont nous venons de parler, fut achetée par le Roi, qui la remit entre les mains du Sieur Maréchal, premier Chirurgien de Sa Majeſté. Cependant dix ans après, *des Noues*, ce Chirurgien dont nous avons parlé revendiqua cet ouvrage, diſant qu'il étoit ſorti de ſes mains, & que *Zumbo* n'y avoit eu d'autre part que de l'aider de ſon travail, comme auroit pû faire un autre ouvrier. Il en fit imprimer à ce ſujet un article dans les Mémoires de Trévoux, du mois de Juillet 1707. mais le mois ſuivant on inſéra dans les mêmes Mémoires une réponſe à cet article, ſi injurieux à la mémoire de *Zumbo*.

Fin du ſecond Volume.

guyon de sardiere

APPROBATION.

J'ai lû par ordre de Monseigneur le Chancellier, *le Dictionaire de Peinture & d'Architecture*, dont j'ai crû que l'impression seroit utile. Fait à Paris ce 17 Avril 1745. MONTCARVILLE.

PRIVILEGE DU ROI.

LOUIS, par la grace de Dieu, Roi de France & de Navarre: A nos amés & féaux Conseillers, les Gens tenans nos Cours de Parlement, Maîtres des Requêtes ordinaires de notre Hôtel, Grand Conseil, Prevôt de Paris, Baillis, Senechaux, leurs Lieutenans Civils, & autres nos Justiciers qu'il appartiendra, SALUT: Notre bien-amé JEAN LUC NYON fils, Libraire à Paris, Nous à fait exposer qu'il désireroit faire reimprimer & donner au public des Livres qui ont pour titre: *Dictionaire de Peinture, Traité des Feux pour le Spectacle:* S'il nous plaisoit lui accorder nos Lettres de Permission pour ce nécessaires. A CES CAUSES, voulant favorablement traiter l'exposant: Nous lui avons permis & permettons par ces Presentes, de faire réimprimer lesdits Livres en un ou plusieurs volumes, & autant de fois que bon lui semblera, & de les vendre, faire vendre & débiter par tout notre Royaume, pendant le tems de trois années consecutives, à compter du jour de la date des Présentes: Faisons defenses à tous Libraires, Imprimeurs & autres personnes de quelque qualité & condition qu'elles soient, d'en introduire d'impression étrangere dans aucun lieu de notre obeïssance; à la charge que ces Présentes seront enregistrées tout au long sur le Registre de la Communauté des Libraires & Imprimeurs de Paris, dans trois mois de la datte d'icelles; que la réimpression desdits livres sera faite dans notre Royaume & non ailleurs, en bon papier & beaux caracteres, conformément à la feuille imprimée attachée pour modele sous le contrescel des Présentes, que l'impétrant se conformera en tout aux Reglemens de la Librairie, & notamment à celui du 10 Avril 1725. & qu'avant de les exposer en vente les imprimés qui auront servi de copie à la réimpression desdits Livres seront remis dans le même état où l'Approbation y aura été donnée en mains de notre très-cher & féal Chevalier le Sieur DAGUESSEAU, Chancellier de France, Commandeur de nos Ordres, & qu'il en sera ensuite remis deux Exemplaires de chacun dans notre Bibliotheque publique, un dans celle de notre Château du Louvre, & un dans celle de notre très-cher & féal Chevalier le Sieur DAGUESSEAU, Chancellier de France, le tout à peine de nullité des Présentes; du contenu desquelles vous mandons & enjoignons de faire jouir ledit Exposant & ses ayans cause pleinement & paisiblement, sans souffrir qu'il leur soit fait aucun trouble ou empêchement : Voulons qu'à la copie des Présentes qui sera imprimée tout au long au commencement ou à la fin desdits Livres, foi soit ajoûtée comme à l'original. Commandons au premier notre Huissier ou Sergent sur ce requis de faire pour l'execution d'icelles tous actes requis & nécessaires, sans demander autre permission, & nonobstant Clameur de Haro, Charte Normande, & Lettres à ce contraires : Car tel est notre plaisir. Donné à Fontainebleau le vingt-uniéme jour du mois d'Octobre, l'an de grace mil sept cent quarante-cinq, & de notre Regne le trente-uniéme. Par le Roi en son Conseil. SAINSON.

Regiſtré ensemble la cession ci-derriere sur le Regiſtre X. de la Chambre Royale des Libraires & Imprimeurs de Paris, n. 511. fol. 445. conformément aux anciens Reglemens confirmés par celui du 28. Février 1723. A Paris le 3. Décembre 1745.

VINCENT, Syndic.

Je céde à M. Barrois la moitié dans le Dictionaire de Peinture, & à M. Jombert la moitié dans le Traité des Feux d'Artifices, suivant nos conventions. A Paris le 16 Novembre 1745.

NYON Fils.

De l'imprimerie de la Veuve DELATOUR. 1746.

www.ingramcontent.com/pod-product-compliance
Lightning Source LLC
LaVergne TN
LVHW020601110826
845149LV00002B/342

* 9 7 8 2 0 1 4 4 8 9 6 6 8 *